继续(网络)教育系列规划教材

荣获全国高校现代远程教育协作组评比"网络教育教材建设金奖"

衍生金融工具

(第三版)

Yansheng Jinrong Gongju

主　编　王晋忠
副主编　王　茜　廖　航

西南财经大学出版社
Southwestern University of Finance & Economics Press

中国·成都

继续（网络）教育系列规划教材
编审委员会

主 任：杨 丹

副主任（按姓氏笔画排序）：

  冯 建 陈顺刚 唐旭辉

委 员（按姓氏笔画排序）：

  冯 建 吕先锫 杨 丹 李永强

  李良华 陈顺刚 赵静梅 唐旭辉

总 序

随着全民终身学习型社会的逐渐建立和完善，业余继续（网络）学历教育学生对教材的质量要求越来越高。为了进一步提高继续（网络）教育的人才培养质量，帮助学生更好地学习，依据西南财经大学继续（网络）教育人才培养目标、成人学习的特点及规律，西南财经大学继续（网络）教育学院和西南财经大学出版社共同规划，依托学校各专业学院的骨干教师资源，致力于开发适合继续（网络）学历教育学生的高质量优秀系列规划教材。

西南财经大学继续（网络）教育学院和西南财经大学出版社按照继续（网络）教育人才培养方案，编写了专科及专升本公共基础课、专业基础课、专业主干课和部分选修课教材，以完善继续（网络）教育教材体系。

本系列教材的读者主要是在职人员，他们具有一定的社会实践经验和理论知识，个性化学习诉求突出，学习针对性强，学习目的明确。因此，本系列教材的编写突出了基础性、职业性、实践性及综合性。教材体系和内容结构具有新颖、实用、简明、易懂等特点，对重点、难点问题的阐述深入浅出、形象直观，对定理和概念的论述简明扼要。

为了编好本套系列规划教材，在学校领导、出版社和各学院的大力支持下，成立了由学校副校长、博士生导师杨丹教授任主任，博士生导师冯建教授以及继续（网络）教育学院陈顺刚院长和唐旭辉研究员任副主任，其他部分学院领导参加的编审委员会。在编审委员会的协调、组织下，经过广泛深入的调查研究，制定了我校继续（网络）教育教材建设规划，明确了建设目标。

在编审委员会的协调下，组织各学院具有丰富继续（网络）教育教学经验并有教授或副教授职称的教师担任主编，由各书主编组织成立教材编写团队，确定教材编写大纲、实施计划及人员分工等，经编审委员会审核每门教材的编写大纲后再进行编写。自2009年启动以来，经几年的打造，现已出版了七十余种教材。该系列教材出版后，社会反响较好，获得了教育部网络教育教材建设评比金奖。

下一步根据教学需要，我们还将做两件事：一是结合转变教学与学习范式，按照理念先进、特色鲜明、立体化建设、模块新颖的要求，引进先进的教材编写模块来修订、完善已出版的教材；二是补充部分新教材。

希望经多方努力，力争将此系列教材打造成适应教学范式转变的高水平教材。在此，我们对各学院领导的大力支持、各位作者的辛勤劳动以及西南财经大学出版社的鼎力相助表示衷心的感谢！在今后教材的使用过程中，我们将听取各方面的意见，不断修订、完善教材，使之发挥更大的作用。

西南财经大学继续（网络）教育学院
2014 年 12 月

前 言

衍生金融工具是现代金融学中的一个重要组成部分，在风险管理、资产组合、投机、套利、金融产品开发和金融创新中发挥着不可替代的功能。衍生金融工具是现代金融人才必备的专业知识，属于金融专业核心课程。

本教材较为全面地介绍了国际金融市场上出现的多种衍生金融工具，对衍生金融工具的基本原理、风险特征、产品性质、运用方法、对冲机制进行了系统阐述，同时紧密联系我国衍生金融产品发展现状，注重衍生金融工具在实践中的运用。本教材通过基本理论和实践运用的结合，促进学生对衍生金融工具的深入理解和熟练运用，提高学生运用衍生金融工具解决实际问题的能力。

具体而言，本教材有以下特点：一是本教材反映了衍生金融工具的最新发展状况，这主要体现在奇异期权、信用衍生产品和混合证券等章节。二是本教材突出了衍生金融工具的应用性特点，注重与金融的实践相结合，通过具体的例子或案例来说明衍生金融工具的运用方法、运行机制与风险状况。三是本教材把我国衍生金融工具的发展作为一个重要内容，专门介绍了我国衍生金融工具的发展现状。四是本教材整体风格清晰、简洁，避免了复杂的数学公式或计算。五是本教材配有完整的教辅资料，便于自学或练习巩固。

本教材适合金融和经济专业本科生学习，也适合金融和经济部门的在职培训。

本教材由王晋忠担任主编，王茜、廖航任副主编。编写人员分工情况如下：王晋忠（第一章），罗晓熙（第二章），冯富平（第三章），郁晓珍（第四章），郁晓珍、王晋忠（第五章），冯富平、王晋忠（第六章），卢文娟（第七章），张彦旭（第八章），余小江（第九章），高平（第十章），廖航（第十一章）。王晋忠负责本教材总纂。

本教材在编写过程中受到了西南财经大学杨国富老师、张瑞老师，西南财经大学出版社李玉斗老师的大力支持，在此深表谢意。

限于编写人员水平，书中错误在所难免，望专家、读者指正。

王晋忠

2016 年 10 月于光华园

目 录

第一章 衍生金融工具概论 (1)
- 第一节 衍生金融工具的产生和发展 (1)
- 第二节 衍生金融工具的主要功能与基本特征 (7)
- 第三节 衍生金融工具的分类 (11)
- 第四节 我国衍生金融产品市场的发展 (14)
- 本章小结 (17)
- 思考与练习题 (18)

第二章 远期合约 (19)
- 第一节 远期合约概述 (19)
- 第二节 商品远期交易 (22)
- 第三节 远期外汇合约 (23)
- 第四节 远期利率协议 (28)
- 第五节 远期外汇综合协议 (33)
- 第六节 中国远期市场的发展 (40)
- 本章小结 (47)
- 思考与练习题 (47)

第三章 期货市场 (48)
- 第一节 期货交易的相关概念 (48)
- 第二节 期货交易规则 (50)
- 第三节 期货市场的功能 (53)
- 第四节 期货交易的种类 (57)
- 第五节 期货市场管理 (59)
- 第六节 我国期货市场的发展 (63)
- 本章小结 (65)
- 思考与练习题 (66)

第四章 期货品种 (67)
    第一节 商品期货 (67)
    第二节 外汇期货 (75)
    第三节 利率期货 (80)
    第四节 股票指数期货 (88)
    本章小结 (95)
    思考与练习题 (96)

第五章 期货交易策略 (97)
    第一节 套期保值策略 (97)
    第二节 基差策略 (104)
    第三节 投机策略 (108)
    第四节 套利策略 (111)
    本章小结 (118)
    思考与练习题 (119)

第六章 金融互换 (120)
    第一节 互换市场的起源和发展 (120)
    第二节 互换的类型和功能 (125)
    第三节 利率互换 (129)
    第四节 货币互换 (134)
    第五节 我国互换市场的发展 (138)
    本章小结 (142)
    思考与练习题 (143)

第七章 期权市场 (144)
    第一节 期权市场概述 (144)
    第二节 期权合约及其分类 (146)
    第三节 期权合约的性质 (150)
    第四节 期权交易制度 (155)

第五节　期权的功能 ·· (159)
　　第六节　期权在我国的发展 ·· (162)
　　本章小结 ·· (163)
　　思考与练习题 ··· (164)

第八章　金融期权交易 ·· (165)
　　第一节　外汇期权交易 ·· (165)
　　第二节　利率期权交易 ·· (170)
　　第三节　股票期权 ··· (174)
　　第四节　股票指数期权 ·· (180)
　　第五节　期货期权 ··· (184)
　　本章小结 ·· (188)
　　思考与练习题 ··· (189)

第九章　奇异期权 ··· (191)
　　第一节　障碍期权 ··· (191)
　　第二节　亚式期权 ··· (195)
　　第三节　多期期权 ··· (197)
　　第四节　其他奇异期权 ·· (204)
　　第五节　奇异期权的主要性质 ··· (210)
　　本章小结 ·· (211)
　　思考与练习题 ··· (212)

第十章　信用衍生产品 ·· (213)
　　第一节　信用风险 ··· (213)
　　第二节　信用衍生产品概述 ·· (216)
　　第三节　信用衍生产品的类型及应用 ······························· (220)
　　第四节　我国信用衍生工具的发展 ·································· (229)
　　本章小结 ·· (231)
　　思考与练习题 ··· (231)

第十一章　混合证券 ……………………………………………………………（232）
第一节　混合证券概述 ………………………………………………………（232）
第二节　附加远期或互换合约的混合证券 …………………………………（235）
第三节　附加期权合约的混合证券 …………………………………………（237）
第四节　跨市场混合证券 ……………………………………………………（244）
第五节　混合证券的构造——以改造普通公司债券为例 …………………（247）
本章小结 ………………………………………………………………………（250）
思考与练习题 …………………………………………………………………（250）

参考文献 …………………………………………………………………………（251）

第一章　衍生金融工具概论

内容提要：本章介绍了衍生金融工具产生和发展的历史，概述了衍生金融工具的主要功能、基本特征和主要类型，简述了我国衍生金融工具发展的现状。希望读者由此形成对衍生金融工具基本的认识。

随着金融国际化和自由化的深入，由传统金融工具衍生出来的衍生金融产品不断发展，交易量迅速增加，市场规模急速扩大，交易手段日趋多样化和复杂化。20 世纪 90 年代以来，衍生金融工具已成为国际金融市场上频繁运用的交易手段，衍生金融工具市场也已成为国际金融市场上关注度极高的领域。

第一节　衍生金融工具的产生和发展

一、衍生金融工具的定义

衍生金融工具（Derivative Financial Instruments）又称派生金融工具、衍生金融产品等，顾名思义，是与原生金融工具相对应的一个概念，它是在原生金融工具，如即期交易的商品合约、债券、股票、外汇等基础上派生出来的新型金融工具。股票期货合约、股指期货合约、期权合约、债券期货合约都是衍生金融工具。

衍生金融工具是通过对货币利率、债务工具的价格、外汇汇率、股票价格或股票指数、商品期货价格等金融资产的价格走势的预期而定价，并从这些金融产品的价值中派生出自身价值的金融产品。

国际互换和衍生协会（International Swaps and Derivatives Association，ISDA）将衍生金融工具描述为：旨在为交易者转移风险的双边合约。合约到期时，交易者所欠对方的金额由基础商品、证券或指数的价格决定。

国际清算银行（BIS）对衍生金融工具的定义是：衍生金融工具是一种金融合约，其价值取决于基础资产价格。

与基础商品相比，衍生金融工具有如下特点：第一，衍生金融工具交易是在现时对基础工具未来可能产生的结果进行交易。交易的盈亏要在未来时刻才能确定。第二，衍生金融工具交易的对象并不是基础工具，而是对这些基础工具在未来某种条件下处置的权利和义务，这些权利和义务以契约形式存在，构成所谓的产品。第三，衍生金融工具是对未来的交易，按照权责发生制的财务会计规则，在交易结果发生之前，交易双方的资产负债表并不反映这类交易的情况，因此，潜在的盈亏无法在财务报表中体现。第四，衍生金融工具是一种现金运作的替代物，如果有足够的现金，任何衍生品的经济功能都可以通过现金交易来实现。第五，由于金融衍生品交易不涉及本金，从套期保值者的角度看，减少了信用风险。第六，金融衍生品独立于现实资本运动之外，却能给持有者带来收益，是一种收益获取权的凭证，本身没有价值，具有虚拟性。

二、衍生金融工具产生的背景

衍生金融工具的产生有着特殊的历史背景，在这一历史阶段有着以下四个方面的特点：第一，市场风险突出。第二，科学技术高速发展。第三，金融机构积极推进。第四，金融理论的发展。

（一）市场风险突出

衍生金融工具产生的动力主要来自金融市场上的价格风险。20世纪70年代以后，金融环境发生了很大的变化，利率、汇率和通货膨胀呈现极不稳定和高度易变的状况，使金融市场的价格风险大增。这是衍生金融工具产生的客观背景。

从汇率变动看，1973年布雷顿森林体系完全崩溃后，以美元为中心的固定汇率制完全解体，西方主要国家纷纷实行浮动汇率制，各国政府也不再像布雷顿森林体系时那样承担干预外汇市场、维持汇率稳定的义务，而是相机干预汇率。加之20世纪70年代国际资本流动频繁，特别是欧洲美元和石油美元的冲击，使得外汇市场的汇率波动加剧，常常大起大落。

从利率变动看，从20世纪60年代末开始，西方国家的利率开始上升。20世纪70年代的两次石油危机更使国际金融市场的利率水平扶摇直上，把金融市场的投资者和借贷者暴露在高利率风险中。

20世纪60年代西方货币学派开始兴起，并在20世纪70年代对西方国家的领导人产生影响。西方国家普遍以货币供应量取代利率作为政府的货币政策中介目标，放松对利率的管制，利率变动趋于频繁。

从通货膨胀率变动看，20世纪70年代的两次石油危机导致世界能源价格上升，引发全球性成本推进型通货膨胀。到20世纪70年代后期，西方国家更是普遍陷入滞胀状态。

从金融自由化看，进入20世纪80年代后，美、英、日等发达国家不断放松金融管制，实行金融自由化措施，创造了更加宽松的金融竞争环境。

以上这些一方面使得利率、汇率等市场行情更加频繁波动，规避风险的要求进一步增加；另一方面也为新市场的创立和新业务的开展提供了更多的机会和可能，从而促进了衍生金融工具的持续发展。

（二）科学技术高速发展

科学技术的进步也为衍生金融工具的发展提供了坚实的技术基础。在现代高新技术的辅助下，大规模的数据处理和衍生产品的开发设计才得以实现，具有复杂程序的衍生金融工具交易才能够顺利进行。

通信技术和计算机信息技术的飞速发展及其在金融业的运用大大降低了金融交易的成本，提高了金融交易的效率，并使金融交易突破了时间和空间的限制，构建起了全球性的金融市场。

高效率的信息处理系统能够提供有关汇率、利率和股票价格等变量的适时动态信息，帮助交易者识别、衡量、监控和管理证券组合中的各种风险，并寻找交易机会。

大型交易网络和计算机的运用，使得金融创新的供给者可以直接或间接地与原先分散、单个市场的最终用户联系起来，加快金融创新工具供求双方的结合，促进衍生金融工具的发展。

（三）金融机构积极推进

银行及其他金融机构在市场呼唤新的避险工具的情况下，通过衍生金融工具的设计开发以及担当交易中介或对手，极大地推动了衍生金融工具的产生和发展。

1. 在面临巨大的市场竞争压力下，银行被迫拓展新的业务

20世纪70年代以来，伴随着金融自由化和证券化的不断发展，非银行金融机构利用其新颖而富有竞争力的金融工具，与银行展开了一场争夺资金来源和信贷市场的竞争，投资人和筹资人更多地通过证券市场直接融资，使银行传统的存贷业务日渐萎缩，银行在金融市场上的份额急剧下降。

同时，银行自身的资产在日益加剧的利率、汇率和股市风险下，迫切需要更加有效的避险工具。为了规避自身的风险，为了在激烈的竞争中取胜，银行积极开发并运用衍生金融工具，成为推动衍生金融工具发展的重要角色。

2. 银行国际监管的外在压力迫使银行积极实现盈利方向的转移

为防止跨国银行危机引发多国银行危机乃至世界性金融危机，国际银行业加强了对银行的联合监管，对银行的资本充足性比率提出了较高的要求。

最典型的代表是1988年7月发表的《巴塞尔报告》（Basle Report），对银行的资本充足性比率提出了十分具体的要求。

银行为了提高资本充足率，积极调整风险资产配置，掀起了将表内资产表外化的浪潮。因此，金融衍生市场吸引了为数众多的金融机构，并因此而迅速发展起来。

（四）金融理论的发展

1972年12月，诺贝尔经济学奖获得者米尔顿·弗里德曼（Milton Friedman）的一篇题为《货币需要期货市场》的论文为货币期货的诞生奠定了理论基础。

1973年，费雪·布莱克（Fisher Black）与默顿·斯科尔斯（Myron Scholes）两位学者发表的一篇关于股票的欧式看涨期权定价的论文《期权定价与公司债务》为金融期权的发展奠定了理论基础。

随后一系列的理论研究，不断丰富和完善了衍生金融产品发展的理论体系，推动了衍生金融产品的创新和市场交易的发展。

三、衍生金融工具的发展

（一）发展历史

进入20世纪70年代，金融衍生品交易异军突起，为衍生金融市场的发展开创了新纪元，其发展速度令世人瞩目。

股指期货、利率期货、外汇期货、股票期货等金融衍生品，成为投资者投资的对象。1972年5月，芝加哥商品交易所（CME）推出了英镑、德国马克等六种国际货币的外汇期货合约。之后，基于汇率、利率、股票的一系列衍生金融产品相继出现。1973年4月，美国芝加哥期权交易所（CBOE）成立，同时推出标准化的股票期权合约，并正式挂牌交易，标志着金融期权场内市场交易的开始。1975年10月，芝加哥期货交易所（CBOT）又推出了第一张抵押债券的利率期货合约。为了满足股票持有者的保值避险需要，1982年2月24日，美国堪萨斯交易所（KCBT）推出价值线综合指数期货合约（VLI），正式开始股指期货这一新品种的交易。

此后，以金融期货、期权为代表的场内交易，以及利率互换、货币互换和外汇远期等品种的场外交易全部引入了金融市场。20世纪90年代计算机技术的突飞猛进，使金融衍生品的发展更是如虎添翼。经过40多年的发展，国际市场上衍生金融产品已从最初的几种简单形式发展到2 000余种，而由它们衍生出来的各种复杂的产品组合就不计其数了。衍生产品及组合不仅丰富多样，而且几乎已经发展到"量身定做"的地步了。

（二）发展呈现的特点

1. 市场基础坚实

在2007年美国次贷危机爆发前，全球衍生金融产品市场，特别是场外交易市场的规模仍保持着较快的增长速度。根据国际清算银行（BIS）的统计报告，1999—2003年，全球未清偿的衍生金融产品名义本金的平均年增长率为21%，最高的达到39%。2003年年底在有组织的交易所内交易的衍生金融产品期末账面余额为16万亿美元，已超过国际银行间市场、证券市场的期末账面余额，比1990年的2.29万亿美元同比增长了近7倍；2003年6月在柜台市场上衍生金融产品期末账面余额达到169万亿美元，比2001年6月的99.4万亿美元同比增长了70%。

截至2006年年底，全球场外衍生产品名义本金余额为415.2万亿美元，比2005年年底的297.7万亿美元增长了39.5%，幅度为9年内最高纪录，主要是期内债券及贷款相关的衍生产品总额，增长逾1倍至29万亿美元。全球场内交易的衍生产品名义本金余额达70.5万亿美元，比2005年年底的57.8万亿美元增长了21%。

美国次贷危机爆发后，尽管市场跌宕起伏，但市场基础仍然坚实，市场规模仍然巨大。根据美国期货业协会（FIA）2008年、2014年和2015年分别对全球69家、84家和78家期货、期权交易所的数据统计显示，2008年，全球场内衍生品成交量达176.5亿张，同比增长13.7%，其中期货成交量达82.91亿张，期权成交量达93.61亿张；2014年，全球场内衍生品成交量达218.7亿手，在2013年同比增长2.1%的基础上再增长 1.5%；2015 年，全球场内衍生品总交易量约 247.7 亿手，同比增长 13.5%，逼近 2011 年 249.9 亿手的历史峰值水平，连续三年保持增长。国际清算银行（BIS）数据显示，截至 2014 年年底，全球场外衍生产品未偿名义本金余额为 629 万亿美元，比 2008 年年底的 592 万亿美元增长了 6.25%，其中外汇合约、利率合约和权益合约的未偿名义本金余额分别为 75.9 万亿美元、505.5 万亿美元和 7.9 万亿美元。在 2015 年上半年，国际场外衍生品市场持有名义金额为 553 万亿美元，相比 2014 年下半年的 629 万亿美元有所下降。

利率、汇率以及股票价格的波动为金融衍生品的交易提供了肥沃的土壤。整个国际金融市场近年来的利率、汇率以及股票的价格波动越来越剧烈，市场上保值和投机的需求相应也越来越强，而衍生金融产品的交易也越发活跃。

金融衍生品市场作为一个新兴市场，在价格发现、风险规避和丰富投资组合等方面发挥着越来越重要的作用，对国际金融市场产生了深刻的影响。

2. 新产品层出不穷

金融衍生产品的品种创新层出不穷，每年都有大量新的合约上市。以股指期货为例，1996 年芝加哥商业交易所推出了迷你标准普尔 500 股票指数期货合约，仍以标准普尔 500 指数为标的物，但合约乘数从 250 美元下降为 50 美元，是原来的五分之一。纽约商业交易所的迷你原油合约、芝加哥期货交易所的道琼斯工业指数迷你合约均取得了一定的成功，还有以高科技类股指为标的的纳斯达克 100 股指期货等。可以说迷你合约的引入吸引了更多的中小投资者入市，被证明是增加市场规模和流动性最行之有效的手段。

另外，信用违约互换、总收益互换、信用价差互换以及信用挂钩票据等以转移信用风险为核心的信用衍生产品在信用风险管理上的优势和潜力也进一步显示出来，并成为当前金融市场创新的一大热点。

还有不少国家和地区的交易所纷纷上市以其他国家或地区的金融产品为标的的期货合约。比较典型的是新加坡交易所（SGX）上市了中国大陆、中国香港、中国台湾和日本等股指期货合约，伦敦国际金融衍生品交易所（LIFFE）上市了德国公债的期货合约。

3. 风险防范问题突出

因为衍生金融产品交易本身是一种零和游戏，一方的盈利，必然是交易对手的损失。

如果运用得当，衍生金融产品能够使得企业、个人减少因未预期到的利率、汇率或者商品价格的波动带来的损失。与任何一种产品一样，如果运用不当，或者风险管理不到位，就会发生较大的风险或损失。

目前，衍生金融产品交易市场上未结清的合约金额规模很大，这意味着衍生金融产品交易的风险头寸也是巨大的。市场参与者在衍生金融产品市场上累计的大量头寸，会在衍生品杠杆特性的作用下，放大现货市场上的波动，并导致市场风险向流动性风险和信用风险转化，给整个金融市场带来不稳定。

例如，1998 年下半年的美国长期资本管理公司（LTCM）事件引起的连锁反应，使得市场在短时间内出现过于剧烈的波动，违约风险剧增，甚至失去了流动性。最后在美联储的协调下才得以解决市场的流动性问题，避免了可能发生的金融危机。

四、衍生金融工具的发展对金融业的影响

（一）衍生金融工具对金融业的积极影响

1. 衍生金融工具的发展对金融市场的证券化进程起到积极的促进作用

证券化是指借款人和贷款人之间不以银行为中介来确定债权债务关系，而是通过直接融资实现资本的转移。金融市场证券化是20世纪80年代以来国际资本市场的最主要特征之一。衍生金融工具通过为银行及其他金融机构、公司和政府部门等提供新型证券工具，以及与传统交易相结合形成品种繁多、灵活多样的交易形式，促进了金融市场证券化发展。

2. 衍生金融工具的发展对金融国际化进程起到积极的推动作用

金融市场全球化的发展以及资金的国际流动，必然面临汇率变动的风险、市场价格波动的风险和众多金融产品选择的困难。金融衍生工具为风险管理、风险投机和套利提供了有效的工具，为市场参与者多样化和个性化需求提供了条件，为资产组合在全球范围内的优化提供了实现的方式。金融衍生工具的发展，大大增强了金融体系的灵活性、金融市场的运行效率和金融国际化的深入。

3. 衍生金融工具的发展使金融业的竞争更加激烈

由于衍生金融工具的发展，金融机构经营活动的自由度大为增强，同业之间的竞争更加激烈。一方面，金融机构运用衍生金融工具，在提高资产收益率、增加流动性、降低风险等方面不断创新金融产品，拓展新的业务，以增强自身竞争能力；另一方面，衍生金融产品的发展促进了金融机构不断运用现代金融技术、信息技术和通信技术，建立高效的运行机制，完善服务功能，提高业务效率。在激烈的竞争过程中，优胜劣汰的市场选择推动了金融机构健全运行机制、改善经营管理。

（二）衍生金融工具对金融业的消极影响

1. 加大了整个国际金融体系的系统性风险

由于衍生金融工具消除了整个国际金融市场的时空障碍，使各个市场相互关联。因此，任何源于某一市场的冲击都将很快传递到其他市场，引起连锁反应，加大整个国际金融体系的系统性风险。

金融体系的内在脆弱性是构成金融市场不稳定的内在原因，但它往往要在外部冲击的作用下才会显示出来。衍生金融工具不断创新与发展，国际游资与对冲基金寻找投资与投机的机会，尤其是对冲基金与国际游资对国际金融薄弱环节的狙击是金融危机爆发的外在原因。

2. 加大了金融业的风险

金融机构为了扩大利润来源，大力发展表外业务，其中不少是衍生工具或与之相关的业务，从事衍生金融工具的风险随业务量的增加而扩大。

3. 衍生金融工具的发展及广泛运用，加大了金融监管的难度

由于衍生金融工具交易规模大，品种不断创新，场外交易占据较大的市场份额，从而加大了对其进行有效监管的难度。同时，其对金融机构的安全性和金融体系的稳定性也造成不利影响。

第二节　衍生金融工具的主要功能与基本特征

一、衍生金融工具的主要功能

衍生金融工具迅速发展主要是因为基础产品价格变幻莫测，由于宏观、微观等各种因素的影响，未来市场价格是无法完全预知的。而各种各样的衍生金融工具一方面为投资者提供了保值、投机、套利和价格发现的手段，另一方面为金融机构和工商企业提供了风险管理、存货管理和资产组合管理的工具。

（一）保值手段

衍生金融工具的首要功能是管理风险，这是金融衍生品市场赖以存在和发展的基础。管理风险的主要手段是套期保值。套期保值是经济主体为了规避现货市场价格变动的风险，通过衍生金融工具的交易来达到锁定价格或者对冲价格变动的风险，减少甚至消除可能面临的不确定性，达到避险保值的目的。

例如，一家美国的进口商（A）90天后要支付给英国出口商（B）500万英镑，那么 A 方就可能面临英镑汇率上浮而带来的风险。

为了避免这一风险，A 方可以在远期外汇市场买入 90 天远期 500 万英镑，从而将 90 天后支付英镑的实际汇率固定在目前的英镑远期汇率上。在今后的 90 天中，不论英镑汇率怎样变化，A 方的买入英镑的成本都是确定的，不会发生变化。同样，买入外汇期货或期权也可以实现这一目的。

（二）价格发现

金融衍生品市场的第二个功能是价格发现。价格发现功能主要体现在期货市场中，是指期货市场通过公平、公开、公正、高效、竞争的期货交易运行机制，形成具有真实性、预期性、连续性和权威性价格的过程。期货市场在价格形成方面的优势决定了其具有价格发现功能。首先，期货价格是参与者在交易所集中交易形成的，这与现货价格在参与者相对分散和私下进行交易而形成完全不同，集中交易聚集众多交易者，带来了成千上万种关于期货基础资产的供求信息和市场预期，并且在自由、公开的环境下进行竞价，通过交易所类似拍卖方式的公开竞价，形成了市场均衡价格。因此，期货价格比现货价格更真实、更具有权威性。其次，期货价格代表的是未来某一具体时间、地点的市场上的交收价，众多参与者带着不同的预期进行交易，交易结果代表市场对未来价格的看法，故期货市场具有发现价格功能。金融衍生品的价格形成有利于提高信息的透明度，金融衍生品市场与基础市场的高度相关性，提高了整个市场的

效率。

（三）套利手段

衍生金融工具市场的第三个功能是套利。金融衍生品市场存在大量具有内在联系的金融产品，在通常情况下，一种产品总可以通过其他产品分解组合得到。因此，相关产品的价格应该存在确定的数量关系，如果某种产品的价格偏离这种数量关系时，总可以低价买进某种产品，高价卖出相关产品，从而获取利润。

具体而言，衍生金融市场中的套利是投资者通过同时在两个或两个以上的市场进行衍生金融工具的交易而获得无风险收益的过程。交易者买进自认为是"便宜的"合约，同时卖出那些"高价的"合约，从两个合约价格间的变动关系中获利。在进行套利时，交易者注意的是合约之间的相互价格关系，而不是绝对价格水平。

套利分为在不同地点的市场进行的跨市套利、对同一品种不同到期期限的合约进行的跨期套利、对存在价格变动关系的不同品种进行的跨商品套利、对同一品种现货与期货（或远期）进行的跨时套利四种形式。

看一个跨时套利的例子：假设目前黄金现货价格为每盎司（1盎司＝31.1克）400美元，90天远期价格为450美元，90天银行贷款利率为年利8%。

套利者可借入400万美元，买入1万盎司现货黄金，同时在90天远期市场卖出1万盎司黄金。90天后，套利者用买入的现货来交割到期合同并偿还贷款本利。

套利利润 $= 450 - 400(1 + 8\% \times 1/4) = 42$（万美元）

（四）投机手段

金融衍生品市场的第四个功能是投机。市场上总存在一些人希望利用对特定走势的预期来对未来的变化进行赌博，构造出一个原先并不存在的风险，投机者通过承担风险获取利润。衍生金融工具的投机是指在衍生产品市场中通过衍生工具交易来赚取远期价格与未来实际价格之间差额的行为。只要是在透明公开的条件下进行，投机是有利于促进市场效率的。

由于衍生金融工具具有显著的杠杆效应，因此衍生金融工具的投机有"以小博大"的效果，具有高风险、高收益的特点。

例如，假设90天远期英镑价格为1.580美元，如果投机者预计90天后英镑的价格会高于这一水平，他就可以买入远期英镑。

如果90天后如投机者所预计的那样英镑价格达到1.600美元，那么投机者每英镑可以赚到0.020美元。

如果90天后与投机者预计相反，英镑价格下跌至1.565美元，那以投机者每英镑就亏损0.015美元。

（五）资产组合管理工具

衍生金融工具的第五个功能是构造资产组合。利用金融衍生品可以对一项特定的交易或风险暴露的特性进行重新构造，实现客户期望的结果。

不同的市场主体有不同的风险偏好或风险配置要求，而其实际持有的资产组合的风险特征可能并不能满足其风险偏好，需要进行调整。衍生金融工具为满足市场主体的风险偏好提供了一个灵活的工具。

例如，在利率互换交易中，A 公司在取得固定利率贷款方面成本较其他公司低，但在其金融资产组合管理中，却需要浮动利率负债。如果正好 B 公司需要固定利率负债，但其在获得浮动利率融资方面具有比较优势，那么两家公司便可互换资产头寸以达到优化资产组合的目的。

（六）存货管理工具

衍生金融工具的第六个功能是存货管理。不同企业在保留商品存货方面的比较成本不同，对于一个需要大量消耗某种商品的企业来说，如果企业在这种商品的储存上不具备优势，就可以在衍生金融工具市场上买入远期交割的商品以供给其未来的需求，从而降低自身的存货。

（七）改善资信状况

衍生金融工具的第七个功能是改善资信状况。对于大多数中小企业来说，它可以在衍生市场上通过与大公司（资信等级较高的企业）的互换交易，来改善资信状况。

例如，一家资信等级为 BBB 级的甲公司由于其资信等级较低，从而无法从银行申请到贷款，那么这家公司可以与一家 AA 级（资信等级较高的企业）的乙公司进行互换。这样每过一段时间，甲公司将与乙公司交换一笔货币流量，那么甲公司定期从乙公司得到的收入可以看成无风险，从而甲公司可以将这笔没有风险的收入流量抵押给金融机构而得到所需贷款。

二、衍生金融工具的宏观经济作用

以上功能都是从金融衍生品市场本身的角度讨论的，属于微观方面的功能。微观功能的发挥必定导致其宏观效应。因此，从宏观角度看，金融衍生品市场具有以下三个方面的作用。

（一）资源配置功能

金融衍生品市场的价格发现机制有利于全社会资源的合理配置。一方面，衍生品市场近似于完全竞争市场，其价格接近于供求均衡价格，这一价格用于配置资源的效果优于用即期信号安排将来的生产和消费。因此，衍生品市场形成的价格常常成为一个国家，甚至全球范围内的指导价格。另一方面，金融衍生品市场的价格是基础市场价格的预期，能反映基础市场未来预期的收益率。当基础市场预期收益率高于社会资金平均收益率时，社会资金就会向高收益率的地方流动。

（二）降低国家风险功能

国家风险包括政治风险、经济风险、金融风险。这三种风险是密切相联的，具有极强的互动关系。1997 年的东南亚金融危机，首先是出现金融风险，进而引发经济风险和政治风险。金融衍生品市场对降低国家风险具有重要作用，首先，其体现为衍生品市场可以降低金融风险，提高金融体系的效率。金融衍生品市场的发展增加了金融产品的多样性，扩大了金融体系的流动性，为投资者提供了进入新市场的途径和规避风险的方法，从总体上降低了金融成本。其次，金融衍生品市场对降低国家经济风险、政治风险也有重要作用。一个国家能否对其外汇储备进行套期保值，如何规避由于汇率变动造成的外债风险等，都将影响国家的经济风险。相对而言，其对政治风险的影响是间接的。

（三）容纳社会游资功能

金融衍生品市场的出现为社会游资提供了一种新的投资渠道，不仅使一部分预防性货币需求转化为投资性货币需求，而且产生了新的投资性货币需求，在经济货币化、市场化、证券化、国际化日益加强的情况下，不断增加的社会游资有了容身之处，并通过参与金融衍生品市场而发挥作用。

三、衍生金融工具的基本特征

（一）衍生金融工具的性质复杂

相对于股票、债券等基础金融工具，远期、期货、期权和互换这些基本的衍生工具的理解和运用存在一定的难度。而今国际金融市场的"再衍生工具"更是把期货、期权和互换进行组合，使衍生金融工具的构造更为复杂。这种复杂多样的特性，导致金融产品的设计要求较高的数学方法，大量采用现代决策科学方法和计算机科学技术，仿真模拟金融市场的运作。在开发、设计衍生金融工具时，采用人工智能和自动化技术，不仅使得衍生金融工具具有充分的弹性，能够满足使用者的特定需要；而且导致大量的衍生金融工具难以为一般投资者理解，更难以掌握和驾驭。

（二）衍生金融工具的交易成本较低

衍生金融工具可以用较为低廉的交易成本来达到规避风险和投机的目的，这也是衍生金融工具为保值者、投机者所喜好并迅速发展的原因之一。衍生金融工具的成本优势在投资于股票指数期货和利率期货时表现得尤为明显。例如，通过购买股票指数期货，而不必逐一购买单只股票，投资者即可以用少量的资本投入及低廉的交易成本来实现其分散风险或投机的目的。又如，在浮动利率市场具有借款优势的借款人可与另一在固定利率市场具有借款优势的借款人进行利率互换交易，来达到双方降低成本的目的。

（三）衍生金融工具具有高财务杠杆的放大特征

衍生金融工具可以用较少成本获取现货市场上需较多资金才能完成的结果，因此具有高财务杠杆的放大特征，是一种高风险、高收益的投资工具。高度的财务杠杆作用在金融期货和金融期权中表现得非常明显。例如，金融期货采用保证金方式进入市场交易，市场参与者只需动用少量资金即可控制巨额交易合约，基础资产市场价格的变化会给他们带来几倍至几十倍的损益变化。

高风险伴随着高收益，衍生金融工具为那些希望进行投机、追逐高额利润的投资者提供了非常强大的交易工具，适度的投机同时又活跃了市场交易，促进了市场的发展。

（四）衍生金融工具促进金融产品的创新

交易者参与衍生金融工具的交易，大致有以下目的：有的是为了保值；有的是利用市场价格波动风险进行投机，牟取暴利；有的是利用市场供求关系的暂时不平衡套取无风险的利润。既然存在各种复杂的交易目的，就要有多种多样的金融产品，以适应不同市场参与者的需要。衍生金融工具由于其高度的灵活性，可以根据各种参与者所要求的时间、杠杆比率、风险等级、价格参数的不同进行设计、组合和拆分，形成客户所需的资产组合，创造出大量特征各异的新型金融产品。

第三节 衍生金融工具的分类

衍生金融工具近四十多年来发展迅速，品种繁多。为了便于理解，我们从以下多个角度对其进行分类介绍。

一、按照基础资产分类

衍生金融工具都是在基础资产的基础上形成的交易合约，根据金融资产的类型，可以把衍生金融工具分为股票、利率、汇率和商品四类。

（一）股权式衍生工具（Equity Derivatives）

股权式衍生工具是指以股票或股票指数为基础工具的衍生金融工具，股票类中又包括具体的股票和由股票组合形成的股票指数。股权或衍生工具主要包括股票期货、股票期权、股票指数期货、股票指数期权以及上述合约的混合交易合约。

（二）货币衍生工具（Currency Derivatives）

货币衍生工具是指以各种货币作为基础工具的衍生金融工具，主要包括远期外汇合约、货币期货、货币期权、货币互换以及上述合约的混合交易合约。

（三）利率衍生工具（Interest Derivatives）

利率衍生工具是指以利率或利率的载体为基础工具的衍生金融工具，利率类中又可分为以短期存款利率为代表的短期利率和以长期债券利率为代表的长期利率。利率衍生工具主要包括远期利率协议、利率期货、利率期权、利率互换以及上述合约的混合交易合约。所有的衍生金融工具交易中，利率类衍生工具的交易占据了绝大部分。

（四）商品衍生工具（Commodity Derivatives）

商品衍生工具是指以各类大宗商品为基础资产的衍生金融工具，主要有工业品、农产品、能源产品和各种金属品种，包括各类大宗商品的远期、期货、期权等。

二、按照衍生金融工具的交易性质分类

根据衍生金融工具的交易性质，可以把衍生金融工具分为权利和义务对称型的远

期类工具以及权利和义务非对称型的选择类工具。

（一）远期类工具（Forward-based Derivatives）

在这类交易中，交易双方均负有在将来某一日期按一定条件进行交易的权利与义务，双方的风险收益是对称的。属于这一类的有远期合约（包括远期外汇合约、远期利率协议等）、期货合约（包括货币期货、利率期货、股票指数期货等）、互换合约（包括货币互换、利率互换等）。

例如，两家公司在3月1日签订一个远期合约，在第180天以每英镑1.456美元的价格交易100万英镑。这个远期合约使得多头方有权利也有义务以每英镑1.456美元的价格买入100万英镑，支付美元；而空头方同样有权利也有义务以每英镑1.456美元的价格卖出100万英镑，收到美元。在这一合约中交易双方的权利和义务是对称的。

（二）选择类工具（Option-based Derivatives）

在这类交易中，合约的买方有权根据市场情况选择是否履行合约，即合约的买方拥有不执行合约的权力，而合约的卖方则负有在买方履行合约时执行合约的义务。双方的权利义务以及风险收益是不对称的。为此，期权合约的多头方必须事先向空头方缴纳期权金，才能获得相应的权利。这时候，期权合约中实际买卖的那个资产就是期权合约的标的资产。交易者既可以在交易所进行标准化的期权交易，也可以在银行和其他金融机构的场外市场上找到相应的期权交易对手。属于这一类的有期权合约（包括货币期权、利率期权、股票期权、股票指数期权等）。另外，还有期权的变通形式，如认股权证（Warrants，包括非抵押认股权证和备兑认股证）、可转换债券（Convertibles）、利率上限（Caps）、利率下限（Floors）、利率上下限（Collars）等。

例如，一个投资者购买一份基于DELL股票的期权合约，该期权合约规定，投资者在支付140美元的期权金之后，就可以获得在一个月后以每股50美元的价格买入100股DELL股票的权利。到时候，如果DELL股票的价格高于50美元，这个投资者就可以执行期权，以每股50美元的价格买入100股DELL股票，从中获利，显然这时DELL股票的价格越高越好；如果到期时股票的价格低于50美元，该投资者可以放弃执行期权，他的全部损失就是最初支付的每股1.4美元的期权金。而对于这个期权的卖方来说，如果到期时DELL股票的价格高于50美元，期权买方必然执行期权，他必须以50美元的价格卖出100股DELL股票，从而遭受损失；如果DELL股票的价格低于50美元，期权买方必然放弃执行期权，期权卖方的全部收入就是每股1.4美元的期权金。可见，期权卖方通过获得一定的期权金收入，承担了可能会有的所有损失。这一协议乍看之下不太合理，但事实上市场是公平的，期权金的设定是通过对未来价格变化概率的精密计算得出的，在正常情形下足以弥补期权卖方所承担的风险。

三、按照衍生金融工具的交易市场分类

衍生金融工具可以根据交易市场的特点分为场内交易的衍生金融工具和场外交易的衍生金融工具。衍生金融产品市场分成交易所市场和柜台市场两类。

（一）场内市场交易的衍生金融工具

场内市场又称交易所市场或集中交易市场，是指由交易所组织的集中交易市场，有固定的交易场所和交易活动时间，接受和办理符合有关法令规定的金融产品的上市买卖。交易所市场是最主要的金融交易场所，是流通市场的核心。交易所交易必须根据国家有关的证券法律规定，有组织地、规范地进行，其交易一般采用持续双向拍卖的方式，是一种公开竞价的交易。交易所有严密的组织管理机构，只有交易所的会员才能在市场内从事交易活动，投资者则必须通过会员经纪人进行交易。

交易所交易的衍生金融产品主要包括利率期货和期权、股票类期货和期权（个股期货和期权、股指期货和期权）、外汇期货和期权。近年来，互换期货、交易所交易基金期货、期权等新产品也在发达国家的交易所活跃地交易。

（二）场外市场交易的衍生金融工具

场外市场又称柜台市场，是指银行与其客户、金融机构之间关于利率、外汇、股票及其指数方面的，为了套期保值、规避风险或投机而进行的衍生产品交易。其中，利率类产品占据了主导地位，这是因为金融机构和其客户之间主要为借贷类业务，而借贷类业务与利率密不可分。

四、按照衍生金融工具自身交易的方法和特点分类

按衍生金融工具的交易方式和特点进行的分类是衍生工具的基本分类，其主要包括以下几类。

（一）金融远期（Forwards）

金融远期是指合约双方同意在未来日期按照确定价格买卖金融资产的合约。金融远期合约规定了将来交换的资产、交换的日期、交换的价格和数量，合约条款因合约双方的需要而不同。

金融远期合约主要有远期利率协议、远期外汇合约、远期股票合约。

（二）金融期货（Financial Futures）

金融期货是买卖双方在有组织的交易所内以公开竞价的形式达成的在将来某一特定时间买卖标准数量的特定金融工具的协议，主要包括货币期货、利率期货和股票指数期货三种。

（三）金融期权（Financial Options）

金融期权合约是指合约买方向卖方支付一定费用（称为期权费或期权价格），在约定日期内（或约定日期）享有按事先确定的价格向合约卖方买或卖某种金融工具的权利的契约。

因此，金融期权的买入者在支付了期权费以后，就有权在合约所规定的某一特定时间或一段时间内，以事先确定的价格向卖出者买进或卖出一定数量的某种金融商品（现货期权）或者金融期货合约（期货期权）。当然，其也可以不行使这一权利。

金融期权可以分为现货期权和期货期权，或者看涨期权和看跌期权，或者欧式期权和美式期权。

（四）互换（Swap）

金融互换是两个或两个以上的参与者之间，或直接，或通过中介机构签订协议，互相或交叉支付一系列本金、利息、本金和利息的交易行为。

根据支付内容的不同，金融互换有两种基本形式：利率互换、货币互换。利率互换是只交换利息的金融互换，即协议的当事人之间，就共同的名义本金额，各自依据不同的利率计算指标，计算并交换一组利息流量。货币互换是既交换本金，也交换利息的金融互换，即协议的当事人之间在既定的期间内交换不同币别的利息流量，并于期间结束时，依据协议约定的汇率交换计算利息的本金。

从理论上讲，衍生金融工具可以有无数种具体形式，可以把不同现金流量特征的工具组合成新的工具，但不管组合多么复杂，基本构成元素还是远期、期货、期权和互换。

第四节 我国衍生金融产品市场的发展

改革开放以来，我国衍生金融工具从无到有，经历曲折的过程逐渐发展起来。现在我国正本着有序、协调、安全的原则进一步推动着衍生金融产品市场的发展。

一、利率衍生产品

我国于1992年开始实行国债期货试点。1993年，上海证券交易所正式推出国债期货，深圳、武汉、天津等全国13家交易所纷纷开办国债期货交易。1994年，国债期货快速发展，成交金额超过同期的股票市场，当年仅上海证券交易所国债期货成交金额就达2.3万亿元。由于国债期货制度不完善，机构操纵现象严重。1995年2月发生了"327"国债事件，此后中国证券监督管理委员会（以下简称证监会）下达了暂停国债期货交易的通知，中国国债期货市场历经两年多的实验性运行后被取消。时隔18年后，2013年9月6日，5年期国债期货重新上市交易。2015年3月20日，10年期国债期货顺利上市，国债期货市场由此实现了从单品种到多品种的突破。从2015年看，成交持仓显著增加，市场规模显著扩大，期现联动紧密，交割平稳顺畅，运行质量明显提升。

新世纪以来，我国相继推出了债券买断式回购、债券远期交易、利率互换和远期利率协议等利率衍生产品。2004年，我国推出了债券买断式回购，目前央行票据、记账式国债、金融债券是主要回购交易品种。2008年，银行间市场买断式回购资金交易7 369笔，交易资金量达17 457.14亿元，2014年，买断式回购成交124 924笔，交易资金量达119 342亿元。我国债券远期交易始于2005年。2005年5月16日，中国人民银行公布《全国银行间债券市场债券远期交易管理规定》，明确了市场参与者为进入全国银行间债券市场的机构投资者，远期交易标的债券券种是中央银行债券、金融债券和经中国人民银行批准的其他债券券种。远期交易实行净价交易，全价结算；到期实际交割资金和债券。同时，交易中心还对投资者持仓限额做出了规定。2010年7月10日，中国外汇交易中心发布关于如何获取债券远期交易资格的标准：银行间债券市场交易成员，须与全国银行间市场交易商协会签署《中国银行间市场金融衍生产品交易主协议》并向交易中心递交制度备案材料。2005年，银行间债券远期交易年交易量为177.99亿元，2008年达到5 005.5亿元，2009年达6 556亿元，之后交易量不断下降，2012年，交易量为166.3亿元。2014年，债券远期无成交量。2015年，中国外汇交易中心在银行间推出标准债券远期，并定义了标准债券远期是指在银行间市场交易的标的债券、交割日等产品要素标准化的债券远期合约。标准债券远期交易通过交易中心交易系统进行，提交上海清算所集中清算。银行间债券市场成员均可参与标准债券远期交易。2015年4月7日，3年期、5年期和10年期标准国开债远期合约挂牌上市，但后续成交较为清淡，日均交易1～2笔，截至2015年12月11日，标准债券远期合约共成交17亿元，交易笔数达57笔。2006年，人民币利率互换交易试点得以开展，当年交易名义金额为355.70亿元，2008年达4 121.5亿元，2009年达4 616亿元。2007年，中国人民银行发布了《远期利率协议业务管理规定》，推出远期利率业务，当年交易名义金额为10.5亿元，2008年达113.6亿元，随后几年交易量逐渐减少，2013年只有一笔交易，2014年彻底被市场遗弃。中国外汇交易中心于2014年11月3日推出标准利率衍生产品，这也是自2012年以来，再次扩容标准利率衍生品。首批推出的产品包括1个月标准隔夜指数互换、3个月标准7天期上海银行间同业拆放利率（Shibor）利率互换、3个月标准7天回购利率互换和3个月标准3月期Shibor远期利率协议。标准利率衍生产品对利率互换、远期利率协议等利率衍生产品的到期日、期限等产品要素进行了标准化设置。

二、汇率衍生产品

1992年，上海外汇调剂中心首次推出外汇期货交易，由于当时实行双轨汇率，外汇期货价格难以反映汇率变动趋势，加上严格的结售汇管理，外汇期货交易清淡，1993年，人民币汇率期货交易被迫停止。人民币远期结售汇业务于1997年4月1日起在中国银行进行试点，此后多家银行获准开办远期结售汇业务。目前，我国人民币远期结售汇业务依然不活跃。2005年8月15日在中国外汇交易中心开始人民币远期业务。2005年8月，中国人民银行发布了《关于扩大外汇指定银行对客户远期结售汇业务和开办人民币与外币掉期业务有关问题的通知》，允许符合条件的银行办理不涉及利率互换的人民币与外币间的掉期业务。企业可以利用掉期交易规避汇率风险，银行可以利用掉期交易调整银行外汇头寸。2007年，人民币掉期市场成交量增长5.2倍，银行间远期外汇市场成交量增长59.2%，主要成交品种为美元/人民币。"外币对"交易量稳定增长，2007年，八种"货币对"累计成交折合898亿美元，同比增长18.7%，成交品种主要为美元/港币、美元/日元和欧元/美元，成交量合计占全部成交量的86%。2008年，人民币外汇掉期市场累计成交4 403亿美元，同比增长39.6%。2014

年，人民币外汇掉期交易累计成交金额折合4.49万亿美元，同比增长32.1%，其中隔夜美元掉期成交2.36万亿美元，占掉期总成交额的52.6%。人民币外汇掉期作为一种衍生产品，在外汇市场上规避汇率风险的作用正在逐渐增强。2008年，人民币外汇远期市场累计成交174亿美元，同比下降22.4%；八种"货币对"累计成交折合620亿美元，同比下降30.9%，成交品种主要为美元/港币和欧元/美元，合计成交量占全部成交量的77.6%。2014年，人民币外汇远期市场累计成交529亿美元，同比增长63.5%。2014年度"外币对"累计成交金额折合606亿美元，同比下降5.7%，其中成交最多的产品为美元对港元，占市场份额比重为35%。2009年，人民币外汇掉期全年累计成交8 018亿美元，同比增长82.1%，增幅比上年提高42.5个百分点。其中，美元仍是主要的交易货币，交易短期化趋势有所上升，全年隔夜人民币对美元外汇掉期成交量占掉期成交总量的64.8%，同比上升21个百分点。人民币外汇远期市场累计成交98亿美元，同比下降43.8%。"外币对"市场累计成交折合407亿美元，同比下降35.8%，成交主要品种为美元/港币和欧元/美元，合计成交量占总成交量的78.8%。"外币对"远期和掉期分别成交20亿美元和39亿美元，同比分别增长2.8倍和4倍。2015年2月16日，银行间外汇市场推出标准化人民币外汇掉期交易，标准化人民币外汇掉期交易通过外汇交易系统新增的以双边授信为基础、自动匹配报价的C-Swap功能模块实现。在参与机构方面，所有人民币外汇掉期市场会员默认可以使用C-Swap功能模块，新增掉期市场会员将自动开通C-Swap功能模块的权限。在交易模式方面，实行以授信关系为基础的报价自动匹配结合点击成交的交易模式。在报价品种方面，初期提供人民币对美元外汇掉期最常用8个期限品种的市场最优行情和可成交报价。2011年2月14日，国家外汇管理局发布了《关于人民币对外汇期权交易有关问题的通知》，在银行间市场历史性地推出了人民币对外汇期权交易。2011年，人民币对外汇期权交易量为10.1亿美元；2012年，人民币对外汇期权交易量上升至33.4亿美元。2011年，中国金融期货交易所开始筹备外汇期货，目前设计了两大类产品，包括人民币外汇期货和非人民币交叉汇率期货。人民币外汇期货于2013年7月在交易所内部仿真系统上线，共有美元、欧元、英镑、日元、俄罗斯卢布、巴西雷亚尔兑人民币6款外汇期货产品；交叉汇率期货于2014年10月在全市场开展仿真交易，上市交易的品种为欧元兑美元和澳元兑美元期货。

三、股权衍生产品

1992年10月19日，首只权证深圳宝安企业（集团）股份有限公司认购权证发行，并于同年11月5日上市。1994年，证监会特批6只权证在深圳证券交易所上市。由于权证过度投机，1996年证监会取消了权证发行。在股权分置改革过程中，先后有几十家公司发行权证，成为对流通股补偿的重要手段。2015年2月9日，中国金融市场迎来历史上首次场内期权产品上证50ETF期权。

1993年3月，海南证券交易中心开办了股指期货交易，由于市场规模小，容易受大户操纵，半年后被取缔。中国金融期货交易所于2006年挂牌，是中国内地第一家金融衍生品交易所，沪深300股指期货合约自2010年4月16日起正式上市交易。五年后，上证50股指期货和中证500指数期货于2015年4月16日上市交易。

四、商品衍生产品

商品期货交易是国内最成熟、交易活跃的衍生品市场。目前，在上海期货交易所，有铜、铝、锌、铅、镍、锡、黄金、银、线材、螺纹钢、热轧卷板、燃料油、石油沥青、天然橡胶14个上市品种；在大连商品交易所，有玉米、玉米淀粉、黄大豆1号、黄大豆2号、豆粕、豆油、棕榈油、鸡蛋、胶合板、纤维板、聚乙烯、聚丙稀、聚氯乙烯、焦炭、焦煤、铁矿石16个上市品种；在郑州商品交易所，有强麦、普麦、棉花、白糖、精对苯二甲酸（PTA）、菜籽油、早籼稻、甲醇、玻璃、油菜籽、菜籽粕、动力煤、粳稻、晚籼稻、铁合金15个上市品种。近年来，我国商品期货发展势头迅猛，众多品种按照成交量排名已位居世界前列，价格影响力、市场定价力同步有效提升。据统计，按照成交量排名，我国三大商品交易所均在世界前10名；排前10名的农产品、金融期货品种各有7个属于中国。其中，以铁矿石为代表的黑色系列品种不仅成交量排名靠前，而且其全球定价话语权在逐步增强，越来越多的贸易商开始以大连商品交易所铁矿石价格作为定价基准。

本章小结

1. 衍生金融工具是与原生金融工具相对应的一个概念，它是在原生金融工具诸如即期交易的商品合约、债券、股票、外汇等基础上派生出来的新型金融工具。

2. 衍生金融工具产生的背景有着四个方面的特点：一是市场风险突出，二是科学技术高速发展，三是金融机构积极推进，四是金融理论的发展。

3. 衍生金融工具的主要功能有套期保值、价格发现、套利、投机，另外还提供了风险管理、存货管理和资产组合管理的工具。

4. 衍生金融工具的基本特征有：衍生金融工具的性质复杂，衍生金融工具的交易成本较低，衍生金融工具具有高度的财务杠杆，衍生金融工具促进金融产品的创新等。

5. 衍生金融工具可以从多个角度分类，根据基础资产的类型可以分为股票、利率、汇率和商品为基础的衍生工具。根据衍生金融工具的交易性质可以分为权利和义务对称型的远期类工具以及权利和义务非对称型的选择类工具。根据交易市场的特点可以分为场内交易的衍生金融工具和场外交易的衍生金融工具。根据衍生金融工具的交易方式和特点可以分为远期、期货、期权和互换。

6. 我国衍生金融工具市场有了初步的发展，有着很大的发展空间，同时衍生金融工具的风险管理将是一个日益严峻的问题。

思考与练习题

1. 简述衍生金融工具产生的背景。
2. 简述衍生金融工具的发展对金融业的影响。
3. 简述衍生金融工具的主要特征。
4. 简述衍生金融工具的基本功能。
5. 衍生金融工具按照交易性质可以分成哪几类?
6. 简述衍生金融工具的发展趋势。
7. 比较远期、期货和期权的特点。
8. 请总结全球衍生金融工具最近几年的创新特点。

第二章 远期合约

内容提要： 远期合约是最基本、最简单的衍生金融工具，其他各种衍生金融工具都是远期合约的延伸和发展。本章以远期合约的概念、特点、种类和功能等知识为基础，重点介绍远期利率合约、远期外汇合约等主要远期合约在现实中的运用。

第一节 远期合约概述

一、远期合约的含义

远期合约（Forwards/Forward Contract）是指交易双方签订的在将来某一日期、按照约定的价格对某种商品、证券或外汇等基础资产进行结算或交割的协议。远期合约一经签订生效，买卖双方就有义务履行合约所规定的条款，但交易双方并不在签约时支付款项，而是在将来某一预定日期结算。远期合约是最古老和最简单的表外工具，也是人们经常使用的一种套期保值工具，除了不在交易所挂牌、不进行每日清算、无保证金要求外，与后来出现的期货合约非常相似。市场上运用最普遍的是远期外汇协议和远期利率协议，同时远期商品交易也被一些热衷于商品市场的商业银行所重视。

二、远期合约的相关概念

（一）多头与空头

在远期合约中，规定在将来买入标的物的一方为多头，而在未来卖出标的物的一方为空头。

（二）远期升水与远期贴水

在即期交易中形成的价格称为即期价格，在远期交易中形成的价格叫远期价格。远期价格与即期价格的差称为远期价差。远期价差相对即期价格有升水、贴水和平价三种情况。升水表明远期价格高于即期价格，贴水则表明远期价格低于即期价格，平价表明远期价格与即期价格相等。远期价格可以通过即期价格与远期价差求得。

（三）交割价格

合约中规定的未来买卖标的物的价格称为交割价格。如果信息是对称的，而且市场是有效的情况下，那么合约双方所选择的交割价格应使合约的价值在签订合约时等于零。因为只有当远期合约的交割价格和远期价格一致时,才不存在套利机会。因此,在签署远期合约协议的时刻,交割价格与远期价格是相同的。通常情况下,在合约开始后的任何时刻,远期价格和交割价格并不相等。这是因为远期价格是合约中标的物在市场中的远期价格,它是跟标的物的现货价格紧密相连的,会随着时间的变化而变化,但是远期交割价格却是在合约中约定保持不变的。

在签订远期合约协议时,如果出现远期价格和交割价格不相等的情况,就会产生套利机会。若交割价格高于远期价格,套利者就可以通过卖空标的资产的现货,买入远期来获得无风险利润,套利行为会使得现货价格下降,交割价格上升,直至套利机会消失,反之亦然。

(四) 合约期限

远期合约的期限是指合约从签订至到期的时间。签订双方可就各自的具体情况自行约定,没有统一的期限标准。一般情况下,远期合约的期限为1个月、2个月、3个月、半年、一年或者更长。

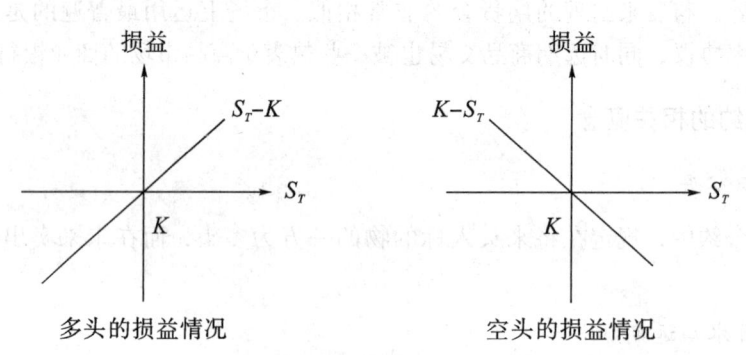

三、远期合约的损益分析

远期合约的损益取决于合约标的资产的现货市场价格和交割价格的大小。假设 S_T 表示合约到期时标的资产的现货价格,K 表示该合约的交割价格。那么,对于远期合约的多头来说,一单位资产远期合约的损益就等于 $S_T - K$。当 $S_T > K$ 是,多头盈利;当 $S_T < K$ 时,多头亏损。相应地,空头的损益为 $K - S_T$。当 $S_T > K$ 是,空头亏损;当 $S_T < K$ 时,空头盈利。因此,远期合约的损益可能是正,也可以是负,如图 2.1 所示。

图 2.1 远期合约的损益图

四、远期合约的特点

(一) 远期合约是一种非标准化合约

远期合约是一种非标准化合约。它不在交易所进行交易,通常是在金融机构之间或者金融机构与其客户之间通过谈判后签订。远期合约根据交易者的具体情况和具体要求,经过交易双方的协商来决定合约的具体交易规模、交割时间和其他条件,具有很大的灵活性，能更好地满足交易者的个性化需求。

（二）远期合约通常是用现金和实物进行交割

合约买方和卖方达成协议在未来的某一特定日期交割一定质量和数量的商品，价格可以预先确定或在交割时确定。90%以上的远期合约最后均以实物方式交割，只有很少的部分是以平仓来代替实物交割的。

（三）远期合约流动性较差

远期合约签订后，一般由交易双方一直持有到期然后直接成交。若要撤销远期合约，交易双方只能再签订一个相反的合约。由于每份远期合约千差万别，适应对象的要求特殊，这给远期合约的流通造成较大不便。

（四）远期合约信用风险大

远期合约不在交易所内进行交易，没有统一的结算机构，加上远期合约签订时，双方不缴纳保证金，当价格变动对一方有利时，对方有可能无力或无诚意履行合约。因此，远期合约信用风险较高。

五、远期合约的种类

最初的远期合约仅仅是商品远期交易，但发展至今，远期合约还包括金融性远期合约，即远期利率协议、远期外汇协议和远期股票合约等。

（一）远期利率协议

远期利率协议（Forward Rate Agreement）是交易双方签订的在未来某一特定日期（指利息起算日）开始的一定期限的协议利率，并规定以何种利率为参照利率，在将来利息起算日，按规定的协议利率、期限和名义本金额，由当事人一方向另一方支付协议利率与参照利率利息差的贴现额。

（二）远期外汇合约

远期外汇合约（Forward Exchange Contracts）是指交易双方约定在未来某一特定日期，按照合约签订时约定的汇率和金额，以一种货币交换对方另一种货币的合同。远期外汇合约可分为直接远期外汇合约和远期外汇综合协议两种。

（三）远期股票合约

远期股票合约（Equity forwards）是指在将来某一特定日期按特定价格交易一定数量单只股票或一揽子股票的协议。

六、远期合同交易的功能

远期合同交易是在现货交易的基础上产生和发展的，是对现货交易的一种补充，具有如下功能：

（一）远期合同交易可以稳定供求双方之间的产销关系

远期交易合同是一种预买预卖的合同。对于供给者来说，它可以预先将商品卖出去，从而能够预知商品的销路和价格，可以一心一意地组织生产；对于需求者来说，它可以预先订购商品，从而能够预选商品的来源与成本，可以据此筹措资金，筹划运输、储存等工作，甚至在预买的基础上又可以安排预卖，使各环节有机地衔接起来。远期合同交易的供需关系主要表现为稳定的产销关系。

（二）远期合同交易可以在一定程度上减少市场风险

这是远期交易得以产生和发展并受到交易者青睐的根本原因，也是弥补现货交易不足的主要表现。现货交易的缺点主要表现在成交的价格信号短促，即这种现货价格信号对于指导生产与经营活动有很大的局限性。生产者与经营者如果按照现货价格去安排未来的生产和组织未来的经营活动，就会面临很大的风险。未来市场的价格与目前市场的价格受外界因素影响，很难一致，尤其是农副产品。而这种不一致程度如何是现货交易所不能反映出来的。这样，未来市场的风险就分布在市场交易者的身上。为了弥补现货交易的不足，更为了避免或减少市场风险，人们开始想方设法寻找分担风险之道，于是便出现了在生产尚未完成之前，经营者首先与生产者签订远期合同预购产品，待产品生产出来之后，再由生产者将产品交付给经营者的远期交易活动。

这种"先物交易"，即交易承诺在先，履约行为（交货、交款）在后的远期交易活动，早在古希腊、古罗马时代就已出现。农产品收获前，城市商人先向农民预购产品，待农产品收割后，农民才会交付农产品给城市商人。到了13世纪，这种交易活动出现了凭商品样品的质量、品种、规格等签订远期交易的做法。如今，远期交易在世界范围内相当普遍，并形成了一定的规模。远期交易的优点是将事后的市场信号调节转变为事前的市场信号调节。因此，远期交易既可以稳定供需关系，又可以避免或减少一定程度的市场风险。

第二节　商品远期交易

一、商品远期交易的产生与发展

在人类经济活动的历史长河中，商品交换活动已有几千年的历史。最初的商品交换是物物交换。随着商品生产的发展，市场空间的扩大，物物交换形式越来越不适应人们对商品交换的要求，因而又出现了以货币为媒介的商品交换。以货币为媒介、钱货两清的现货交易出现以后，极大地促进了商品经济的发展，市场的深度与广度进一步拓展。然而随着市场日益扩大，一方面为生产者、经销商提供了更广阔的商品购销空间；另一方面又为他们寻找新的买卖对手增大了难度。生产者在生产过程中，原材料不能及时购进、产品销售不出去会影响再生产的顺利进行。因此，生产者为了使生产能够连续不断地循环开展，回避原材料或产品的购销风险，产生了预购预售的需求。同样，经销商为了商品流通的顺利进行，回避产品购销风险，其预购预售的要求也十分强烈。随着商品经济的发展，这种远期商品交易产生了。

为进行远期商品交易签订的合约就是商品远期合约。它是一种在现在约定的，在未来特定时间按某一确定价格交易特定标的物的合约。

二、商品远期交易的应用

商品远期交易的原理很简单，一般参与商品远期交易的双方主要是为了锁定未来的交易价格。销售者通过远期交易避免未来价格下跌的风险，而商品购买者通过远期交易避免价格上涨的风险。以黄金的远期合约为例，黄金生产企业预计未来黄金的价格有下降的趋势，为了规避这一风险，企业可以签订远期合约。

例如，假定当期黄金的市场价格为1 000美元/盎司，黄金生产企业卖出一份一年期的远期合约，合约规定在一年后以1 000美元/盎司交割100盎司黄金。如果一年后，交割日黄金的现价下跌至980美元/盎司，那么黄金生产企业成功规避了价格风险，避免了2 000美元的损失。但是如果交割当日市场金价高于远期价格时，比如黄金价格为1 050美元/盎司，黄金生产企业还是只能按合约价格卖出黄金，失去了以高于远期价格的市场价格销售的机会。

第三节 远期外汇合约

远期外汇合约分为直接远期外汇合约和远期外汇综合合约，这一节介绍的是直接远期外汇合约。

一、远期外汇合约的产生

远期外汇交易是在即期交易基础上产生的外汇交易业务。从根本上讲，远期外汇交易是生产国际化、贸易国际化以及投资国际化的结果。在浮动汇率制下，只要涉及货币跨国界的活动，只要有货币与货币的交换，就存在着汇率风险。

例如，A国的一位进口商准备从B国进口一批商品，按照合约，他应在3个月后以B国货币付款。但是在这3个月时间内，B国货币有可能升值，到时他可能会花费更多的A国货币购买B国货币用于支付。

为了避免这种汇率变动的风险，进口商可以有几种选择：其一，在他签订合约时，立即用A国货币购买B国货币，并将其存入银行。但这种方法存在的问题是，存入银行，收益不会太多，相对的机会成本比较大。其二，购买成B国货币后，即将资金投入B国进行短期投资。这种情况下，存在着一定的投资风险。其三，进口商可以通过银行购买一笔3个月以后支付的B国货币，即事先同银行签订合约，确定交易货币汇率。3个月后，双方按既定的汇率交割。随即对进口货物进行支付，出口商取得B国货币。这种方法既减少了汇率变动可能造成的风险，也不需要进口商较长时间地占用资金，使交易成本下降。这种方法就是远期外汇交易。

二、远期外汇合约概述

(一) 定义

远期外汇合约（Forward Exchange Agreement，FEA）是指外汇买卖双方在成交时先就交易的货币种类、数额、汇率及交割的期限等达成协议，并用合约的形式确定下来，在规定的交割日双方再履行合约，办理实际的收付结算。远期外汇合约的期限通常为 1 个月、2 个月、3 个月和 6 个月，而以 3 个月期的最多，但也有 9 个月、1 年甚至 1 年以上的。远期外汇的期限通常按月而不是按天计算。

(二) 相关概念

1. 即期汇率

即期汇率也称现汇汇率，是交易双方达成外汇买卖协议后，在两个工作日以内办理交割的汇率。这一汇率一般就是现时外汇市场的汇率水平。银行一般同时报出某一外汇的买入价和卖出价，银行买入价和卖出价总是前小后大。

汇率的两种标价法：直接标价法是以一定单位的外国货币为标准来计算应付出多少单位本国货币。包括中国在内的世界上绝大多数国家目前都采用直接标价法。在国际外汇市场上，日元、瑞士法郎、加元等均为直接标价法。间接标价法是以一定单位的本国货币为标准，来计算应收若干单位的外国货币。在国际外汇市场上，欧元、英镑、美元等为间接标价法。

2. 远期汇率

远期汇率也称期汇率，是交易双方达成外汇买卖协议，约定在未来某一时间进行外汇实际交割所使用的汇率。

(1) 远期汇率的报价方法。

①直接报价法。直接报出远期汇率又叫完整汇率报价法，它直接完整地报出了不同期限远期汇率的买入价和卖出价。例如，某日银行报出美元与欧元的汇率如下：

1 个月期远期汇率　　　USD/EUR = 1/0.739 1
3 个月期远期汇率　　　USD/EUR = 1/0.738 2

由于即期汇率不断变化，那么随着即期汇率的变动，远期汇率也要不断做出调整，对银行来说比较麻烦，因此现在采用这种报价方法的越来越少。

②远期价差报价法。远期价差是指某一时点远期汇率与即期汇率的差价，又叫掉期率、汇差或互换点数（简称点数）。与前一种报价法不同，远期价差报价法是银行首先报出即期汇率，在即期汇率的基础上再报出点数（即掉期率），客户把点数加到即期汇率或从即期汇率中减掉点数而得到远期汇率。

在远期差价报价法下，银行给出点数后，客户计算远期汇率的关键在于判断是把点数加到即期汇率中还是从即期汇率中减掉点数，其判断原则是使远期外汇的买卖差价大于即期外汇的买卖差价。因为作为银行来说，从事外汇交易的利润来源主要就是买入卖出外汇之间的差价，在远期外汇业务中银行承担的风险要比从事即期外汇业务的风险大，因而也要求有较高的收益，表现在外汇价格上就是远期外汇的买卖差价要大一些。

例如，某月一客户向银行询价时，银行用掉期率标价法报出远期英镑的美元价格：即期汇率：1.754 0/50。

点数：30 天 2/3；90 天 28/30；180 天 30/20。

考虑 30 天的远期汇率情况，如果用加法，远期汇率为 1.754 2/53，买卖差价为 0.001 1，大于即期外汇的买卖差价（0.001 0），可判定加法是对的；再试用减法，远期汇率为 1.753 8/47，买卖差价为 0.000 9，小于即期外汇的买卖差价，判定减法是错的。同理可得出 90 天的远期汇率也应采用加法，而对 180 天的远期汇率，尝试的结果表明应采用减法。

一般地，在即期汇率的基础上利用掉期率计算远期汇率时，不论银行使用的是直接标价法还是间接标价法，掉期率如果是前小后大就使用加法，如果是前大后小就使用减法。例如，假设美国某银行外汇标价为 USD/GBP = 1.555 0/60，远期汇差为 20/30，远期汇率为 USD/GBP = 1.557 0/90；如果远期汇差为 40/30，则远期汇率为 USD/GBP = 1.551 0/30。

（2）升水与贴水。升水是指远期汇率高于即期汇率，贴水则相反。在直接标价法的情况下，远期汇率如果是升水，就在即期汇率的基础上，加上升水数，即为远期汇率；如果是远期贴水，就在即期汇率的基础上减去贴水数，即为远期汇率。在间接标价法的情况下，正好相反，远期汇率如果是升水，就要在即期汇率的基础上减去升水数，即为远期汇率；如果是远期贴水，就要在即期汇率的基础上加上贴水数，即为远期汇率。

（3）远期汇率的决定。由对汇率升水和贴水的理解可知：

在直接标价法下：远期汇率 = 即期汇率 ± 升(贴)水

在间接标价法下：远期汇率 = 即期汇率 ∓ 升(贴)水

三、远期外汇合约的分类

（一）按照远期开始的时期分类

按照远期开始的时期不同远期外汇合约可以分为直接外汇远期合约和远期外汇综合协议。

（1）直接远期外汇合约，其远期期限是直接从现在开始计算，或者说远期时间是从缔约日开始计算。

（2）远期外汇综合协议，其远期是从未来某个时刻才开始计算，因此也被称为"远期的远期"合约。

（二）按照合约中对未来交割时间的不同规定分类

按照合约中对未来交割时间的不同规定远期外汇合约可以分为固定交割日的远期外汇交易、不固定交割日的远期外汇交易、掉期交易三种。

（1）固定交割日的远期外汇交易。在这种远期外汇交易合同中，约定的交割时间是一个确定的日期，不能推迟和提前。但在现实交易中，交易者往往并不能事先知道外汇收入和支出的准确时间，因此这种交易缺乏灵活性。

（2）不固定交割日的远期外汇交易又称为择期远期外汇交易，指交易一方可在成交日第三天起至约定期限内的任何一个营业日，要求另一方按照双方约定的远期汇率，进行交割的合约。这种交割日期的灵活性和机动性强，更适合于进出口商的需要。因为在国际贸易中，进出口商往往无法准确知道自己外汇收支的具体日期，为了规避汇率风险，固定交易成本，进口商可与银行签订这类择期外汇买卖合约，以便在将来约定的期限内进行外汇买卖。

不固定交割日的远期外汇交易又可以分为以下两种：

①事先把交割期限固定在两个具体日期之间，如 A 出口商要出卖一笔 3 个月的远期外汇给银行，则在合约订立至到期日的 3 个月内任何一天，都可随时将收到的远期汇票卖给银行。

②先把期限固定在某一月份间。如上例中的 A 出口商可将其合约的交割期限约定在第一个月，第二个月或第三个月中的任意一两个月。

（3）掉期交易。掉期是指同时买卖相同金额、相同币种，但不同交割日货币的外汇交易。掉期外汇交易主要是用来改变外汇收支的付款日期以及调剂不同期限到期日的外汇头寸余额。

例如，有一家美国的跨国公司，在德国和英国分别设有附属合资企业，该公司在德国的合资企业，积累了一笔欧元现金，准备在 3 个月后偿还原先所借的贷款。同时，该公司在英国的附属公司目前却正急需资金，但它在向银行筹借资金时，得到的回答是须等待 3 个月后才能得到贷款。此时该公司就可以在德国市场上按即期汇率卖出德国附属企业的欧元换得英镑，然后以公司内部信贷的形式，将该笔资金贷给在英国的附属企业，同时再卖出 3 个月的英镑买进欧元远期，以便该公司在德国的附属企业在 3 个月后可用于偿还贷款。这样，3 个月后，其在英国的附属企业在得到了银行贷款之后，将这笔贷款偿还给母公司，母公司将其按远期合同的约定换成欧元后，再偿还给其在德国的附属企业。由此该公司就通过这样一笔掉期交易，使两家企业的资金余缺得到了调剂，满足了海外投资的需要。

（三）按照交易目的的不同分类

按照交易目的的不同远期外汇合约可以分为商业性远期外汇交易、金融性远期外汇交易和投机性远期外汇交易。

（1）商业性远期外汇交易是指进出口商为了避免贸易业务中汇率变动的风险，与外汇银行进行的远期外汇交易。

（2）金融性远期外汇交易是指外汇银行为了管理国际金融业务中汇率变动的风险进行的远期外汇交易。

（3）投机性远期外汇交易是指建立在投机者某种预期基础上由投机者承担外汇风险的远期外汇交易。

四、远期外汇合约的特点

首先，远期外汇合约中的条款，如汇率、交割方式、金额等由交易双方自行协商确定；其次，远期外汇交易一般在场外进行，它属于无形市场，没有固定场所和交易时间，可以24小时进行交易；最后，远期外汇合约的信用风险较大，很难规避违约风险。银行与客户之间的远期外汇交易是否缴纳保证金，视客户的诚信情况而定。银行间的远期外汇交易通常是标准化的远期掉期交易，基本上没有信用风险。

五、远期外汇合约的交割

远期外汇交易交割日或者是结算日基本上是按月计算而不是按天计算，其交割日是在即期外汇交割日或结算日的基础上确定的，即在确定远期外汇交易的交割日之前要先确定即期外汇交易交割日。因为远期外汇交易交割日就是即期外汇交易交割日之后的远期外汇合约规定的期限的同一天。因此，计算远期外汇交易交割日的一个简单的方法是：对于今天发生的3个月远期外汇交易，可以先计算出即期外汇交易的交割日，然后往后推3个月。例如，2016年9月6日（星期二）发生了一笔3个月的远期外汇交易，其交割日的计算首先是计算出9月6日发生一笔即期外汇交易的交割日为9月8日，然后在9月8日的基础上加3个月就是3个月远期外汇交易的交割日，即2016年12月8日（星期四）。如果计算出的远期外汇交易的交割日恰为银行休假日，则将交割日向后顺延至第一个合适的日期。

六、远期外汇交易的作用

（一）进出口商和外币借贷者用于风险规避

市场汇率是变动不定的，进出口商必须考虑从贸易合同签订到收付货款这段时间因汇率变化可能带来的损失。同样，外币借贷者要考虑借贷期间汇率变化所带来的风险。利用远期外汇交易，可以锁定外汇价格，规避汇率风险。

（二）商业银行平衡其外汇头寸

进出口商与商业银行进行远期外汇买卖，目的是锁定其外汇支付成本或收取的收益。这一操作将进出口商的远期外汇风险转嫁给了外汇银行。在与客户进行远期外汇交易的过程中，不同货币的买入卖出数额和其期限常常是不平衡的，为了避免外汇风险，商业银行利用远期外汇市场对不同期限、不同货币头寸的余缺进行抛补，平衡其外汇头寸。

（三）利用远期外汇交易进行投机

外汇投机是指投机者根据对有关货币汇率变动的预测，通过买卖现汇和期汇，有意保持某种外汇的多头或空头，以期在汇率实际发生变动之后获取风险利润的一种外汇交易。外汇投机有即期外汇投机和远期外汇投机两种类型。在利用远期外汇进行投机的过程中，如果投机者预期某种货币的汇率将上升，则会买入这种货币的远期，此时他并不立即支付现金也不会取得相应的外汇，只是订立了一个买卖合约，获得了在未来某一日按一定价格支付某种货币而取得另一种货币的权利并承担相应义务；反之，如果投机者预期某种货币的汇率将下降时，就会卖出该种货币的远期。

七、远期外汇合约的应用

(一)规避外汇风险

某一日本出口商向美国进口商出口价值10万美元的商品,共花成本9 500万日元,约定3个月后付款。双方签订买卖合同时的汇率为1USD=96JPY。按此汇率,出口该批商品可换得9 600万日元,扣除成本,出口商可获得100万日元。但3个月后,若美元汇价跌至1USD=95.5JPY,则出口商只可换得9 550万日元,比按原汇率计算少赚了50万日元;若美元汇价跌至1USD=95JPY以下,则出口商就得亏本了。可见美元下跌或日元升值将对日本出口商造成压力。因此,日本出口商在订立买卖合同时,就按1USD=96JPY的汇率,将3个月的10万美元期汇卖出,即把双方约定远期交割的10万美元外汇售给日本的银行,届时就可收取9 600万日元的货款,从而避免了汇率变动的风险。

又如,法国某跨国公司在10周后要支付173万美元,但是其担心一周后欧元可能出现贬值,此时其可以买入美元的外汇远期,以固定为获得这些美元而必须付出的欧元。假如未来的那个支付日期不能具体确定,估计是从现在算起的8周至12周之间,则可以要求银行提供可选择日期的远期交易。

(二)商业银行平衡外汇头寸

某家银行向某日本进出口商出售了6个月期的100万远期美元,那么这家银行就产生了远期美元的超卖,远期美元处于空头,如果远期美元升值,则银行将承担远期美元升值带来的损失。为了平衡这一远期美元的头寸,这家银行在卖出远期美元的同时就会向同业银行买进100万美元的即期美元来规避远期美元升值所带来的风险。

(三)外汇市场的投机

在外汇市场上,若人民币对美元的1月期远期汇率为1 USD=6.830 0 CNY,某投机商预期1个月后美元的即期汇率将上升,并且大于目前1个月期远期美元的汇率,那么该投机商就在远期外汇市场上买入1个月期的远期美元,假设为100万美元。1个月后,如果市场如该投机商预测的那样,美元的即期汇率上升,假设现在汇率为1 USD=6.838 0 CNY,投机者按远期合约买入100万美元,然后在即期市场卖出,可获得投机利润8 000元人民币。

第四节 远期利率协议

一、远期利率协议的产生

20世纪七八十年代,西方国家利率变动频繁而且剧烈,经济主体积极向银行探寻能够规避利率风险的金融工具。远期利率协议(Forward Rate Agreements,FRA)在这种背景下产生了。

二、远期利率协议概述

(一) 定义

远期利率协议是一种远期合约，是指交易双方约定在未来某一日期（指利息的起算日）开始的一定期限的协议利率（或称合同利率），并规定以何种利率为参照利率，在将来利息起息日，按合约约定的期限、名义本金和规定的参考利率，分别以合同利率和参照利率计算利息的贴现额并进行交换。由协议的买方支付协议利率计算的利息，收取参考利率计算的利息，由协议的卖方支付参考利率计算的利息，收取协议利率计算的利息。

远期利率协议是用以锁定利率和对冲利率风险的衍生工具之一。它没有发生实际的本金交付，而只进行利息的交付，这使得远期利率协议不用反映在资产负债表上。

(二) 相关概念

1. 重要术语

为了规范远期利率协议，英国银行家协会为远期利率协议规定了一系列重要术语：

合同金额：名义上的本金额。

合同货币：合同金额的货币币种。

交易日：远期利率协议成交的日期。

结算日：名义借贷开始的日期，也是交易一方向另一方交付结算金的日期。

确定日：确定参照利率的日期。

到期日：名义借贷到期的日期。

合同期：结算日至到期日之间的天数。

合同利率：在协议中双方商定的借贷利率。

参照利率：在协议中确定的某种市场利率，用以在确定日确定结算金额。

结算金：在结算日根据合同利率和参照利率的差额计算出来的，由交易一方付给另一方的金额。

2. 交易流程

我们可以通过远期利率协议的时间流程来了解以上概念之间的相互关系，交易流程图如图2.2所示。

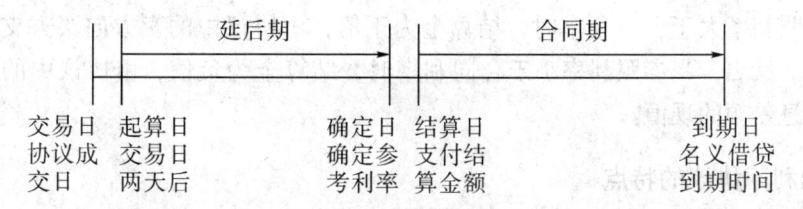

图2.2 远期利率协议交易流程图

3. 即期利率与远期利率

即期利率是指当前的市场利率。它可由某一给定时点上贴现型债券的到期收益率确定。远期利率指未来一段时间的市场利率。

用 t 表示现在时刻，T 和 T^* 表示将来时刻（且 $T^* > T$），r 表示 T 时刻到期的即期利率，r^* 表示 T^* 时刻到期的即期利率，f 为现在时刻 t 签订的 T 至 T^* 期间的远期利率，则有：

$$(1 + r)^{T-t}(1 + f)^{T^*-T} = (1 + r^*)^{T^*-t} \tag{2.1}$$

如果一年期的即期利率为 10%，两年期的即期利率为 10.5%，那么一年到两年的远期利率为 11%，因为 $(1 + 10\%)(1 + 11\%) \approx (1 + 10.5\%)^2$。

为了更精确地计算即期利率和远期利率之间的关系，下面引入连续复利，连续复利这一概念在衍生金融工具定价中有相当广泛的应用，因此十分重要。

假设本金 A 以利率 R 投资了 n 年，每年计一次复利，那么投资的终值为 $A(1 + R)^n$。如果每年计 m 次复利，则终值为 $A(1 + \frac{R}{m})^{mn}$。当 m 为无穷大时，就为连续复利，此时终值为 Ae^{Rn}。如果终值为 X，按连续复利折现的现值为 Xe^{-Rn}。

当即期利率和远期利率所用的利率均为连续复利时，有：

$$Ae^{r(T-t)}e^{f(T^*-T)} = Ae^{r^*(T^*-t)}$$

则远期利率为：

$$f = \frac{r^*(T^* - t) - r(T - t)}{T^* - T} \tag{2.2}$$

4. 结算金的计算

在实际交易中，交易方一般在结算日支付结算金。两种利息的计算期限均为结算日至到期日。由于结算金交付日期早于利息差支付日期（到期日），因此这笔结算金要从到期日贴现到结算日。结算金计算公式如下：

$$结算金 = \frac{(r_r - r_c) \times A \times \frac{D}{B}}{1 + r_r \times \frac{D}{B}} \tag{2.3}$$

其中，r_r 为参照利率，r_c 为合同利率，A 为合同金额，D 为合同期天数，B 为一年的天数计算惯例（一般为 360 天）。

(2.3) 式中，分子表示由于合同利率与参照利率的差异而造成的利息差额支付，分母是对分子的贴现，以反映结算金的支付是在合同期开始之日而不是在合同期结束时。

当参照利率大于合同利率时，结算金为正值，由协议中的卖方向买方支付利息差额的现值。反之，当参照利率小于合同利率时，结算金为负值，由协议中的买方向卖方支付利息差额的现值。

三、远期利率协议的特点

远期利率协议交易具有以下几个特点：一是具有极大的灵活性。作为一种场外交易工具，远期利率协议的合同条款可以根据客户的要求"量身定做"，以满足个性化需求；二是并不进行资金的实际借贷，尽管名义本金额可能很大，但由于只是对以名义本金计算的利息的差额进行支付,因此实际结算量可能很小;三是在结算日前不必事先支付任何费用,只在结算日发生一次利息差额的支付;四是远期利率协议的报价习惯与众不同。在期限上,它确认的是交易开始的时点及结束的时点。例如,"3×9"或"3个月对9个月"的伦敦同业拆借利率(LIBOR,下同)就意味着一项在3个月后开始的、在9个月后结束的6个月期的LIBOR。在价格上,它是以收益率报价,这与利率期货交易相反。例如,担心市场利率上升会加大融资成本的借款人可以通过购买远期利率协议来进行对冲,也可以在期货市场上出售适当数量的利率期货合约进行对冲。

四、远期利率协议的功能

远期利率协议最重要的功能在于通过固定将来实际收付的利息规避利率变动的风险。因此,对于已经存在或即将产生的一定金额的资产或负债,由于这些资产或负债正面临着利率变动的风险,保值者可以通过签订远期利率协议对未来利率变化可能造成的风险损失进行管理。签订远期利率协议后,不管市场利率如何波动,协议双方将来收付资金的成本或收益总是固定在合同利率水平上。

例如,当参照利率上升时,会引起协议购买方的资金成本加大,但由于协议购买方可以从协议出售方得到参照利率与协议利率的差价,正好可弥补其加大了的资金成本,而协议出售方则固定了其资金收益;当参照利率下降时,协议购买方的资金成本变小,这时参照利率与协议利率的差价支付则填补了其变小了的资金成本,协议卖出方得到支付增补了变小的收益。无论哪种情况交易双方都起到了锁定收付利息的作用。

对于投机者来说,其可以通过远期利率协议投机获利。一般来说,投机者并没有事先拥有一笔有着利率变动的资金,因此投机者一开始没有面临利率风险,但投机者预期利率将要波动并希望从未来的利率变动中获利。在获取远期利率协议头寸后,投机者就面临了利率风险,但是与保值者不同的是,这种风险是投机者为追求投机收益愿意承担的风险。

另外,银行可以利用远期利率协议防范利率变动风险,作为表外科目,可用来减少银行的"同业存放"和"存放同业"两科目之余额,不仅不会使资产负债表膨胀,还可减少对同业市场的依赖;既可以适应金融管理部门对银行资本的要求,又可以改善银行的资产收益率。

五、远期利率协议的风险

由于远期利率协议是场外交易,不交付保证金,没有规定的清算机构,完全凭信用交易,因此容易产生信用风险。如果一笔远期利率协议的一方违约,另一方就必然要承担对方违约的风险,即当利率发生变动时,非违约方预期可以收到的利息差额将成为泡影。例如,某银行购买了一笔远期利率协议,协议利率为8%,参照利率为6个月LIBOR。假设到清算日,LIBOR上升到10%。按理,远期利率协议的出售方应该向该银行即协议的购买者支付2%的利差利息。如果对方违约,银行就不能按原来的规定得到这2%的利差补偿。

此外,银行在同业远期利率协议市场上对其远期利率协议进行抛补时,银行具有头寸风险。如果银行已经卖出了一个远期利率协议，而随后的利率上升，则银行将承受和远期利率协议的期间成正比的损失。

六、远期利率协议的应用

（一）锁定筹资成本

A公司预计3个月后的5月4日将借入一笔1 000万美元的资金，期限是6个月，借款利率是6个月的LIBOR加上100个基点。目前，3个月后的远期利率为6.5%。考虑到利率在贷款期开始之前就可能上升，于是A公司从银行买入一份3个月到期的远期利率协议，协议利率是6.5%，参照利率是6个月LIBOR。当A公司3个月后获得这笔贷款时，A公司将向发放贷款的银行支付当时的6个月LIBOR加上100个基点的利率。远期利率协议将公司的借款成本固定为每年7.5%（6.5%加上100个基点）。

假设5月4日时，6个月的美元LIBOR是5.75%。A公司将以LIBOR加上100个基点，即6.75%的利率借入1 000万美元。但是远期利率协议中的固定利率是6.5%，于是A公司将就协定利率与5月4日时的6个月LIBOR之间的差额对银行进行一笔补偿性支付，即：

A公司的贷款利率 = 5.75% + 100个基点 = 6.75%

A公司应付的补偿 = 6.5% - 5.75% = 0.75%

总计借款成本 = 6.75% + 0.75% = 7.50%

假设5月4日时，6个月的美元LIBOR是7.75%。A公司将以LIBOR加上100个基点，即8.75%的利率借入1 000万美元。但是6.5%的协定利率比当前的6个月LIBOR低125个基点（1.25%），于是银行将就此差额向A公司进行补偿性支付，即：

A公司的贷款利率 = 7.75% + 100个基点 = 8.75%

A公司应收到的补偿 = 7.75% - 6.5% = 1.25%

总计借款成本 = 8.75% - 1.25% = 7.50%

因此，无论3个月后LIBOR如何变动，A公司都能通过远期利率协议把借款成本锁定在7.50%。

（二）套利

一家银行以欧洲银行同业拆放利率借入欧元。3个月欧洲银行同业拆放利率的即期水平为4.25%。银行可以将这笔资金以4.12%的利率进行1个月的投资，同时有机会以4.32%的利率卖出一份1×3的远期利率协议。3个月期限为91天，1个月期限为30天。所有交易假设都是同一规模的本金。

银行可以以4.25%的利率借款3个月，借款成本为4.25% × 91/360 = 1.074 306%，以4.12%的利率投资1个月，投资收益为4.12% × 30/360 = 0.343 333%，同时卖出一份1×3的远期利率协议，从而把30天后61天的收益锁定在0.732%，即4.32%/360 × (91 - 30) = 0.732%。通过套利，银行获得的净收益为0.001 027%，即0.343 333% + 0.732% - 1.074 306% = 0.001 027%。该例子说明存在的套利机会使银

行可以通过借入3个月欧洲银行同业拆放利率的借款，贷出1个月欧洲银行同业拆放利率的贷款的同时卖出1×3的远期利率协议来迅速获得利润。产生这样的套利机会是因为远期利率协议的定价偏离了市场均衡状态。

（三）投机

从投机者角度看，投机者一开始并没有面临利率风险，但投机者预期利率将要波动并希望从未来的利率变化中获利。在获取远期利率协议头寸之后，投机者也面临了利率风险，不过这种风险对投机者而言是其愿意承担的或者说是其认为有利的风险。

例如，一公司根据对市场利率走势的分析，认为6个月后的3个月中市场利率上升的可能性很大，该公司准备利用远期合约进行投机。假定合约的名义本金为5 000 000美元。现在，银行对该公司的标价如下：

远期利率协议　　　　银行A
　6×9　　　　　　6.15—6.21

银行的买入价是6.15%，卖出价是6.21%。该公司以6.21%的价格购买了银行A的远期利率协议。

如果利率上升，比如上升为7%，该公司将在远期利率协议的交割中获得现金的支付。

使用前面结算金的公式：

$$\frac{5\,000\,000 \times (7\% - 6.21\%) \times 91/360}{1 + 7\% \times 91/360} = 98\,111.20(美元)$$

如果利率下降，比如下降为5%，公司将在远期利率协议的交割中支付现金为：

$$\frac{5\,000\,000 \times (6.21\% - 5\%) \times 91/360}{1 + 5\% \times 91/360} = 15\,102.18(美元)$$

第五节　远期外汇综合协议

一、远期外汇综合协议的产生

远期外汇交易涉及资金的实际流动，交易双方都需要具有相应的准备金，受到准备金的约束。远期外汇综合协议（Synthetic Agreement for Forward Exchang，SAFE，下同）的产生就是为了摆脱准备金条件的约束而在20世纪80年代被开发出来的一种金融创新产品。SAFE是一种与FRA类似的场外交易金融工具。远期交易综合协议和远期利率协议一样都是资产负债表外工具，在形式上很相似。

二、远期外汇综合协议概述

（一）远期外汇综合协议的含义

远期外汇综合协议是指双方约定买方在结算日按照合同中规定的结算日直接远期

汇率用第二货币（次级货币）向卖方买入一定名义金额的第一货币（初级货币），然后在到期日再按合同中规定的到期日直接远期汇率把一定名义金额的第一货币出售给卖方换成第二货币的协议。SAFE 是交易双方对未来利差变化或外汇互换价差变化进行保值或投机所签订的远期协议。

具体而言，在 SAFE 中：

（1）交易双方只进行名义上的远期——远期外汇互换，并不涉及实际本金的兑换。

（2）互换的两种货币分别称为第一货币和第二货币。两种货币在结算日进行首次兑换；在到期日进行第二次兑换，即兑换回原来的货币。

（3）互换的外汇资金数额称为名义本金。两次互换的外汇汇率分别称为合约汇率和结算汇率。

（4）SAFE 交易的买方是指最初买入第一货币的一方，或者说是在结算日买入第一货币，而在到期日出售第一货币的一方；卖方则正好相反。例如，甲和乙做一个美元与欧元的互换，将美元视为第一货币，欧元视为第二货币。那么，甲作为买方，在结算日买入美元，卖出欧元，在到期日卖出美元，买入欧元。

（二）远期外汇综合协议的相关概念

1. 远期外汇综合协议的重要术语

远期外汇综合协议的交易条件和规范术语是由英国银行家协会编制，重要术语如下：

A1——合约规定的在结算日将兑换的第一货币的名义金额。

A2——合约规定的在到期日将兑换的第一货币的名义金额。

CR（Contract Rate，合约汇率）——合约规定的结算日的直接汇率。

SR（Settlement Rate，结算汇率）——基准日确定的结算日用于结算的市场汇率。

CS（Contract Spread，合约汇差）——合约协定的结算日与到期日的汇差。

SS（Settlement Spread，结算汇差）——基准日确定的到期日与结算日市场汇率的汇差。

CR + CS——合约原先规定的到期日的直接汇率。

SR + SS——基准日决定的到期日用于结算的直接汇率。

i——次级货币（第二货币）的利率。

D——合约期限的天数。

B——次级货币（第二货币）天数的计算惯例。

2. 结算日（又称交割日）和到期日

这两个概念与远期利率协议是一致的。例如，"1×4"表示起算日（交易日两天后为起算日）至结算日的时间为 1 个月，起算日至到期日的时间为 4 个月，结算日至到期日的时间为 3 个月。这一期间为协议的合约期。事实上，远期外汇综合协议在结算日已结束，到期日只是名义上的。

3. 交易日（即期日）是协议签定之日

在交易日，交易双方主要完成两个任务：一是确定合约中结算日和到期日两次兑换的本金数额，二是确定合约中两次兑换的汇率（见图2.3）。

结算日汇率：合约汇率 CR

到期日汇率：合约汇率 CR + 合约差额 CS

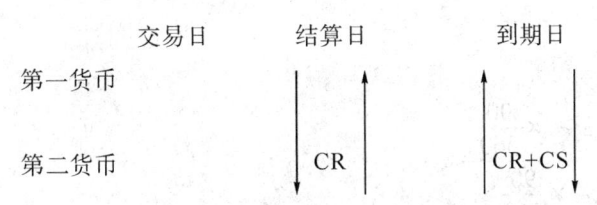

图 2.3　交易日需要确定的概念

4. 基准日（确定日）

结算日两天前为基准日。基准日的主要任务是确定结算日与到期日用于结算的市场汇率（见图2.4）。

结算日汇率：结算汇率 SR

到期日汇率：结算汇率 SR + 结算差额 SS

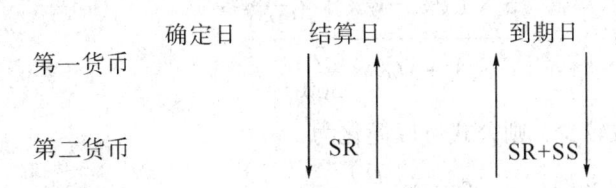

图 2.4　基准日需要确定的概念

5. 远期外汇综合协议的互换点数的计算

计算一对货币的远期差额或互换点数，可以通过借入一种货币的同时贷出另一种货币（期限相同）来推导其计算公式。

考虑由以下几笔同时进行的交易而构成的交易组合：

（1）以无风险利率 $x\%$ 借入 1 000 欧元，期限为 3 个月。

（2）按即期汇率 S 出售欧元并买入美元。

（3）将买入的美元按美元的无风险利率 y 进行投资，为期 3 个月。

（4）将 3 个月后投资到期的美元本金和投资收益之和按远期汇率 F 出售，兑换成欧元。

在一般情况下，市场将对第四笔交易的价格（汇率）进行调节，以使整个交易组合的净现值为零。如果以上四笔交易组合的净现值不为零，就有套利机会产生。市场力量将使这种套利机会迅速消失。互换点数或远期汇差实际上是一种"平衡项目"，其作用就是防止套利机会的产生。

上面一个操作所产生的现金流如下：

以年利率 $x\%$ 借入 1 000 欧元，3 个月后归还的本利和为 $1\,000 \times (1 + x\% \times 90/360)$。

以即期汇率 S 出售 1 000 欧元，兑换成美元数额为 $1\,000/S$。

以年利率 $y\%$ 以美元进行投资，3 个月后的本利和为 $1\,000 \div S \times (1 + y\% \times 90/360)$。

将这笔美元本利和以远期汇率 F 出售，兑换成欧元为 $1\,000 \div S \times (1 + y\% \times 90/360) \times F$。

在无套利均衡的情况下，有 $1\,000 \times (1 + x\% \times 90/360) = 1\,000 \div S \times (1 + y\% \times 90/360) \times F$。

因此：

$$F = \frac{S \times (1 + x\% \times \frac{90}{360})}{1 + y\% \times \frac{90}{360}}$$

一般地，有：

$$F = \frac{S \times (1 + x\% \times \frac{D}{360})}{1 + y\% \times \frac{D}{360}} \tag{2.4}$$

其中 D 为交易天数。

$$互换点数 = F - S = \frac{S \times (x\% - y\%) \times \frac{D}{360}}{1 + y\% \times \frac{D}{360}}$$

如果交易天数较少，则公式可以简化为：

$$互换点数 = S \times (x\% - y\%) \times \frac{D}{360}$$

6. 远期外汇综合协议的标价

SAFE 的标价依然符合一般的交易惯例，即与外汇市场上其他金融产品的交易类似，同时标出买入价和卖出价。

例如，银行对一份"1×4"美元兑换欧元远期汇差的标价定为 195/202，这一标价的含义为：

买入价 195（基点）——作为报价方的银行买入第一货币（此处为美元）的远期买入价。

卖出价 202（基点）——作为报价方的银行卖出第一货币（此处为美元）的远期出售价。

又如表 2.1 所示。

表 2.1　　　　　　　　"1×4"远期外汇综合协议的报价

即期汇率（美元/欧元）	1.800 0—10
1 月期	53—56
4 月期	210—213
"1×4" 远期汇差	154—160
美元利率	6.30%
欧元利率	9.88%

"1×4"远期汇差的计算方法如下：

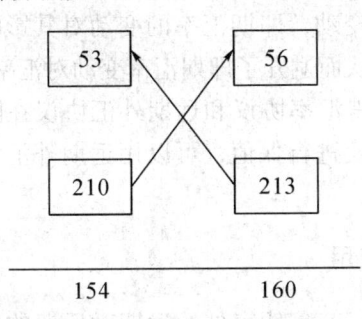

```
  53          56
    ╲      ╱
     ╲    ╱
      ╳
     ╱    ╲
    ╱      ╲
 210         213
  └──154──┘└──160──┘
```

"1×4"美元兑换欧元远期外汇综合协议的报价为 154—160，即指买入 A 国货币（美元）的远期汇差是 154 个基点，卖出 A 国货币（美元）的远期汇差是 160 个基点。

由此可见，SAFE 的标价与外汇的即期汇率没有直接关系，它只与远期升水或贴水有关，或者说只与远期差额或互换点数有关。

三、远期外汇综合协议的特点

远期外汇综合协议与直接远期外汇合约相比，两者的保值或投机的目标不同，FRA 主要着眼于两种货币的利率绝对水平，而 SAFE 主要针对两种货币的利率差，利率差越大，其获利的幅度也可能越大。

另外，FRA 的远期期限是从现在开始的，而 SAFE 的远期期限是从将来的某个时刻开始的，因此可以将远期外汇综合协议看成是远期的远期外汇合约。

远期外汇综合协议与远期利率协议的相似之处是两种交易都在场外市场交易；都有标准的期限；标价方式都是 $m \times n$，其中 m 表示合同签订日到结算日的时间，n 表示合同签订日到到期日的时间；交割日、即期日、基准日和到期日的规定也相同。

四、远期外汇综合协议的分类与结算

远期外汇综合协议的主要形式为汇率协议（ERA）和远期外汇协议（FXA）这两种形式。它们分类的依据是两者的结算金计算方式不同。按照市场惯例，SAFE 合约的面额都是用第一货币表示的，但交割数额是用第二货币表示的。汇率协议是针对合约差额和结算差额两者之间的差额；远期外汇协议不仅与合约差额和结算差额两者之间的差额有关，还和汇率变动的绝对水平有关，即与合约汇率和结算汇率也有关。如果计算结果为正值，意味着卖方向买方支付；如果计算结果为负值，意味着买方向卖方支付。汇率协议与远期外汇协议的结算金计算公式如下：

$$ERA = A_2 \times \frac{CS - SS}{1 + (i \times \frac{D}{B})}$$

$$FXA = A_2 \times \frac{(CR + CS) - (SR + SS)}{1 + (i \times \frac{D}{B})} - A_1 \times (CR - SR) \tag{2.5}$$

从结算公式可以看出，远期外汇协议结算金额不仅考虑因利率变动而导致掉期率

的变动,而且也考虑即期汇率的变动对交割日、到期日现金流的影响。但汇率协议的结算金额主要来自掉期率的变动,即期汇率的变动对其影响较小。原因是即期汇率的变动对掉期率的影响较小,从而避开了即期汇率变动对汇率协议结算金额的影响。

结算金计算的不同还使得汇率协议和远期外汇协议在防范外汇风险上的侧重点也有所不同,对传统的外汇互换进行保值,可以用远期外汇协议;对两种货币利差变动进行保值,可以用汇率协议。

五、远期外汇综合协议的应用

远期外汇综合协议作为资产负债表外的远期对远期的掉期交易,是投资者对利率差或汇率差变动进行保值或投机的一种较好的金融工具。

假设初级货币名义本金为100万美元,现在市场上的利率和汇率水平如表2.2所示。

表2.2　　　　　现行市场上的利率和汇率水平

	即期汇率	1月期	4月期	1×4 远期互换点数
美元/英镑	1.8	53/56	212/215	158/162
美元利率		6.00%	6.25%	6.30%
英镑利率		9.625%	9.875%	9.88%

如果某投资者预期"1×4"的英镑和美元的远期利差会进一步增大,于是采取了如下操作:

第一种情形:汇率不变,两国货币利差扩大。

1个月后,随着时间的推移,原来的1月期已成为即期,4月期已成为3月期。而假定此时的市场条件也已发生了如表2.3所示的相应的变动。

表2.3　　　　　市场变动后的利率和汇率水平

	即期汇率	3月期
美元/英镑	1.8	176/179
美元利率		6.00%
英镑利率		10.00%

虽然即期汇率的水平与初始时一样,但两国货币的利差确实扩大到了4%。根据互换点数的计算公式可知,互换点数也相应提高,由计算得出从原来的162点(先出售)提高至176点(后买入)。如果投资者的这种预期是正确的,那么获利机会显而易见。

$$ERA = \$1\,000\,000 \times \frac{0.016\,2 - 0.017\,6}{1 + (10\% \times \frac{90}{360})} = -1\,365.85$$

$$FXA = \$1\,000\,000 \times \frac{1.821\,5 - 1.817\,6}{1 + (10\% \times \frac{90}{360})} - \$1\,000\,000 \times (1.805\,3 - 1.800\,0) = -1\,495.2$$

由计算结果可知，无论是 ERA 还是 FXA，两者的结算金数值均为负数。这就是说，作为 SAFE 的卖方就可以获得结算金。因此，投资者出售 SAFE 可以获利。至于采用两种 SAFE 类型中的哪一种更有利，从计算结果看，ERA 和 FXA 的结果相当接近，两者可以任选一种。

第二种情形：两国货币利差扩大的同时，汇率也发生相应变化。

上面第一种情形假设一个月后，两国货币利差扩大的同时，货币的汇率保持不变。但在现实生活中，这种情形并不多见。更为常见的是，随着时间的推移，两国货币利差扩大的同时，两国货币的即期汇率也会发生相应的变化。在这种条件下，投资者该如何决策？

如果英镑的走势趋于强劲，SAFE 的出售方会获得更多的利润。因为随着两国利差的扩大，一方面，投资于英镑有较高的投资利润；另一方面，由于英镑走强，同样数额的英镑投资所得可以转换成更多的美元。反之，如果是英镑趋于疲软，SAFE 的出售方获利将会减少。这是因为随着两国货币利差的扩大，投资于英镑虽然有利可图，但这种好处会被英镑疲软而形成的汇率所抵消。也就是在将英镑投资收益转换成美元时，其投资收益将会缩水。这种抵消程度将视汇率风险的大小而定。

假定如表 2.4 所示。

表 2.4　　　　　　　　　　　汇率水平

	即期汇率	3月期
美元/英镑	1.7	166/169

由互换点数的计算公式可知，互换点数由 176 下降为 166。

$$互换点数 = 1.7 \times \frac{1 + (10\% \times \frac{90}{360})}{1 + (6\% \times \frac{90}{360})} - 1 = 1.66$$

因此，可以计算出结算金为：

$$ERA = \$1\,000\,000 \times \frac{0.016\,2 - 0.016\,6}{1 + (10\% \times \frac{90}{360})} = -390.24$$

$$FXA = \$1\,000\,000 \times \frac{1.821\,5 - 1.716\,6}{1 + (10\% \times \frac{90}{360})} - \$1\,000\,000 \times (1.805\,3 - 1.700\,0)$$

$$= -2\,958.54$$

可以看出，在两国货币利差扩大的同时，如果汇率水平也发生相应的变化，如发生有利于投资者的变化，则采用 FXA 的效果比 ERA 更为可取。

第六节 中国远期市场的发展

一、中国远期市场的发展现状

改革开放以来，我国的远期市场经历了从无到有、逐步成长的过程。我国的远期市场的发展成就主要集中在外汇远期交易。我国人民币远期外汇市场始于1997年4月1日，为了促进远期外汇市场的发展，银行间人民币远期外汇市场于2005年8月15日正式上线运行。截至当年10月31日，市场成员从最初的3家扩大到54家，包括国有控股商业银行、股份制银行、政策性银行和外资银行分行等主要的银行类金融机构。2005年7月21日，我国开始实行以市场供求为基础，参考一篮子货币进行调节、管理的浮动汇率制度，人民币汇率机制更富弹性。此后，人民银行扩大了远期外汇市场参与主体、开办银行间远期外汇市场，并于2006年1月4日起，在银行间外汇市场引入做市商制度，增强市场流动性。截至2015年6月末，人民币外汇远期市场成员已经扩大到105家，远掉期市场做市商共27家。

二、人民币远期结售汇

远期结售汇业务是确定汇价在前而实际外汇收支发生在后的结售汇业务（即期结售汇中两者是同时发生的）。客户与银行协商签订远期结售汇合同，约定将来办理结汇或售汇的人民币兑外汇币种、金额、汇率以及交割期限。在交割日当天，客户可按照远期结售汇合同所确定的币种、金额、汇率向银行办理结汇或售汇。由于远期结售汇业务可以事先约定将来某一日向银行办理结汇或售汇业务的汇率，因此对于在未来一段时间有收汇或付汇业务的客户来说，可以起到防范汇率风险，进行外汇保值的作用。

人民币远期结售汇业务是中国银行于1997年4月起在国内首家推出的外汇业务新品种。该业务自1997年4月开始办理以来，在国际外汇市场数次剧烈波动的情况下，均起到了一定的规避风险的作用。中国银行根据广大客户不断增长的外汇保值需求，为了更好地服务客户，自2003年4月1日起，恢复办理以实需原则为基础的资本项下远期结售汇业务。同日，建设银行和农业银行也开通了远期结售汇业务。远期结售汇业务币种包括美元、港币、欧元、日元、英镑、瑞士法郎、澳大利亚元、加拿大元，期限有7天、20天、1个月、2个月、3个月至12个月，共14个期限档次。交易可以是固定期限交易，也可以是择期交易。但在业务开展的初期，这三家银行的交易量也很少。直到2004年3月《金融机构衍生产品交易业务管理暂行办法》开始施行，国内才对远期结售汇业务逐渐放开。交通银行于2004年12月开通了远期结售汇业务，随后招商银行和中信银行于2005年也获准开办远期结售汇业务。交易主体主要是我国境内的企事业单位等机构。2005年7月21日，中国人民银行宣布人民币兑美元汇率升值2.1%，达到8.11元/美元，并放弃单一盯住美元的汇率政策，开始实施以市场供需为基础、参考一篮子货币并进行调节、有管理的浮动汇率制度。为配合人民币汇率形成机制改革，2005年8月，中国人民银行和国家外汇管理局发布了《关于扩大外汇指定银行对客户远期结售汇业务和开办人民币与外币掉期业务有关问题的通知》，全面扩大远期结售汇业务。主要改革的措施包括：第一，取消了原先在试点阶段规定的非市场化准入标准，并按照审慎监管原则全面扩大经营远期结售汇业务的银行主体范围，简化市场准入的行政审批，实行备案制管理。第二，增强远期结售汇业务管理的灵活性，包括扩大交易范围、放开交易期限的限制以及允许银行自主定价。在推动远期结售汇市场全面发展的同时，中国人民银行和国家外汇管理局发布了《中国人民银行关于加快发展外汇市场有关问题的通知》，由此开始开办银行间远期外汇交易，也使得国内人民币对外币远期交易由零售市场扩大至批发市场。2005年11月24日，外汇交易中心在我国银行间远期外汇市场引入了做市商制度，做市商能通过自身的连续报价和交易为市场提供流动性，从而能平滑市场价格波动和提高交易效率。同时，做市商在分散风险的过程中，也集中了市场供需信息，成为重要的定价中心。与此同时，为适应远期外汇市场发展的实现需要，促进银行完善汇率风险的防范机制，2006年1月起，银行间外汇市场人民币对外汇交易做市商的试点实行权责发生制头寸管理，同年7月扩大至全部银行。2006年4月，银行间外汇市场又推出了人民币与外币之间的掉期交易，进一步为远期外汇市场的制度建设和风险防范方面打下了良好的基础。随后，2006年10月国家外汇管理局发布《国家外汇管理局关于外汇指定银行对客户远期结售汇业务和人民币与外币掉期业务有关外汇管理问题的通知》，进一步深化远期结售汇市场发展。主要改革措施包括：第一，全面放开交易范围限制，只要符合即期结售汇管理规定的外汇收支均可办理远期和掉期保值，充分满足国内经济单位外汇收支类型日益多样化的保值需求。第二，简化管理手续，提高业务效率。第三，明确银行对因客户掉期业务违约形成的交易敞口处理，便利银行风险管理。第四，允许居民个人办理部分远期和掉期业务，为居民个人的人民币购汇境外理财或投资项下外汇收支提供避险保值渠道。随后，国家外汇管理局于2007年1月5日发布了《个人外汇管理办法实施细则》。此次个人外汇制度的调整，放宽了年度购汇总额的管理，实现了现钞账户与现汇账户合一，并允许个人对外贸易者开立外汇结算账户，同时废止了原来关于个人外汇的十余条管理规定。上述这些举措都是在减少外汇管制项目，推进了远期结售汇业务的进一步发展。根据国家外汇管理局统计数据，截至2015年8月，年远期结售汇签约额中结汇7 256亿元，售汇16 722亿元，差额为-9 467亿元；本期末远期结售汇累计未到期额中，结汇6 349亿元，售汇12 597亿元，差额为-6 249亿元。

三、人民币外汇远期交易

2005年8月10日，我国银行间外汇市场推出人民币外汇远期交易，采用询价交易模式并引入做市商制度，其灵活、个性化的交易特点虽然适应了当时的市场需求，但随着人民币汇率双向波动成为新常态，市场对提升外汇远期交易效率的要求日益增强。

与全球市场的差距表明，我国的交易机制还难以满足市场需求。截至2016年4月底，银行间人民币外汇远期交易占市场总成交量的比例不足1%，而根据国际清算银行的统计，全球外汇远期交易量占总成交量的比例在2013年就已超过12%。从市场发展看来，外汇交易系统急需进一步改进，包括将市场意向性报价改为可成交价格、简化交易流程、增加报价带量功能等。

为活跃银行间外汇市场远期交易，提高市场交易效率，中国外汇交易中心于2016年5月3日在外汇交易系统中推出标准化人民币外汇远期交易C-Forward。银行间外汇市场人民币外汇远期会员均可参与C-Forward交易。根据规定，C-Forward交易时间为每个交易日的9:30至23:30。从上线首日的情况看，C-Forward运行良好。根据外汇交易中心的统计，当天共有25家机构对3个固定期限品种和6个固定交割日品种进行报价，共有21家机构在3个固定期限品种和4个固定交割日品种上达成交易。同时，人民币外汇远期市场成交量也呈现大幅增长，全天C-Forward共达成62笔交易，其中中国民生银行和汇丰银行（中国）于当日9:30达成首笔交易。

与此前的制度有较大不同，"标准化交易"是C-Forward最突出的特点。据了解，C-Forward主要通过外汇交易系统的以双边授信为基础、自动匹配结合点击成交的C-Trade模块实现，交易货币为美元对人民币，交易品种共计9个，包括一天（1D）、一周（1W）和一个月（1M）的固定期限外汇远期品种以及3个最近的连续日历月和随后3个最近的连续季度月的固定交割日（到期月份的第三个星期三交割）外汇远期品种。

四、人民币外汇掉期交易

人民币外汇掉期业务是指银行与客户协商签订掉期协议，分别约定即期外汇买卖汇率和起息日、远期外汇买卖汇率和起息日。客户按约定的即期汇率和起息日进行人民币和外汇的转换，并按约定的远期汇率和起息日进行反方向转换的业务。这也就是我们本章介绍的远期外汇综合协议。

2005年8月9日，中国人民银行发布《关于扩大外汇指定银行对客户远期结售汇业务和开办人民币与外币掉期业务有关问题的通知》，决定凡获准办理远期结售汇业务6个月以上的银行，向国家外汇管理局备案后即可在商业银行对客户的柜台市场上办理不涉及利率互换的人民币与外币间的掉期业务。"不涉及利率互换"指的是在互换合同中不含有利息支付的约定。因此，这种互换交易即相当于一笔人民币外汇掉期业务。根据《关于扩大外汇指定银行对客户远期结售汇业务和开办人民币与外币掉期业务有关问题的通知》的规定，掉期业务的定价方式、交易期限结构等管理规定与远期结售汇业务一致。在交易范围方面，除远期结售汇业务规定的各项交易外，还根据掉期业务的特殊性，适当增加了部分交易范围。因此，总体来说，企业做的掉期必须是一种贸易项下的业务，和实体经济联系在一起，进行外汇保值。而银行一般会通过两种渠道对冲风险。一种是和另一企业做相反的掉期，另一种是在银行间市场通过远期交易等手段对冲。

2005年11月25日，中国人民银行向包括工、农、中、建四大国有控股商业银行还有交通银行、中信银行、浦东银行、招商银行、国家开发银行和中国进出口银行在内的国内10家主要商业银行及政策性银行进行货币掉期交易，即中国人民银行用美元从各家银行手中换入人民币，约定到期以后，中国人民银行再用人民币从各家银行手中回购等额美元，总规模为 60 亿美元，约定到期后的人民币兑美元价格为 7.85 元。该项操作被认为是中国人民银行首次运用衍生工具进行公开市场操作。在这笔操作中，中国人民银行只允许参与掉期交易的商业银行将所获美元投资于美元计价资产，而不能将美元兑换成人民币。

中国人民银行外汇掉期操作的推出开辟了指导汇率及利率走势的新途径。不过，中国人民银行与商业银行之间的货币掉期属于货币政策操作，它与银行之间以及银行与客户之间货币掉期的功能有本质区别。

2006 年 4 月，根据《国家外汇管理局关于中国外汇交易中心发布人民币外汇掉期交易规则的批复》的要求，中国外汇交易中心公布《全国银行间外汇市场人民币外汇掉期交易规则》。由此，中国银行间外汇市场于 2006 年 4 月 24 日正式引入了人民币掉期交易。交易的币种包括美元、欧元、日元和港币四种货币，主要集中 O/N、T/N、S/N、1W、1M、3M、6M、1Y 等标准期限。上述期限的交易量占外汇年掉期日均交易量的比例超过 90%。在实际运行中，交易期限则由双方确定。开市后的首笔交易由中国银行和中国进出口银行达成。这是自 2005 年 8 月推出远期交易、2006 年 1 月推出询价交易和引入做市商制度后，我国又一次意义重大的外汇市场改革。

全国银行间外汇市场的掉期交易报价采用国际通行做法，以掉期点来报价。由于掉期交易是一笔交易、两次交割，离交易日近的交割称为近端交易，离交易日远的交割则称为远端交易，所以相应的掉期点也有近端和远端之分。具体操作规则是：美元、日元和欧元以绝对价格的万分之一为 1 个基点，即小数点后第四位。港币以绝对价格的十万分之一为 1 个基点，即小数点后第五位。系统允许美元、日元和欧元的掉期点保留两位小数，港币保留一位小数。带正号的掉期点指的是升水；带负号的掉期点指的是贴水。近端（或远端）的绝对成交价格为双方商定的即期汇率加上近端（或远端）所报出的掉期点。

2014 年，中国人民银行发布了《银行办理结售汇业务管理办法》，国家外汇管理局根据该文件制定了《银行办理结售汇业务管理办法实施细则》。该细则自 2015 年 1 月 1 日起实施，规定对于衍生产品业务，可以一次性申请开办全部衍生产品业务，或者分次申请远期和期权业务资格。取得远期业务资格后，银行可自行开办外汇掉期和货币掉期业务。

近年来，我国境内人民币外汇衍生品一直保持较快的发展速度。2014 年，境内银行间外汇衍生品交易量首次超过外汇即期，其中外汇掉期成交额达 4.5 万亿美元，占外汇衍生品总量近 96%。

2015 年 2 月 16 日，中国外汇交易中心在银行间外汇市场推出标准化人民币外汇掉期交易，在报价品种方面，初期提供人民币对美元外汇掉期最常用 8 个期限品种的市场最优行情和可成交报价。此次外汇交易中心推出的标准化人民币外汇掉期交易通过外汇交易系统新增的以双边授信为基础、自动匹配报价的 C-Swap 功能模块实现。该功能模块上线后与现有双边询价交易模式并存。C-Swap 功能模块有三个特点：一是报价所见即所得，点击即可成交。一旦买卖双方订单匹配，交易即可自动成交。二是具备报价带量功能。在交易过程中交易员只需关注价格和量，其他要素全部由系统自动填补。三是 C-Swap 功能模块实行匿名交易，任何人民币外汇掉期会员均可主动报价。在参与机构方面，所有人民币外汇掉期市场会员默认可以使用 C-Swap 功能模块，新增掉期市场会员将自动开通 C-Swap 功能模块的权限。

五、人民币 NDF（无本金交割远期外汇）

NDF 是指无本金交割远期外汇，它是远期外汇交易模式的一种，属于无本金交割类产品（NDPs）的衍生金融工具，是一种典型的远期外汇交易（OTC）产品，本质上是离岸产品。由银行充当中介机构，供求双方基于对汇率看法的不同，签订非交割远期交易合约，该合约预先约定远期汇率，合约到期时双方只需根据交易总额交割清算预定汇率与实际汇率的差额，结算的货币是自由兑换货币，无须对 NDF 的本金进行交割。NDF 的期限一般在数月至数年之间，主要交易品种是一年期和一年以下的品种，超过一年的合约一般交易不够活跃。

NDF 主要用于实行外汇管制国家的货币，目前亚洲地区的人民币、韩元、新台币等货币的非交割远期交易比较活跃。其兴起的直接原因是各国限制非居民参与本国远期市场。人民币 NDF 之所以出现，一方面是由于中国一直实施外汇管制，人民币在资本项目下不可自由兑换，境外投资者很难得到人民币，中国缺少真正意义上的外汇远期市场。另一方面，随着中国经济的发展，中国可能成为世界上最大的资本输入国之一，那些在中国有大量人民币收入的跨国公司，有规避可能面临的人民币汇率风险的需求。

人民币 NDF 市场始于 1996 年 6 月，在新加坡开始交易，至今已有 20 多年的历史。目前，新加坡、东京和香港均存在较为活跃的人民币 NDF 市场，新加坡和香港人民币 NDF 市场是亚洲最主要的离岸人民币远期交易市场，该市场的行情反映了国际社会对于人民币汇率变化的预期。人民币 NDF 作为亚洲六种主要 NDF 之一，主要参与者为欧美大银行及投资机构，它们代理的客户主要是跨国公司，也包括一些总部设在香港的中国内地企业。随着 NDF 市场的发展，投资者的基础也逐渐扩大，活跃在市场上的企业也包括投机性的企业，比如对冲基金。目前人民币 NDF 已有 1 个月、2 个月、3 个月、6 个月和 1 年期的交易产品。人民币 NDF 报价沿用标准的远期外汇市场双向价的惯例，以即期市场的升水或贴水表示。然而，与传统远期和掉期交易不同的是，NDF 报价并不基于抵补的利率平价理论，其价格与国内商业银行由 CIP 理论计算而得的人民币远期价有显著的区别。它是在理性预期的前提下，交易者对于风险贴补、利率等因素进行综合考虑之后，经过市场参与者之间一系列的价格博弈后形成的报价，因此真实地反映了买卖双方的市场预期。

人民币 NDF 市场建立之初，交易并不活跃，市场规模的扩展和市场机制的完善也较为缓慢。然而，亚洲金融危机的出现给人民币 NDF 市场的发展提供了有利契机。1998 年 1 月，人民币无本金交割远期升水达到峰值 17 509 点，而当时的美元兑人民币即期汇率为 8.279 1，也就是说该市场预期人民币一年后贬值 17.46%。由于危机期间人民币面临巨大的贬值压力，人民币 NDF 市场进入了发展期。随后几年利用人民币 NDF 市场规避汇率波动风险的需求也逐渐上升。2006 年，国家外汇管理局出台政策，禁止国内商业银行和其他金融机构参与境外 NDF 市场交易，此后的一段时期内人民币 NDF 市场的交易规模出现了显著下降，但于 2007 年又恢复了上升趋势。在 2008—2009 年的高峰时期，每日成交量高达 100 亿美元左右。人民币 NDF 市场的交易也更加活跃。

自 2008 年金融危机以来，我国一直积极寻求人民币的国际化，最终目标是实现货币的完全可兑换，以此来促使人民币成为国际贸易货币的选择之一。2010 年 6 月，新一轮的"汇改"重启以后，人民币升值的呼声更加高涨。2010 年 7 月 19 日，中国人民银行（PBOC）与香港金融管理局（HKMA）联合宣布可在香港交割人民币，香港银行为金融机构开设人民币账户和提供各类服务不再面临限制，个人和企业之间可通过银行自由进行人民币资金的支付和转账，这创造出一个新的离岸人民币市场，被称为 CNH 市场。自 CNH 市场引入以来，该市场一直快速增长，吸引了广泛的关注与大量的交投活动。与此同时，人民币离岸 NDF 市场进入重大转折期。CNH 市场的建立，加上离岸和在岸市场之间也有一定渠道互通，改变了整个离岸市场对人民币汇率风险对冲工具的选择，原来大家都只能被迫使用 NDF，2010 年之后随着 CNH 市场的建立和发展，境外很多银行可以提供远期、掉期和跨货币掉期等多种风险对冲的产品，这些离岸人民币产品又都是可交割的，在这种局面下，人民币离岸 NDF 市场也就不断萎缩，成为边缘化市场。2015 年，人民币离岸 NDF 市场的每日成交量已经降至 8 亿美元左右。

六、债券远期交易

债券远期交易指交易双方约定在未来的某一日期，以约定价格和数量买卖标的债券的行为。远期交易标的债券券种应为已在全国银行间债券市场进行现券交易的中央政府债券、中央银行债券、金融债券等。市场参与者进行远期交易，应签订由中国人民银行组织银行间债券市场参与者拟订的《全国银行间债券市场债券远期交易主协议》，以便加强银行间债券市场行业自律行为，明确债券远期交易双方的权利和义务。

2005 年 6 月，中国人民银行推出的银行间债券远期交易，成为我国银行间债券市场第一个真正意义上的衍生金融工具。在适应市场现实需求的基础上，进行了制度的创新，推出了卖空机制，完善了中国的债券市场结构。中国债券远期交易市场结构方式如下：

（1）由中央银行制定整个市场的规则，对远期交易的概念、交易者的参与资格、市场组织者的职责等进行明确。

（2）作为前台的银行间同业拆借中心制定远期交易的交易规则，作为后台的国债登记结算中心制定远期交易的结算规则。

（3）在中央银行的监督下，前台的银行间同业拆借中心、后台的国债登记结算中心以及市场最重要的角色——交易者共同签署一份"远期交易主协议"。

（4）由中央银行制定远期交易市场的风险披露与防范机制并进行监督管理。

在监管机构的大力推动与市场主体的积极参与下，人民币债券远期市场曾在一段时间内快速发展。中国人民银行货币政策报告的数据显示，自2005年推出债券远期交易业务以来，交易笔数与交易量均一路走高并在2009年达到最高值。2009年，债券远期业务交易笔数为1 599笔，交易量达到6 556.4亿元。2009年以前成交量年均增长率超过50%，多家银行机构及证券公司参与交易。2010年成为债券远期交易由上升转为下滑的拐点。2013年全年，该项业务仅成交一笔。2014年，市场未发生一笔债券远期交易业务。2015年4月7日，中国外汇交易中心在银行间推出标准债券远期，交易量得到一定的恢复。

七、人民币远期利率协议

2007年10月8日，中国人民银行发布公告，决定在银行间债券市场推出远期利率协议业务。《中国人民银行远期利率协议业务管理规定》也于2007年11月1日起正式生效。根据管理规定，金融机构在开展远期利率协议交易前，应将其远期利率协议的内部操作规程和风险管理制度送交易商协会和交易中心备案。这是继2005年6月的债券远期交易和2006年2月的人民币利率互换交易试点之后，中央银行为推动我国银行间债券市场发展，完善市场避险功能，促进利率市场化进程的又一重要举措。

中信银行自2007年11月1日起通过路透社对以3个月Shibor[①]为参考利率的远期利率协议向全市场进行报价。之后，中信银行与一家机构达成了一笔人民币远期利率协议，这是自《中国人民银行远期利率协议业务管理规定》生效后国内发生的首笔远期利率协议。该交易本金为2亿元人民币，参考利率是3个月Shibor，标的为3个月后的3个月利率。2007年成交14笔，名义金额为10.5亿元，2008年交易笔数和交易金额急剧增长，成交137笔，名义本金额达113.6亿元，随后交易笔数与市场交易量持续下降，2013年只有一笔交易，2014年彻底被市场遗弃。

2014年11月3日，中国外汇交易中心推出标准利率衍生产品，标准利率衍生产品对利率互换、远期利率协议等利率衍生产品的到期日、期限等产品要素进行了标准化设置，首批推出1个月标准隔夜指数互换、3个月标准Shibor1W利率互换、3个月标准七天回购利率互换和3个月标准Shibor3M远期利率协议。

八、人民币计价贵金属远期交易业务

2009年，中国民生银行正式推出以人民币计价的贵金属远期交易。该业务以人民币本币计价，也可以美元等外币计价，使中国民生银行成为国内首家使用人民币本币为贵金属远期交易报价的银行机构。交易品种包括克黄金、克白银、盎司黄金、盎司白银等。贵金属远期业务的交易方式为约定期限的远期交易，即交割日为协议约定的未来某一确定日的贵金属买卖交易。客户与中国民生银行进行贵金属远期交易需按规定缴纳一定比例保证金，或取得中国民生银行相应授信额度，原则上客户保证金比例

---

① 上海银行间同业拆放利率（Shanghai Interbank Offered Rate，简称Shibor），是由信用等级较高的银行组成报价团自主报出的人民币同业拆出利率计算确定的算术平均利率，是单利、无担保、批发性利率。目前，对社会公布的Shibor品种包括隔夜、1周、2周、1个月、3个月、6个月、9个月及1年。

不低于10%。贵金属远期业务在帮助客户进行贵金属融资的同时，也为客户提供锁定贵金属价格的机制，为客户提供了应对贵金属价格波动的有效避险工具。

本章小结

1. 远期合约是指一个在确定的将来时刻按确定的价格购买或出售某项资产的协议。远期价格是指使得远期合约价值为零的交割价格。

2. 商品远期合约是一种在现在约定未来特定日交易特定标的物的合约，合约买方同意在未来约定日按约定价格支付一定金额，以购买卖方的特定商品。一般参与商品远期交易的双方主要是为了锁定未来的交易价格，销售者通过远期交易避免未来价格下跌风险，而商品购买者通过远期交易避免价格上涨的风险。

3. 远期外汇合约是指外汇买卖双方在成交时先就交易的货币种类、数额、汇率及交割的期限等达成协议，并用合约的形式确定下来，在规定的交割日双方再履行合约，办理实际的收付结算。

4. 远期利率协议是指交易双方约定在未来某一日期，交换协议期间内一定名义本金基础上分别以合同利率和参考利率计算的利息的金融合约。签订该协议的双方同意，交易将来某个预先确定时间的短期利息支付。

5. 远期外汇综合协议是指双方约定买方在结算日按照合同中规定的结算日直接远期汇率用次级货币向卖方买入一定名义金额的初级货币，然后在到期日再按合同中规定的到期日直接远期汇率把一定名义金额的初级货币出售给卖方的协议。

6. 已知银行对6个月贷款利率标价为9.500%，12月贷款利率标价为9.875%，请计算6×12贷款的利率。

7. 某年4月2日，美国A公司跟德国B公司签订一份贸易合同，进口一套设备，金额为180万欧元，贷款结算日期为7月4日。4月2日即期汇率为EUR/USD=1.080 0/10，3个月的远期汇水为30/40，A公司预测欧元3个月内会升值，于是在4月2日与银行签订了远期外汇交易合约。假设7月4日欧元对美元的即期汇率为EUR/USD=1.092 0/30。请比较A公司做与不做远期外汇交易，那种方式对其更有利？

思考与练习题

1. 简述远期合约的含义和特征。
2. 简述远期合约交易的功能。
3. 简述远期利率是如何决定的？
4. 远期利率协议某交易日是2003年4月12日星期一，双方同意成交一份1×4金额为100万美元，利率为6%的远期利率协议，确定日市场利率为8%。请指出该合约的结算日、确定日和到期日。
5. 简述远期交易综合协议和远期利率协议的区别和联系。

第三章 期货市场

内容提要： 本章将对期货的概念、类型、交易、功能，期货市场以及我国期货市场的发展状况作系统全面的介绍，为进一步学习期货知识奠定基础。

期货交易是在现货交易的基础上发展起来的，期货市场功能的有效发挥对经济的良好运行起着十分重要的作用，期货产品尤其是金融期货成为金融市场上不可或缺的重要角色。

第一节 期货交易的相关概念

一、期货交易的定义

期货市场是在市场经济发展过程中产生的，为期货交易者提供标准化期货合约交易的场所和领域。

期货交易是在期货交易所内以公开竞价的方式进行的标准化期货合约的买卖。期货交易的参加者主要是转移价格波动风险的生产经营者和愿意承担价格风险以获取风险利润的投机者。由于交易的目的不是为了获得实物，而是为了规避价格风险或者是进行投机获利，因此交易的了结方式很少进行实物交割，在绝大多数情况下以对冲平仓的方式了结交易。

期货合约是由交易所制定的，由交易双方达成的，在将来某一个时间和地点交割一定数量和质量等级的商品或金融工具的标准化合约，它是期货买卖的对象或标的物。

二、期货交易的基本特征

期货市场的基本特征主要有以下几个方面：

（一）期货市场具有专门的交易场所

第一，期货交易所为期货交易者提供专门的交易场所，使得交易者容易寻找到交易对手。

第二，期货交易所为交易者提供期货交易所必需的各种设备和服务，保证交易有效率地进行。

第三，期货交易所为期货交易制定了严密的规章制度，使得期货市场成为一个组织化、规范化程度很高的市场。

第四，交易所为在期货交易所内达成的交易提供合约履行方面的担保，使得交易者不必担心交易的安全性而专心于期货合约的买卖，从而促进了期货交易所买卖的活跃，提高了市场的流动性。

第五，交易所成为市场信息发布的主要和重要平台。

（二）期货市场的交易对象是标准化的期货合约

期货交易的买卖标的是标准化的期货合约，现代期货市场的产生正是以标准化期货合约的出现为标志的，这也是期货交易区别于远期交易的又一个重要方面。正是鉴于远期合约交易的非标准化特征，在期货交易产生之初，期货交易所即为期货交易制定了标准化的期货合约，这在期货市场发展史上是一个重要的里程碑。期货合约的交易对象、数量规模、质量等级、交割时间等条款都是标准化的，合约中唯一的变量是价格。标准化期货合约的出现，既简化了交易手续，降低了交易成本，又防止了因交易双方对合约条款的不同理解可能出现的争议和纠纷。同时，由于期货合约是标准化的，这就为合约持有者转让退出创造了便利条件。

（三）作为期货交易的商品具有其特殊性

由于期货市场自身的特点，决定了并非所有的商品都适合于进行期货交易，大多数适合进行现货即期和远期合约交易的商品，并不一定适合进入期货市场进行交易。一般而言，期货商品上市交易的条件主要包括以下几个方面：

第一，商品可以被保存相当长的时间而不易变质损坏，以保持现货市场和期货市场之间的流动性。

第二，商品的品质等级可以进行明确的细分和评价，并能为公众认可，以保证期货合约的标准化。

第三，商品的生产量、交易量和消费量足够大，以保证单个或者少数参与者无法操纵市场。

第四，商品的价格波动较为频繁，并且商品未来市场供求关系和动向不易估计，从而存在套期保值和投机的需求。

满足以上条件的商品是有限的，但是对于金融工具或指数来说，这些特性大都是其与生俱来的。因此，金融产品最便于开发期货产品。

（四）期货交易是通过买卖双方公开竞价的方式进行的

在期货交易中，期货合约的买卖是由代表买方和卖方的经纪人在交易所内通过公开喊价或计算机自动撮合的方式达成的。期货市场是一个公开、公平、公正和竞争的场所，由于期货交易和期货市场的这种特征，就使得期货市场上的期货价格能够较准确地反映出现货市场上真实的供求状况以及变动趋势。

（五）期货市场实行保证金制度

在期货市场进行交易需要缴纳一定数额的履约保证金（一般为成交金额的5%~10%），并且在交易过程中，需要维持一个最低的保证金水平。随着期货合约交割期的临近，要求的保证金水平会不断提高，这种做法的目的是为了给期货合约的履行提供一种财务上的担保，防范信用风险。如果交易者未能将其所持有的期货合约在合约到期前对冲平仓，那么他就必须在合约到期后根据合约的规定进行实物交割。保证金制度对于期货合约来说至关重要。它增加了期货交易的安全性，使得期货交易所和结算所能够为在交易所内达成并经由清算所结算的期货交易提供履约担保。

（六）期货市场是一种高风险、高回报的市场

期货交易是一种保证金交易，投入5%~10%的资金量就可以从事100%的交易。正是由于这种杠杆原理，决定了期货交易是一种高风险、高回报的交易。投入一定数量的资金，交易者可能获得数倍甚至数十倍于这笔资金的收益，同时也面临着巨大的投资风险。然而，也正是由于期货市场的这种高风险、高回报的特点，吸引了众多的投机者加入到期货市场中来。

（七）期货交易是一种不以实物交割为目的的交易

交易者进行期货交易的目的一般有两种，即套期保值或进行投机。期货交易的这两种特定目的决定了期货交易是一种不以实物交割为目的的交易。在现实的期货交易中，最后进行实物交割的比例很小，一般只有1%~3%，绝大多数期货交易者都以对冲平仓的方式了结。

第二节　期货交易规则

期货市场是一种高度组织化的市场，为了保障期货交易有一个公开、公平、公正的环境，保证期货市场平稳运行，对期货市场的高风险实施有效的控制，期货交易所制定了一系列的交易制度（即所谓的"游戏规则"），所有交易者必须在承认并保证遵守这些"游戏规则"的前提下才能参与期货交易。与现货市场、远期市场相比，期货交易制度是较为严格和复杂的，只有如此才能保证期货市场合理运行，有效发挥期货市场的经济功能。

一、保证金制度

保证金制度是期货交易的特点之一，是指在期货交易中，任何交易者必须按照其买卖期货合约中标的价值的一定比例（通常为5%~10%）缴纳资金，用于结算和保证履约。

保证金分为结算准备金和交易保证金。结算准备金是指会员为了交易结算，在交易所专用结算账户中预先准备的资金，是未被合约占用的保证金。交易保证金是指会员在交易所专用结算账户中确保合约履行的资金，是已被合约占用的保证金。当买卖双方成交后，交易所按持仓合约价值的一定比率向双方收取交易保证金。交易所可根据期货市场的具体情况调整交易保证金水平。

对于一般客户来讲，他们常常不是交易所的会员，必须通过期货公司才能进行交易，因此交易所并不直接向客户收取保证金。保证金的收取是分级进行的，即期货交

易所向会员收取保证金和作为会员的期货公司向客户收取保证金，分别为会员保证金和客户保证金。

期货交易所会员、客户可以使用标准仓单、国债等价值稳定、流动性强的有价证券冲抵保证金进行期货交易。有价证券的种类、价值的计算方法和冲抵保证金的比例，由期货监督管理机构规定。

交易所可以调整交易保证金。交易所调整保证金的目的在于控制风险。在出现以下几种情况时，交易所可以调整交易保证金比率，以提高会员或客户的履约能力。

第一，对期货合约上市运行的不同阶段规定不同的交易保证金比率。一般来说，距交割月份越近，交易者面临到期交割的可能性就越大。为了防止交割中可能出现的违约风险，促使不愿进行实物交割的交易者尽快平仓了结，交易保证金比率应随着交割临近而提高。

第二，随着合约持仓量的增大，交易所将逐步提高该合约交易保证金的比率。一般来说，随着合约持仓量的增加，尤其是持仓合约所代表的期货商品的数量远远超过相关商品现货数量时，往往表明期货市场投机交易过度，蕴含着较大的风险。因此，随着合约持仓量的增大，交易所将逐步提高该合约的交易保证金比率来控制市场风险。

第三，当某期货合约出现涨跌停板的情况时，交易保证金比率相应提高，具体规定一般在涨跌停板制度中加以说明。

第四，当某品种某月份合约按结算价计算的价格变化，连续若干个交易日的累积涨跌幅达到一定程度时，交易所有权根据市场情况，对部分或全部会员的单边或双边、同比率或不同比率提高交易保证金，限制部分会员或全部会员的交易，或者采取暂停部分会员或全部会员开新仓、调整涨跌停板幅度、限期平仓、强制平仓等措施中的一种或多种，以控制风险。

第五，当某期货合约交易出现异常情况时，交易所可按规定的程序调整交易保证金比率。

二、当日无负债结算制度

期货交易结算由期货交易所统一组织进行。期货交易所实行当日无负债结算制度，又称逐日盯市制。它是指每日交易结束后，交易所按当日结算价结清所有合约的盈亏、交易保证金、手续费以及税金等费用，对应收应付的款项即时划转，相应增加或减少会员的结算准备金。

期货交易所会员的保证金不足时，应当及时追加保证金或者自行平仓。会员未在期货交易所规定的时间内追加保证金或者自行平仓的，期货交易所会将该会员的合约强行平仓，强行平仓的有关费用和发生的损失由会员承担。

同样地，客户保证金不足时，要及时追加保证金或者自行平仓。客户未在期货公司要求的时间内及时追加保证金或者自行平仓的，期货公司会将该客户的合约强行平仓，强行平仓的有关费用和发生的损失由客户承担。

三、涨跌停板制度

所谓涨跌停板制度，又称每日价格最大波动限制，是指期货合约在一个交易日中的交易价格不得高于或者低于规定的涨跌幅度，超过该涨跌幅度的报价将被视为无效，不能成交。涨跌停板一般是以合约上一日的结算价为基准确定的（一般有百分比和固定数量两种形式）。也就是说，合约上一交易日的结算价格加上允许的最大涨幅构成当日价格上涨的上限，称为涨停板；而该合约上一交易日的结算价减去允许的最大跌幅则构成当日价格下跌的下限，称为跌停板。

制定涨跌停板制度，是因为每日结算制度只能将风险控制在一个交易日之内，如果在一个交易日之内期货价格发生剧烈波动，仍然可能造成会员和客户的保证金账户大面积亏损甚至透支，期货交易所将难以担保合约的履行并控制风险。涨跌停板制度的实施，能够有效地减缓、抑制一些突发性事件和过度投机行为对期货价格的冲击而造成的狂涨暴跌，减缓每一交易日的价格波动。交易所、会员和客户的损失也被控制在相对较小的范围内。而且，由于这一制度能够锁定会员和客户每一交易日所持有合约的最大盈亏，这就为保证金制度的实施创造了有利条件。这是因为向会员和客户收取的保证金数额只要大于在涨跌幅度内可能发生的亏损金额，就能保证当日期货价格波动达到涨停板或跌停板时不会出现透支情况。

四、持仓限额制度

持仓限额制度是指交易所规定会员或客户可以持有的，按单边计算的某一合约投机头寸的最大数额。实行持仓限制制度的目的在于防范操纵市场价格的行为和防止期货市场风险过度集中于少数投资者。

经纪会员名下全部投资者的持仓之和超过该会员的持仓限额的，经纪会员原则上应按合计数与持仓数之差除以合计数所得比例为参照，由该会员监督其有关投资者在规定时间内完成减仓；应减仓而未减仓的，由交易所按有关规定执行强行平仓。

五、大户报告制度

大户报告制度是与持仓限额有关的又一个防范大户操纵市场价格、控制市场风险的制度。实施大户报告制度，可以使交易所对持仓量较大的会员或投资者进行重点监控，了解其持仓动向、意图，对于有效防范市场风险有积极作用。

六、交割制度

交割是指合约到期时，按照期货交易所的规则和程序，交易双方对该合约所载标的物进行所有权的转移，或者按照规定结算价格进行现金差价结算，了结到期未平仓合约的过程。以标的物所有权转移进行的交割为实物交割，按结算价格进行现金差价结算的交割为现金交割。一般来说，商品期货以实物交割方式为主，金融期货则以现金交割方式为主。

交割是联系期货与现货的纽带。如果没有交割，商品期货合约就成了毫无基础的空中楼阁。尽管期货市场的交割率仅占总成交量的很小比例，但对整体期货市场的正常运行却起着十分重要的作用。如果交割制度得以贯彻执行，不断完善，期货交易的正常运行将有可靠保证，市场风险也能得到很好控制。

期货交易的交割由期货交易所统一组织进行。交割仓库由期货交易所指定。期货交易所不得限制实物交割总量，并应当与交割仓库签订协议，明确双方的权利与义务。

七、强行平仓制度

强行平仓制度是指当会员、投资者违规时，交易所对有关持仓实行平仓的一种强制措施。强制平仓制度也是交易所控制风险的手段之一。

八、风险准备金制度

风险准备金制度是指为了维护期货市场正常运转，提供财务担保和弥补因不可预见风险带来的亏损而提取的专项资金的制度。

期货交易是一种高风险的交易活动，尤其是当价格发生剧烈变动，有可能出现投资者大面积亏损以致不能履约等情况，这会直接影响期货市场的正常运行，期货市场的功能也会受损。为此，需要交易所、期货经纪机构等相关机构提取一定的资金，用于提供财务担保和弥补不可预见风险带来的损失。

九、信息披露制度

信息披露制度是指期货交易所按有关规定定期公布期货交易有关的信息的制度。

期货交易遵循公平、公正、公开的原则，信息的公开与透明是"三公"原则的体现。它要求期货交易所应当及时公布上市品种期货合约的有关信息及其他应当公布的信息，并保证信息的真实、完整和准确。只有这样，期货交易的所有交易者才能在公平、公开、公正的基础上接受真实、准确、完整的信息，从而有助于交易者根据所获信息作出正确决策，防止不法交易者利用内幕信息获取不正当利益，损害其他交易者利益。

交易所期货交易信息主要包括在期货交易所交易活动中产生的所有上市品种的期货交易行情、各种期货交易数据统计资料、交易所发布的各种公告信息以及相应监管机构指定披露的其他相关信息。

第三节 期货市场的功能

期货市场的基本功能包括规避价格风险和价格发现。本节我们将具体介绍这两种功能及其实现机制。

一、规避价格风险的功能

商品生产者和经营者在生产和经营过程中，会遇到各种各样的风险，其中最为直接的是价格波动风险。价格不论往哪个方向变动，都会给一部分商品生产者或经营者造成损失。因此，产品能否以预期价格出售，原材料能否以较低价格购进是经常困扰生产者、经营者的主要问题。生产者、经营者可以在期货市场上通过套期保值管理价格风险，从而按预期的价格出售商品，以合理的价格购进商品，这就是期货交易的回避风险功能，即转移价格风险的功能。期货市场规避风险的功能，既为生产经营者转移或者对冲风险提供了良好途径，也成了期货市场得以发展的主要原因。期货市场是在逐步规范远期交易的基础上发展起来的。

（一）远期交易在规避价格风险上的局限

早期的期货市场实际上是进行远期交易的场所，远期交易可以起到稳定产销关系、固定未来商品交易价格的作用。与现货交易相比，远期交易确实起到一定的规避价格风险的作用，但是远期交易也存在较大的局限性。交易双方通过签订远期合约确定了未来某一期间交易的商品价格，也就是说在规定的交割时间，交易双方必须按照约定价格进行实物交割。如果在签订合约到实物交割期间，商品价格发生较大变动，如价格大幅上升或下降，可能会出现现货价格远远高于或低于合约约定价格的情况，这将使商品的买方或卖方蒙受较大的损失。具体来讲，对商品卖方而言，合约价格固定，而现货价格大幅上涨，使卖方失去了以更高价格出售商品的机会。同理，在现货价格大幅下跌时，买方由于合约价格固定，也失去了以更低价格购买商品的机会。因此，对于签订远期合约的买卖双方而言，交易是否有益，主要取决于对未来现货市场价格走势的判断，如果判断错误，仍将承担较大的现货市场价格变动的风险。

（二）期货市场在套期保值规避价格风险方面的优势

套期保值（Hedging）又称对冲交易，是指在期货市场上采取与现货等量而买卖方向相反的交易行为。具体而言，在期货市场上买进或卖出与现货数量相等但方向相反的期货合约，在未来现货进行交易的时间，通过卖出或买入期货合约来对冲平仓，从而在期货市场和现货市场上建立一种盈亏相抵的机制。因此，套期保值顾名思义，包括两层含义，一是期货交易的目的在于价格保险；二是达到目的的方法是"套期"，即在现货市场和期货市场上同时采取相反的买卖行动，即在一个市场上买，同时在另一个市场上卖。

例如，某公司需在未来3个月后购进一批铝锭，若当时现货价格为2 250美元/吨，期货价格是2 300美元/吨。依照现在的现货价格该公司可以赚到相当的利润，为了保证这一利润，该公司预先在期货市场上以2 300美元/吨的价格买进铝锭期货。假设3个月后价格上升，现货价格为2 350美元/吨，期货价格是2 400美元/吨。该公司从现货市场中购得一批铝锭，以2 350美元/吨价格成交，成本上升100美元/吨；同时，在期货市场上以2 400美元/吨的价格对原来的期货合约进行对冲平仓，赚回100美元/吨。现货市场与期货市场盈亏冲销后，该公司最终依然是以2 250美元/吨购得铝锭，规避了价格上涨的风险。

如果3个月后价格不升反降，假设现货价格为2 150美元/吨，期货价格是2 200美元/吨。该公司从现货市场中购得一批铝锭，以2 150美元/吨价格成交，成本下降100

美元/吨；同时，在期货市场上以 2 200 美元/吨的价格对原来的期货合约进行对冲平仓，亏损 100 美元/吨。现货市场与期货市场盈亏冲销后，该公司最终依然是以 2 250 美元/吨购得铝锭，但是该公司失去以下降的价格购进铝锭的好处。

可见，套期保值是通过中和现货和期货价格波动的方法来冲销价格风险，在市场出现较大价格变动时提供保护作用。它可以使套期保值者免受价格大幅波动造成的损失，但同时也可能使套期保值者失去了获得最佳收益的机会。

与远期交易相比，利用套期保值方式规避风险的优势在于：套期保值是在期货市场与现货市场之间建立一种盈亏相抵的机制，可能是用期货市场的盈利来弥补现货市场的亏损，也可能相反。当然，盈亏数值并不一定完全相等，可能是盈亏相抵后还有盈利，也可能是盈亏相抵后还有亏损，还可能是盈亏完全相抵，最终效果取决于期货价格与现货价格的价差（称为基差）在期货市场建仓和平仓时的变化。远期交易承担的是对现货价格能否准确预期的风险，是单一的现货市场价格变动的风险，而套期保值效果的好坏则取决于基差变动的风险。很显然，差价的变化要比单一价格的变化小得多。

（三）在期货市场上通过套期保值规避风险的原理

期货市场通过套期保值来实现规避风险功能的基本原理在于：对于同一种商品来说，在现货市场和期货市场同时存在的情况下，在同一时空内会受到相同经济因素的影响和制约，因而一般情况下两个市场的价格变动趋势相同，即期货与现货存在价格的同向性；并且随着期货合约临近交割，现货价格与期货价格趋于一致，即存在期货与现货价格的趋合性。套期保值就是利用两个市场的这种关系，在期货市场上采取与现货市场上交易数量相同但方向相反的交易，从而在两个市场上建立一种相互冲抵的机制，无论价格怎样变动，都能取得在一个市场亏损的同时在另一个市场盈利的结果。最终亏损额与盈利额大致相等，两者相抵，从而将价格变动的大部分风险转移出去。

（四）投机者参与是套期保值实现的条件

生产经营者通过套期保值来规避风险，但套期保值并不是消灭风险，而是将其转移，转移出去的风险需要有相应的承担者，期货投机者正是期货市场的风险承担者。在市场经济条件下，商品的供给和需求在总量、结构、时间、空间上的矛盾是经常的、普遍的、客观存在的，因而价格的波动以及由此带来的风险是不可避免的，客观上生产经营者存在规避风险的需求。由于期货合约受供求等众多因素影响而处于频繁波动的状态，并且期货交易所特有的对冲机制、保证金制度等，吸引了大量的投机者加入。从客观上看，投机者的加入对生产经营者参与套期保值提供了很大便利。因为当套期保值者想在期货市场进行买卖合约的交易，每笔交易的达成，必须有相应的交易对手，即存在愿意卖出或买入合约的人。如果没有投机者的参与，而完全依靠其他套期保值者的参与来完成每笔交易，那么成交的可能性是微乎其微的。例如，当商品生产者想在期货市场卖出期货合约进行保值时，客观上必须有一个或多个其他交易者正好在同一时间想要在期货市场上买入期货合约进行保值，并且交易数量、交割月份等应完全匹配。可以想象，在只有套期保值者参与的市场上，流动性是非常差的，反过来也会影响到套期保值者的参与积极性。因此，从这个角度看，投机者在主观上虽是出于获取投机利润的目的参与期货交易，但在客观上，他们却为套期保值的实现提供了条件。

二、价格发现的功能

（一）价格发现的过程

1. 价格信号是企业经营决策的依据

在市场经济中，价格机制是调节资源配置的重要手段。价格是在市场中通过买卖双方的交易活动而形成的，价格反映了商品的供求关系。与此同时，价格变化又影响供求的变动。例如，当产品市场供给大于需求时，产品价格下降，而价格的下降又会引起需求的增加和供给的减少，最终通过价格的下降使产品的供求达到平衡。在市场经济中企业具有自主的经营决策权，为了实现利润最大化，需要时刻关注相关商品的价格信息，以此来调整产品结构、数量以及营销策略。可以说，价格信息是生产经营者进行正确决策的主要依据。如果收集到的价格信息失真或者不全面，则容易导致决策失误，利润下降，丧失市场竞争力。

2. 现货市场中的信息是分散的、短暂的，不利于企业的正确决策

既然价格信号如此重要，企业从哪里去收集价格信号呢？在没有期货市场之前，价格信号只能从现货市场收集。但是现货市场的交易大多是分散的，其价格是由买卖双方私下达成的。企业决策者所能收集到的价格信息不仅十分零散，而且其准确程度也比较低。更为重要的是，现货价格只反映某个时点的供求状况，不能反映未来供求变化及价格走势，因此可预测能力差。不过，自期货交易产生以来情况大为改观。在许多国家，期货价格成为现货生产经营、企业经营决策的主要依据。随着期货市场的不断完善和发展，期货市场价格发现的功能逐渐受到人们的重视。

3. 预期价值在有组织的规范市场中形成

价格发现功能是指在期货市场通过公平、公正、公开、竞争和高效的期货交易运行机制，形成具有真实性、连续性、预期性和权威性价格的过程。期货市场形成的价格之所以为公众所认可，是因为期货市场是一个有组织的规范化市场，期货价格是在专门的期货交易所形成的。期货交易所聚集了众多的买者和卖者，通过场内出市代表，把自己掌握的对某种商品的供求关系及其变动趋势的信息集中到交易场内。同时，按期货交易所的规定，所有期货合约的买卖都必须在交易所的交易场内通过公开竞价的方式进行，不允许场外交易，这样使得所有的买方和卖方都能获得平等的买卖机会，都能通过场内出市代表表达自己的真实意愿，从而使得期货市场成为一个公开的自由竞争市场。这样，通过期货交易所就能把众多的影响某种商品价格的供求因素集中反映到期货市场内，形成的期货价格能够较准确地反映真实的供求状况及其价格变动趋势。

（二）期货市场价格发现的原因和特点

1. 预期性

期货价格具有对未来供求关系及其价格变化趋势进行预期的功能。期货交易者大

都熟悉某种商品行情，有丰富的经验知识、广阔的信息渠道以及成熟的分析、预测方法。他们结合自己的生产成本、预期利润对商品供求和价格走势进行分析和判断，报出自己的理想价格，与众多对手竞争。这样形成的期货价格实际上反映了大多数人的预期，因而能够反映供求变动趋势。

2. 连续性

期货价格是连续不断地反映供求关系及其变化趋势的一种价格。这是因为期货交易是一种买卖期货合约的交易，而不是实物商品交易。实物交易一旦达成一个价格之后，如果买入实物的一方不再卖出该商品或不马上卖出该商品，新的商品交易就不会产生或不会马上产生，从而就不可能有一个连续不断的价格。而期货交易则不然，它是买卖期货合约的交易，实物交割的比例非常小，交易者买卖期货合约的本意大多不是为了实物交割，而是利用期货合约作套期保值交易或投机交易。因此，在买进或卖出后，必须再卖出或买进相同数量的期货。同时，由于期货合约是标准化的，转手极为便利，买卖非常频繁，这样就可以不断地产生期货价格。

3. 公开性

期货价格是集中在交易所内通过公开竞价达成的，依据期货市场的信息披露制度，所有在期货交易所达成的交易及其价格都必须及时向会员报告并公之于众。通过传播媒介，交易者能够及时了解期货市场的交易情况和价格变化，并迅速传递到现货市场。

4. 权威性

正是由于期货价格真实地反映供求及价格变动趋势，具有较强的预期性、连续性和公开性，因此在期货交易发达的国家，期货价格被视为一种权威价格，成为现货交易的重要参考依据，也是国际贸易者研究世界市场行情的依据。

第四节　期货交易的种类

在美国的期货市场上，大约有100余种期货合同在进行交易。一些期货合同本质上与其基础商品合同一样。期货交易中根据其标的物不同主要分为两大类：商品期货和金融期货。

一、商品期货

商品期货的标的物是大宗商品，常常有农产品、工业品、金属材料和能源产品等类型。

（一）谷物和菜籽油

最早的期货合同是谷物和菜籽油期货合同，它们在很多年中都是交易最活跃的期货。然而，如今它们的交易额早已被金融期货超过了。参与交易的主要是进行投机和套期保值的农场主、食品加工厂、谷物仓储公司、出口商和外国谷物进口商。影响谷物和菜籽油期货价格的主要因素是农产品产量、气候、政府农业政策和国际贸易。

（二）牲畜和肉类

牲畜和肉类期货曾被认为是完美的投机工具。然而，在现实中猪五花肉期货并不比其他期货合同更具投机性。同样，生猪、活牲畜等也不再有很大的投机性。牲畜和肉类期货价格不但受明显因素（如国内和国际肉类需求）的影响，还受到一些不太明显因素的影响，如国际经济形势、政府政策、人们的预期等。参与交易的主要是农场主、肉类加工厂以及猪肉和牛肉的主要使用者，如快餐连锁店。

（三）食品和纤维

食品和纤维是一个比较宽泛的种类，其中包括咖啡、可可、棉花、橙汁和白糖。其期货价格受到气候、国际国内政治经济形势的影响。特别是由于这一种类中的大多数商品是进口的，因此国际经济和政治条件是一个重要的影响因素。

（四）金属和石油

这类商品包括珠宝、工业用金属和与能源相关的产品。每一个商品都被认为是不可再生的自然资源。这类商品的大部分现货和期货是在伦敦、巴黎、阿姆斯特丹和苏黎世进行交易。国际政治和经济同样是影响这个市场的重要因素。这类商品交易的风险，特别是政治风险非常大。

二、金融期货

金融期货是以金融产品或指标为标的的期货品种，其标的主要是利率、外汇、股票价格和股票指数等。

（一）外汇期货

外汇期货于1972年先于纯利率期货开始交易，现在其知名度和交易量已大大提高。交易主要是用美元、英镑、日元、瑞士法郎、欧元等进行。

（二）短期国库券和欧洲美元

短期国库券和欧洲美元是在芝加哥商品交易所的国际金融市场进行交易的。它们是交易十分活跃的短期资金市场工具。

1. 短期国库券

短期国库券每周进行一次拍卖，其到期时间通常是91天。短期国库券是一个纯折现工具，其折现率通常是以360天计算的。

短期国库券期货的标的合同的面值为1 000 000美元。合同的到期月份为3个月、6个月、9个月和12个月。

2. 欧洲美元

欧洲美元是几种短期利率期货合约中最成功的。欧洲美元是存入外国银行或者美国银行的外国支行的美元。此种储蓄的币种为美元，而不是银行所在国的货币。欧洲美元躲避了美国准备金要求，并且受所在国的管制也要少很多，因此近年来广泛地被美国公司和银行使用。欧洲美元利率即为伦敦同业拆放利率（LIBOR），它被认为是最有效的短期借贷指示器。欧洲美元期货取得了巨大的成功，它的交易量迅速超过了作为第一个短期利率期货的短期国库券的交易量。欧洲美元的成功至少部分是由于其具有现金结算的特性。

短期国库券与欧洲美元的主要区别在于它们的利率有不同的解释。短期国库券是一个折现工具（Discount Instrument），而欧洲美元是一种升水工具（Add-on Instrument）。

欧洲美元期货合同是建立在3个月欧洲美元LIBOR的基础上的。合同的面值是1 000 000美元。合同的到期时间为3个月、6个月、9个月、12个月直到10年。

（三）中长期国债

在芝加哥交易所交易的中期国债（Treasury Note）和长期国债（Treasury Bond）除到期时间不一样外其他几乎是一样的。中期国债指期限为1~10年，一般有2年、5年和10年期的。长期国债是指期限为10年以上的国债。中期国债期货合同和长期国债期货合同交易都很活跃，其中长期国债期货合同要更活跃一些。这两种期货合同除到期期限和保证金有所不同外，其他方面几乎完全相同。同其他期货合同一样，中长期国债期货合同的交割也很少发生。但是，正是交割可能性的存在才保持了合同价格与现货市场条件相吻合。

（四）股票指数期货

股票指数期货是近年来市场上最为成功的期货品种之一。这种以现金清算的合同的标的资产是股票组合的指数。投资者用它来进行股票的套期保值、股市走向投机和对股票组合套利。

股票指数期货合同的基础是普通股票。最常交易的合同是在芝加哥商品交易所指数与期权市场进行交易的标准普尔500（S&P 500）期货。

（五）经济指数期货

第一个经济指数期货——消费者价格指数期货，是在1985年6月隆重推出的。虽然它是作为一种对通货膨胀的不确定性进行套期保值的工具进行促销的，但此合同从来没有实现较大的交易额。交易官员把这种结果归因于自此合同问世以来的低且稳定的通货膨胀率，但是缺乏明确定义的现货市场和无法随时得到真实现货市场信息也许是更为严重的障碍。

这类期货还包括商品研究局指数（Commodity Research Bureau Index）和高盛商品指数（Goldman Sachs Commodity Index）。这两种期货都以其他期货指数为基础，并且两者的交易额都不大。

第五节　期货市场管理

期货市场是一个高风险的场所，也是一个追逐利益的场所。因此，必须建立高效的管理机制，才能保证市场的正常运行与经济功能的有效发挥。

期货市场政府管理机构的主要职能有：第一，规定市场参与者经营期货业务所必需的最低资本额标准。这是保证期货市场财务完整性、保护客户利益的重要措施。第二，规定严格的账户设立制度。政府主管部门明文规定，佣金商必须将客户的履约保证金存款与该公司的资金分立账户，禁止任何形式的挪用。第三，核准交易所的有关业务活动，比如负责批准新合约的上市、审查交易所批准的会员资格、审查交易所作出的裁决等。

一、美国期货市场管理

介绍期货市场的管理，首先要从美国的期货管理机构介绍起。美国的第一个期货法是1914年的《棉花期货法》，接下来是1922年的《谷物期货法》。1936年的《商品交易法》缔造了商品交易管理委员会（Commodity Exchange Authority，CEA），它是美国农业部下属的一个部门。商品交易管理委员会被授权管理特殊的期货合同。随着期货合同的增加，商品交易管理委员的管理范围也扩大了。之后，货币期货的问世和金融期货的酝酿使美国国会认为需要新的法律。1974年，美国国会将《商品交易法》更新为《商品期货交易委员会法》（Commodity Futures Trading Commission Act）。此法缔造了商品期货交易委员会（Commodity Futures Trading Commission，CFTC），宣告了美国期货交易管理体制由联邦政府监管、行业协会自律和交易所自我管理三级管理体制相结合的模式正式形成。此后，1999年11月4日，美国国会出台了《金融服务现代化法》。该法的出台使得美国的银行、保险公司及其他金融机构可以在控股公司层面混业经营。鉴于美国在2007年发生的次贷危机，2010年，美国国会通过，并由总统奥巴马签署了《多德－弗兰克法案》。该法案不仅对金融机构本身涉足的金融衍生品交易进行了限制，而且对金融机构为其他投资者从事金融衍生品交易提供咨询和担当顾问设置限制，要求这些金融机构承担信用担保连带责任。该法案被媒体称为美国"史上最严厉"的金融监管法案。

当前美国的期货市场在联邦政府一级是由商品期货交易委员会（CFTC）来监管，该机构负责为期货交易所发放执照并核准期货合约。所有新合约以及现存合约的改变必须得到CFTC的批准，该合约必须具有某些经济目的，通常这意味着它必须满足对冲者和投机者的需求。CFTC关心大众的利益，负责将价格传递给公众。如果期货交易者的头寸超过某一确定数额，其必须报告所持有的流通在外的期货头寸。CFTC也向所有的为大众提供期货领域服务的个人颁发执照，要调查这些人的背景资料，并有最低的资本要求。CFTC处理公众的投诉，如果投诉是正当的话，将采取某些惩罚措施。CFTC有权强迫交易所对违反交易规则的会员采取惩罚措施。

1982年，国家期货协会（National Futures Association，NFA）成立，NFA是参与期货行业的那些人的组织，是期货业的一个行业协会，NFA要求其会员通过某种考试。这使得CFTC的部分职能转移到期货行业中去了。NFA的目标是防止欺诈并确保市场运作最有利于普通大众的利益。NFA获得授权去监测交易并在适当的时候采取惩罚措施，对个人与会员之间的纠纷作出公正裁决。

有时，证券交易委员会（Securities and Exchange Commission，SEC）、联邦储备委员

会（Federal Reserve Board，FRB）以及美国财政部等其他机构对期货交易的某些方面也有管辖权。这些机构关注期货交易对股票、短期国库券、长期国债这些即期市场的影响。证券交易委员会具有投票权以决定是否批准新的股票及债券指数期货合约。

在美国期货市场监管体系中，CFTC、NFA、交易所及SEC、美联储、货币监管局享有对美国期货市场的监管权，其中前三者构成了核心监管体系，CFTC享有最广泛的市场监管权力，NFA在从业人员注册、解决市场纠纷、维护业内秩序方面发挥了重要作用，交易所则在自律监管方面发挥了重要作用。

二、中国期货市场管理

1995年2月25日国务院办公厅批准了中国证券监督管理委员会（简称证监会）机构编制方案，明确了中国证监会的性质、职能、机构，并根据《国务院关于批转国务院证券委1995年证券期货工作安排意见的通知》的精神和我国证券、期货市场发展的实际情况，于1996年3月21日首批授予了全国24个地方期货监管部门行使部分期货市场监管职能。1998年8月26日，全国证券期货工作会议在北京召开，会议传达了《国务院转批证监会证券监管机构体制改革方案的通知》。这说明我国的期货市场集中统一的监管体系逐步完善和形成，也是期货市场走向规范化的重要标志。1999年9月，"一个条例、四个管理办法"的正式实施，构建了期货市场规范发展的监管框架。这样，在经过几年较大力度的结构调整和规范整顿，以《期货交易管理暂行条例》及四个管理办法为主的期货市场规划框架基本确立，中国证监会、中国期货业协会、期货交易所三个层次的市场监管体系已经初步形成。2004年1月31日，国家发布了《关于推进资本市场改革开放和稳定发展的若干意见》，明确提出了稳步发展期货市场，对期货市场的政策也由规范整顿向稳步发展转变。2014年10月29日，中国证监会第110号令公布《期货公司监督管理办法》（以下简称《办法》），同时废止了2007年4月9日发布的《期货公司管理办法》和2012年5月10日发布的《关于期货公司变更注册资本或股权有关问题的规定》等法规。《办法》落实了新"国九条"关于提高证券期货服务业竞争力的有关意见，体现了功能监管与适度监管的理念，有利于提升期货公司服务能力和国际竞争力。2015年10月9日，中国证监会发布《证券期货市场程序化交易管理办法（征求意见稿）》，拟建立申报核查管理、接入管理、指令审核、收费管理、严格规范境外服务器的使用、监察执法六个方面的监管制度。

（一）中国证监会的性质和职责

中国证监会为国务院直属机构，是全国证券期货市场的主管部门，按照法律、法规的规定对证券市场、期货市场进行监督和管理。

中国证监会有关期货市场监管的主要职责：研究和拟定证券期货市场的方针政策、发展规划；起草证券期货市场的有关法律、法规；制定证券期货市场的有关规章；统一管理证券期货市场，按规定对证券期货监管机构实行垂直领导；监管股票、可转换债券、证券投资基金的发行、交易、托管和清算；批准企业债券的上市；监管上市国债和企业债券的交易活动；监管境内期货合约上市、交易和清算；按规定监督境内机构从事境外期货业务；监管上市公司及其信息披露义务股东的证券市场行为；管理证券期货交易所；按规定管理证券期货交易所的高级管理人员；归口管理证券业协会；监管证券期货经营机构、证券投资基金管理公司、证券登记清算公司、期货清算机构、证券期货投资咨询机构；与中国人民银行共同审批基金托管机构的资格并监管其基金托管业务；制定上述机构高级管理人员任职资格的管理办法并组织实施；负责证券期货从业人员的资格管理；监管境内企业直接或间接到境外发行股票、上市；监管境内机构到境外设立证券机构；监管境外机构到境内设立证券机构、从事证券业务；监管证券期货信息传播活动，负责证券期货市场的统计与信息资源管理；会同有关部门审批律师事务所、会计师事务所、资产评估机构及其成员从事证券期货中介业务的资格并监管其相关的业务活动；依法对证券期货违法违规行为进行调查、处罚；归口管理证券期货行业的对外交往和国际合作事务；等等。

（二）地方期货监管部门的监管职责范围和权限

地方期货监管部门的监管职责范围和权限如下：

负责对设立在本行政区域内的期货经纪公司、期货经纪公司的分支机构、从事期货经纪业务的非期货经纪公司会员从事期货经纪业务的资格进行初审。

负责对设立在本行政区域内的期货经纪公司、期货经纪公司的分支机构、从事期货经纪业务的非期货经纪公司会员、期货咨询机构的业务活动进行日常监管。

负责查处设立在本行政区域内的期货经纪公司、期货经纪公司的分支机构、从事期货经纪业务的非期货经纪公司会员、期货咨询机构以及前述机构的从业人员，市场投资者（以下统称为被监管者）的有关期货违法、违规行为。

负责处理本行政区域内的有关期货的信访投诉和举报、调解期货纠纷和争议。

地方监管部门有权查处各种违法、违规行为，并根据国家有关法律、法规对违法、违规当事单位或个人进行处罚。

（三）期货业协会

2000年12月30日，中国期货业协会成立。期货业协会作为期货行业的自律性组织，致力于发挥自律组织功能，成为会员和政府沟通联系的重要桥梁，保护投资者合法权益，促进期货市场的规范运作，推动期货市场的创新和发展。

中国期货业协会协助证监会管理期货市场，其主要作用体现在以下几个方面：第一，负责会员的资格审查和登记工作；第二，监管已登记会员的经营情况；第三，调解纠纷，协调会员关系；第四，普及期货知识、宣传期货业协会的作用等。

（四）期货保证金监控中心

2006年5月18日，中国期货保证金监控中心成立。其基本职能是及时发现并报告期货保证金被挪用的风险状况，配合期货监管部门处置保证金风险事件。其成立对于保证期货交易资金安全、维护投资者利益具有重要意义。

第六节 我国期货市场的发展

一、旧中国的期货市场发展

1919年6月,当时中国的农商部批准同意设立上海证券物品交易所,该交易所于1920年7月宣告正式成立,于是诞生了中国的第一家商品期货交易所。1921年,上海物品交易所成立半年后,盈利达50余万元。1921年,上海华商证券交易所、面粉交易所、杂粮油饼交易所、华商棉业交易所等相继成立,也都盈利丰厚。人们见不仅有利可图,而且盈利极易,于是争相筹划设立交易所。到了1921年10月间,上海先后设立交易所140余家,上海办交易所的热潮席卷了全国。经营资本有的高达一两千万元,中等资本的有五六百万元,也有少量资本在五六十万元的。批准单位除少数几家是由当时北平政府农商部批准外,有的是在外国驻上海的各个领事馆注册的,有的是由法庭核准的,还有的是受外国政府保护的。最后,由于方式极不一致,权限也不统一,1921年年终,各交易所结算账目需要资金,缺乏资金的压力使得众多的交易所难以应付,陷入难以继续经营的绝境。于是,短时间内,众多交易所相继倒闭。

1929年,各地又陆续设立了交易所,截至1936年年底,全国共有15家交易所。抗日战争胜利后,时局相对稳定,旧中国各地的证券交易所和期货交易所逐步步入正轨。1946年9月,上海证券交易所股份有限公司成立,共有证券和物品两个市场,经纪人23人。天津证券市场的原华北证券交易所也恢复营业,上市股票23种。刚开始由于股市疲软,业务清淡,经纪人申请退出者不断增多,因而人们举办了延期交割业务,又称"递交",实为变相的期货交易。结果极大地促进了证券交易的活跃性,吸引了大量的社会游资。许多居民都参加了证券与期货交易,整个上海证券市场吸引游资大约1 500万~2 000万元,出现了暂时的繁荣。上海解放后,为了打击投机商人的投机倒把行为,人民政府于1949年6月10日查封了上海证券大楼,1952年7月天津证券交易所也宣布关闭。至此,交易所进入停止阶段。

二、新中国的期货市场发展

我国期货市场自1990年发展以来,大体经历了初期发展、清理整顿和规范发展三个阶段。期货市场的产生起因于20世纪80年代的改革开放。1987年前后,一些关于建立农产品期货市场的文章见诸报端。为了解决价格波动这一难题,使有限资源能够得到更加合理的运用,党中央和国务院领导先后作出重要指示,决定研究期货交易。之后,经过一段时期的理论准备,中国期货市场开始进入实际运作阶段。1990年10月12日,中国郑州粮食批发市场经国务院批准,以现货交易为基础,引入期货交易机制,作为我国第一个商品期货市场正式开业成立。1991年6月10日,深圳有色金属交易所宣告成立,并于1992年1月18日正式开业;同年5月28日,上海金属交易所开业。1992年9月,第一家期货经纪公司——广东万通期货经纪公司成立;同年年底,中国国际期货经纪公司开业。到1993年，全国开业和在建的期货交易所达50多家，代理客户3万多个，期货公司300多家，有包括国债等七大类50多个品种上市交易。

到1993年，由于认识上存在的偏差、缺乏统一管理、且受各个部门和地方利益驱动，中国各地期货市场建设一哄而起，盲目发展，期货市场一度陷入一种无序状态。如交易所过多、分布不平衡、品种重复设置、合约设计不合理、地下非法交易泛滥、盲目开展境外交易、运作不规范、大户联手交易、操纵市场、欺诈投资者等，造成投机过度，期货价格难以实现合理回归，多次酿成期货市场风险，严重影响了市场功能的正常发挥。

随后，我国期货市场经历了十多年的曲折历程，1993年11月，国务院开始了第一次清理整顿。经过整顿，最终有15家交易所被确定为试点交易所，一些交易品种被停止交易。1998年8月，第二次整顿工作开始，全国15个期货交易所合并为上海期货交易所、郑州商品交易所、大连商品交易所3家；上市运行的商品期货合约确定为铜、铝、天然胶、籼米、胶合板、大豆、豆粕、啤酒大麦、绿豆、小麦、花生仁、红小豆12个品种。

2001年3月，"十五"规划首次提出"稳步发展期货市场"，之后期货交易量呈现恢复性增长，新品种也恢复上市。2003年3月28日，优质强筋小麦期货合约在郑州商品交易所上市交易。2004年6月1日，棉花期货合约在郑州商品交易所上市交易；8月25日，燃料油期货合约在上海期货交易所上市交易；9月22日、12月22日，玉米、黄大豆2号期货合约相继在大连商品交易所上市交易。2006年1月6日，白糖在郑州商品交易所正式上市交易；1月9日，豆油期货合约在大连商品交易所正式上市交易；12月18日，全球首个精对苯二甲酸（PTA）期货在郑州商品交易所上市。2007年3月26日，锌期货在上海期货交易所上市；6月8日，菜籽油期货在郑州商品交易所上市交易；7月31日，线型低密度聚乙烯期货（LLDPE）在大连商品交易所挂牌交易；10月29日，棕榈油期货在大连商品交易所挂牌交易。2008年1月9日，中国期货历史上首个贵金属期货——黄金期货在上海期货交易所挂牌交易。2009年3月27日，钢材期货合约在上海期货交易所正式挂牌交易。2009年4月20日，早籼稻期货在郑州商品交易所上市交易，这是我国第一个稻谷类期货品种。2009年5月25日，聚氯乙烯（PVC）期货合约在大连商品交易所正式交易。2011年3月24日，铅期货在上海期货交易所上市交易。2011年4月15日，焦炭期货在大连商品交易所上市交易。2011年10月28日，甲醇期货在郑州商品交易所挂牌上市交易。2012年5月10日，白银期货在上海期货交易所上市交易。2012年12月3日，玻璃期货在郑州商品交易所上市交易。2012年12月28日，油菜籽期货在郑州商品交易所正式上市。2013年3月22日，焦煤期货在大连商品交易所上市交易。2013年9月26日，动力煤期货在郑州商品交易所上市交易。2013年10月9日，沥青期货在上海期货交易所上市交易。2013年10月18日，铁矿石期货在大连商品交易所挂牌交易。2013年11月8日，鸡蛋期货在大连商品交易所挂牌交易。2013年11月18日，粳稻期货合约在郑州商品交易所上市交易。2013年12月6日，纤维板、胶合板期货在大连商品交易所上市交易。2014年2月28日，聚丙烯（PP）在大连商品交易所上市交易。2014年3月21日，热轧卷板在上海期货交易所上市交易。2014年7月8日，晚籼稻期货在郑州商品交易所正式上市交易。2014年8月8日，铁合金期货在郑州商品交易所挂牌交易。2014年12月10日，玉米淀粉期货在大连商品交易所上市交易。2015年3月27日，镍、锡期货在上海期货交易所挂牌交易。2009年5月，郑州商品交易所经中国证监会同意中止了名存实亡近十年的绿豆期货交易。

截至2015年10月，商品期货市场有40余个交易品种，分别为上海期货交易所交易的铜、铝、锌、铅、镍、锡、天然橡胶、燃料油、黄金、螺纹钢、线材、白银、热轧卷板、沥青；郑州商品交易所交易的动力煤、PTA、甲醇、玻璃、铁合金、白糖、棉花、小麦、早籼稻、晚籼稻、粳稻、菜籽粕、油菜籽、菜籽油；大连商品交易所交易的黄大豆1号、黄大豆2号、玉米、玉米淀粉、豆粕、豆油、鸡蛋、纤维板、胶合板、棕榈油、聚乙烯、聚氯乙烯、聚丙烯、焦炭、焦煤、铁矿石。

至此，我国期货市场已形成以农产品、工业品为主，兼顾能源产品的品种结构。

2006年9月8日，中国金融期货交易所在上海挂牌成立。该交易所是由上海期货交易所、大连商品交易所、郑州商品交易所、上海证券交易所和深圳证券交易所共同发起成立的。这对于深化资本市场改革，完善资本市场体系，丰富资本市场产品，发挥资本市场功能，为投资者提供更多的投资渠道具有重要意义，也为适时推出金融期货品种提供了基础条件。

2010年4月16日，股指期货在中国金融期货交易所正式推出。股指期货的推出对我国股票市场将带来三方面的积极影响：抑制"单边市"，完善股票市场内在稳定机制，降低市场波动幅度和减少市场波动频率；提供避险工具，培育市场避险文化；完善金融产品体系，增加市场的广度和深度，改善股票市场生态。2015年4月16日，上证50和中证500期货合约在中国金融期货交易所上市交易。上证50和中证500期货的推出，与沪深300指数成分股形成了有效的互补关系，能有针对性地满足不同投资者精确化、个性化的风险管理需求，有利于提高风险管理市场的广度和深度，将股指期货对现货市场的覆盖面提高到73%左右，进一步促进股票市场和股指期货市场协调健康发展。

2013年9月6日，5年期国债期货合约在中国金融期货交易所正式挂牌交易。作为一个利率衍生品，国债期货的推出是利率市场化的重要环节和基石。2015年3月20日，10年期国债期货合约也在中国金融期货交易所上市交易。10年期国债期货的上市后，机构的投资策略更为丰富，市场流动性得到更大提升，同时填补了中国内地债券市场长端避险工具的空白。

本章小结

1. 期货交易（Futures Transaction）是指交易双方在集中性的市场以公开竞价的方式进行的期货合约的交易。

2. 期货合约（Futures Contract）是两个对手之间签订的一个在确定的将来时间、按确定的价格购买或出售某项资产的协议。

3. 期货交易的特点在于：期货市场具有专门的交易场所；期货市场的交易对象是标准化的期货合约；可进行期货交易的期货商品具有其特殊性；期货交易是通过买卖双方公开竞价的方式进行的；期货市场实行保证金制度；期货交易是一种不以实物商品交割为目的的交易；期货市场是一种高风险、高回报的市场。

4. 期货市场是一种高度组织化的市场，为了保证期货交易有一个公开、公平、公正的环境，保证期货市场平稳运行，对期货市场的高风险实施有效的控制，期货交易所制定了一系列的交易制度。这些交易制度主要包括保证金制度、当日无负债结算制度、涨跌停板制度、持仓限额制度、大户报告制度、交割制度、强制平仓制度、风险准备金制度、信息披露制度。

5. 期货市场的基本功能包括规避风险和价格发现。

6. 通过期货市场形成的价格具有连续性、预期性、公开性和权威性的特点。

7. 期货交易的种类，按期货合约标的资产的不同可以分为：谷物和菜籽油期货合约、牲畜和肉类期货合约、食品和纤维期货合约、金属和石油期货合约、外汇期货合约、短期国库券和欧洲美元期货合约、中长期国库券期货合约、经济指数期货合约、股票指数期货合约。

思考与练习题

1. 为什么不是所有商品都可以成为期货商品，期货商品有什么特点？
2. 期货合约为什么必须是标准合约？
3. 期货市场为什么要实行保证金制度？
4. 我国期货市场的监管部门有哪些？其主要职责有哪些？
5. 我国有哪几个期货交易市场？它们各有什么特点？
6. 试论述我国期货市场存在哪些问题？应该如何使其完善？
7. 如何利用期货市场转移价格风险和获得投机收益？
8. 假定年利率为8%，年指数股息率为1.5%，6月30日是6月指数期货合约的交割日。4月15日的现货指数为1 450点，则4月15日的指数期货理论价格是多少？

第四章 期货品种

内容提要：期货产品一经产生便获得了迅速的发展和巨大的成功，市场需求不断扩大，参与者逐渐增多。继前一章对期货和期货交易的基本概念、发展历史的学习之后，本章将从商品期货、外汇期货、利率期货、股票指数期货的基本概念、分类，以及各个期货价格的影响因素等方面对期货类衍生金融工具展开论述。

期货交易是指在期货交易所进行的买卖标准化的期货合约的行为，这种交易很少进行实物交割，只是为了进行风险交易。它通常不涉及实物所有权的转移，而只需要支付买卖期间价格波动的差额。这种交易由转移价格波动风险的生产者、经营者和承受价格风险的投资者在交易所内依法公平竞争而形成。

第一节 商品期货

一、商品期货的概念

（一）商品期货的定义

商品期货是指标的物为实物商品的期货合约。商品期货历史悠久，种类繁多，可细分为农产品（如小麦、玉米、黄豆、谷物、亚麻和一些植物油等）期货，畜产品（生猪、菜牛和其他牲畜或家禽以及鲜蛋等）期货，热带产品（如糖、咖啡、可可、砂糖、椰干、棕榈油和天然橡胶等）期货，矿产品（如铜、铝、锡、铅、镍以及黄金和白银等贵金属）期货，能源产品（原油、无铅汽油、取暖用油等）期货，纤维和林产品（棉花、生丝、羊毛、木材和纤维板等）期货以及商品价格指数期货（如在CME交易的高盛公司的商品指数期货）等几个大类。

一般来说，商品期货的投资者中有很大部分是商品的生产供应商或商品用户，他们通过商品期货交易来固定未来买卖的商品价格，从而规避了商品价格波动的风险。

（二）商品期货标准化合约的基本内容

期货市场上买卖的对象是期货交易所按照市场公认的规则制定的标准化合约。期货合约存在的目的不在于约束持有者必须履行合约条款，而在于充当期货交易的载体，使参加期货交易的人能够通过买进卖出期货合约转移价格风险，或者追求风险收益。期货合约是标准化的、具有普遍性特征的合约，每一种期货合约的质量、数量、交割地点、时期等条款是既定的，只有价格是在交易过程中通过公开竞价方式敲定的。期货合约的转让无须背书，这便利了期货合约的连续买卖、转手，使其具有很强的市场流动性。市场主体只要能够预测商品价格，具备承担风险的能力就可以买卖。一张期货合约中的主要内容有以下几项：

（1）标准合约单位，即每份期货合约都明确规定了所包含的商品数量和计量单位。

（2）标准商品，即每份期货合约都有明确的质量要求，标明了品质标准。

（3）交货期，交易双方在期货合约到期时按合约规定的商品数量和质量交付或接收货物，以履行期货合约。交货期按月份计算，交货月份的确定与该商品的生产特点有一定的联系，如金属原料的生产没有季节性，故交货月份的季节性不强；而农产品交割月份规定却有很强的季节性。另外，根据商品生产、保管、流通情况的不同，商品交易所规定的各种商品交货期的长短也有所不同，一般可以分为近期和远期两类，一般远期期货价格由于包含更多利息、仓租、保险费用而高于近期期货价格。

（4）期货交易时间。期货交易所的交易时间是固定的，每个交易所时间都有严格的规定。一般每周营业5天，周六、周日休息，每个交易日还可以分为两盘，即上午盘和下午盘，每盘约1小时到3小时不等。伦敦金属交易所每盘又分为两节，每节交易时间为5分钟，两节间有15分钟休息时间。在传统交易时间外，现在有的交易所还在晚上某段时间内开展了夜盘交易，如我国的三家商品期货交易所部分品种就有这类交易。另外，芝加哥商品交易所和伦敦金属交易所等国外交易所仍保留喊价的场内交易，同时也实行了电子化期货交易，并且在场内时间结束后，还有相当时间主要是由电子网络系统来完成，这种称为电子盘。由于其处在亚洲白天时段，交易者多是亚洲交易者，也有称为亚洲盘的。

（5）交割月份。从事商品期货交易必须按照合约规定的某一时间从事期货商品的交割。交割月份对于期货交易的两种主体即买者和卖者来说，有不同的意义。对于买方来说，在合约规定的特定时间里，他要购买一特定数量的期货商品；对卖方来说，他要在特定时间内提供一特定数量的期货商品给买方。买卖双方交割时，就以他们最初买卖期货合约时所议定的价格完成交易。对于投机者来说，他进行期货交易的目的不在于交割日交收实物商品，而在于交割月份前的时间里谋求差价和利润最大化。

具有代表性的商品交割月份不止一个，一般隔两个月一次。美国的期货交易所大多选择2月、4月、6月、8月、10月、12月等双数月份为交割月份；日本的期货交易所则多选择最近的6个月为交割月份。一般交割月份的第一个交易日为第一个通知日，从这一天起买家会随时收到一张交收或开标通知书。

（6）交收地点。期货交易在实物交割时需要确定经交易所注册的统一的交割仓库，这是为了防止商品储存过程中的商品损坏或者诈骗事件，保证买方能接收到期货合约规定的商品数量和质量。

以金属铜为例，交易所规定了铜的等级、交割地点与交割方式等。如表4.1所示是上海期货交易所的阴极铜期货的合约文本。

表 4.1　　　　　　　　上海期货交易所阴极铜标准合约
(2009 年 5 月修订)

交易品种	阴极铜
交易单位	5 吨/手
报价单位	元（人民币）/吨
最小变动价位	10 元/吨
每日价格最大波动限制	不超过上一交易日结算价 ±3%
合约交割月份	1~12 月
交易时间	上午 9:00~11:30；下午 1:30~3:00
最后交易日	合约交割月份的 15 日（遇法定假日顺延）
交割日期	最后交易日后连续五个工作日
交割品级	标准品：标准阴极铜，符合国标 GB/T467—1997 标准阴极铜规定，其中主成分铜加银含量不小于 99.95%。 替代品：高级阴极铜，符合国标 GB/T467-1997 高级阴极铜规定；或符合 BS EN 1978-1998 高纯阴极铜规定。
交割地点	交易所指定交割仓库
最低交易保证金	合约价值的 5%
交易手续费	不高于成交金额的万分之二（含风险准备金）
交割方式	实物交割
交易代码	CU
上市交易所	上海期货交易所

资料来源：上海期货交易所网站 http://www.shfe.com.cn/.

(三) 商品期货上市的条件

当前，在世界各地期货交易所进行交易的商品约百余种，但由于期货交易的特点，并不是所有商品都适合于期货交易。一般来说期货上市商品须具备以下条件：

1. 可以进行大量的买卖交易

期货上市要求有众多的买主和卖主，以便交易所能提供大量的买卖机会，形成具有竞争性的市场。若市场上只有少量买主或卖主，则价格的主动权只能被一方掌握，难以形成公正的价格。

2. 价格多变，波动频繁

由于期货交易的目的是为了转移价格风险或从中牟利，没有价格风险的商品，不适合期货交易；反之，价格波动频繁的商品，适合期货交易。对价格的任何人为控制，也将限制期货交易市场的作用。

3. 商品的质量、等级、规格等可以明确划分

为了保证到期交割的实物商品符合期货合约中的等级质量规定，避免在货物标准方面发生纠纷，提高交割效率和透明度，要求进入期货市场交易的期货商品必须容易划分出质量等级。那些品种复杂、技术指标繁多、等级划分困难而且专业性很强的商

品不宜作为期货商品。

4. 期货交易商品一般是可长期贮存和运输的商品

尽管期货交易的目的主要不在于实物交割,但是实物交割毕竟是交易的一个重要环节。适合期货交易的商品,必须可以长期贮存和运输,便于实物交割。

二、农产品期货

农产品是最早进行期货交易的品种。目前世界各地的期货交易所的交易品种几乎都有农产品。期货交易中的农产品主要包括谷物、畜产品、林产品以及一些经济作物。熟悉农产品期货交易是理解商品期货的一个必经阶段。

（一）谷物产品期货

谷物产品是最传统的期货商品,包括玉米、大豆、小麦、燕麦、大麦、黑麦和油菜籽等。

1. 玉米

玉米的主要产地是美国,其产量接近世界总产量的一半,玉米的期货交易集中在美国。玉米的种植时间约在5月初至6月中旬,而收获期在10月中旬至11月初。玉米的现货价格在收获季节后一段时间最低,而在收获季节前一段时间达到高峰,呈周期变化;玉米的期货价格也大致是这种趋势。

2. 大豆

大豆的主要产地是美国、巴西和中国。大豆的播种时间约在5月初至6月底,收割时间约在10月底至11月初。大豆的价格通常是由收割期的低价上升至第二年初春的高点。

影响大豆价格的因素包括天气情况、世界大豆的供应情况、农夫的存货等。在需求方面,主要受牲畜饲养者的使用意向影响。

3. 小麦

小麦的价格通常由收割期的低价稳步上升至初春,天气情况、美国的产量及出口量、美国小麦的存货及大米的价格等都是影响小麦价格的因素。对贸易商来说,小麦是进行投机的一种很好商品,因为一年两季小麦,为贸易商提供了较多机会。

（二）畜产品期货

畜产品的期货交易是随着畜牧业的不断发展,畜产品现货市场不断发育、完善而产生的。畜产品期货交易与现货交易协同,对稳定畜产品供求起着重要作用。

1. 猪、猪肚、猪腩期货

美国于1966年在芝加哥商品交易所（CME）上市了生猪期货之后开发了冷冻猪腩等品种。猪肚品种是在第二次世界大战之前就在芝加哥商业交易所交易的期货品种。我国目前也在积极准备生猪期货的上市交易。我国养猪量居世界首位,占比为40%左右。

2. 活牛期货

期货市场的活牛主要是用来屠宰以提供牛肉。饲料成本和肉牛销售价格是影响肉牛生产决策的主要因素。

(三) 林产品期货

林产品的期货交易是农产品期货交易的又一重要组成部分，其供求形式对工农业生产和民众生活都有很大影响。

1. 木材期货

木材的价格一般不会受到季节变化影响，其成长期限长，供给稳定，因此价格受需求量的影响较大。木材需求广泛，以建筑业为主，同时木材的质量稳定，库存期较长，因此建筑业的发展动向和木材库存量是影响木材期货价格的关键因素。木材的生产者和销售商都通过卖出套期保值锁定成本、保证有足够的利润，而建筑商则希望做买入套期保值交易来回避价格风险。

2. 橡胶期货

天然橡胶是重要的工业生产原料，多产于南北纬10度以内，多集中于东南亚地区。影响橡胶价格变动的因素是多方面的，主要有：

（1）自然因素，包括季节变化和气候变化，如增产期、减产期、雨量大小及气温状况。

（2）政治因素和政策变动，如战乱时对橡胶的争夺、橡胶进出口国的政策调整均会影响橡胶价格。

（3）经济因素，包括泰国、印尼等主要生产国的产量、库存与出口情况，美国、中国、日本等消费国的进口状况，全球经济景气状况等。

三、金属期货

黑色金属和有色金属是金属的两大组成部分。黑色金属是指钢铁产品，钢铁工业发达与否已成为衡量一个国家经济实力的重要指标。有色金属是指黑色金属以外所有金属的总称。它品种繁多，大约有70多种，其中以铜、铝、铅、锌为主，产量占有色金属总量的93%。当前，世界范围内进入期货市场交易的基本有色金属包括铜、铝、铅、锌、镍、锡。黄金期货和白银期货通常被作为贵重金属列出，不归为基本有色金属。

(一) 黄金期货

黄金期货是以国际硬通货作为合约标的的一种期货。黄金既是国际上的流通手段而作为国际货币存在，又是作为贵金属商品而存在，因此它既可以归为商品期货，也可以被视为金融期货。在此，我们从质地角度出发，仍然把它归为金属期货。

黄金期货和外汇期货一样，也是因为布雷顿森林体系解体，导致国际黄金价格的急剧波动而产生的。黄金价格的剧烈波动，一方面使经营黄金的企业和金融机构面临的市场风险加大，为此其急需市场提供一种为其经营保值的工具；另一方面，金价的剧烈波动又为黄金投机创造了条件。正是在这一国际背景下产生了黄金期货交易。

(二) 铜

铜的主要产地在美国、赞比亚、智利、加拿大和秘鲁等。铜的主要用途是电子产品、建筑材料、工业机器和设备以及交通工具等。1978年，铜生产国成立CIPEC组织，该组织的铜产量占世界成熟市场经济国家铜产量的35%，在国际贸易中占70%。

铜价一般来说，在夏季都趋于疲软，因为一般工厂都停止开工，以致铜的需求在夏季最低。影响铜价的因素包括工人的罢工及政局的不稳定、CIPEC 在市场的干预、社会的经济情况、其他替代品的价格等。

（三）铝

伦敦商业交易所是在 1977 年年底和 1978 年开始铝的期货交易的。现在，伦敦商业交易所在铝工业中起着重要的价格作用，铝已经成为伦敦商业交易所的一个主要交易品种，其牌价已成为世界铝交易中的一个代表性价格。

（四）铅、锌、镍和锡

成立于 130 多年前的伦敦金属交易所（London Metal Exchange，LME）在成立伊始，就交易铜和大锡。1989 年 6 月份，LME 把大锡的交割标准提高到目前的 99.85%。1920 年，该交易所正式引进铅、锌，在此之前为非正式交易。铅的交割标准从开始交易至今基本没有改变。锌锭从引入该交易所后几经提高交割质量，1986 年正式确定为 99.995%。1979 年，该交易所引入镍商品期货。

目前上海期货交易所有铜、铝、锌、铅、镍、锡基本有色金属期货品种在进行交易。还有黄金期货、白银和钢材期货。

四、能源期货

能源期货首创于 1978 年，1981 年有了汽油期货，到 1983 年石油期货也出现了。能源期货是新兴的期货合约交易品种，其重要性仅次于农产品和利率期货，超过了贵金属期货，目前稳居"第三把交椅"的位置。在工业化不断深入发展的今天，经济发展越来越离不开能源的保障。能源期货包括以下几种：

1. 原油期货

石油是一种高效能源，其发热量比煤炭高 1.6 倍，而且石油运输比煤炭便捷、容易燃烧、烟尘少、无灰烬，是现代工业主要燃料，同时也是重要的战略物资。

2. 取暖油、燃料油期货

煤油、航空用油、柴油、汽油、馏分油是石油中炼出的基本产品，馏分油主要用于取暖，取暖油占馏分油总产量的 40%。

取暖油的价格波动比较频繁，价格上涨的原因主要是进口油价上升或通货膨胀所致。取暖油短期需求弹性较小，住宅规模、节能习惯、地区气候差别和取暖油替代品价格的高低及其获得的可能性，都会影响取暖油的价格。

3. 汽油期货

汽油是石油制品的一种，分为优质汽油和普通汽油两种，又可分为含铅汽油和无铅汽油以及其他精炼油品。

汽油主要用做运输燃料，汽油供应量主要受原油产量的影响；同时，炼油厂开工率、储藏能力、原油进口成本、国际事件以及政府有关政策等因素都对汽油供应量产生影响。汽油需求量大小主要受汽车消费、取暖需要及政府有关提高燃料使用效率和控制污染的规定影响。

五、商品期货的运用实例

例 4.1（空头套期保值） 义成铜业是一家生产有色金属铜的公司，它在 6 个月后能生产出阴极铜（一种精炼铜）10 000 吨。当前阴极铜的市场价格为 14 200 元/吨，而且最近的铜价格一直处于下跌之中。该公司担心铜价会一直下跌，如果 6 个月后的铜价跌破 13 000 元/吨时，该公司将无法实现预定的最低目标利润。那么，如何才能使该公司避免因市场铜价格的下跌而遭到的损失，至少保证该公司完成最低目标利润？

答案是卖出 6 个月后到期的金属铜期货合约 2 000 手（1 手 5 吨）。假设当初卖出 1 份期货合约的价格为 13 500 元/吨，到了 6 个月后，现货市场的铜价格是 12 500 元/吨。对于义成公司来说存在两种结束期货合约的方式。一种是到期现货交割，即在 6 个月后，按照当初卖出期货合约时的约定以 13 500 元/吨的价格卖出生产出来的铜。这样，尽管现货市场上铜的价格跌至 12 500 元/吨，但由于当初卖出了期货合约，因此仍然能够以 13 500 元/吨的价格卖出铜，实现套期保值。

义成公司也可以到期买进期货合约进行对冲平仓以实现套期保值的目的。如果现货交割不方便且费用高，那么该公司可以直接在现货市场上按照 12 500 元/吨的价格卖出铜，同时买入期货合约对冲持有的期货空头。由于是在交割时刻，此时期货价格与现货价格一致，因此买进期货合约的价格也是 12 500 元/吨。这样，在期货市场上就赚取了 13 500 - 12 500 = 1 000 元的收益，刚好抵消了现货市场的损失，一样实现了套期保值。

例 4.2（多头套期保值） 某厂商以白银为主要生产要素，需要定期买入大量白银，并且估计在未来两个月需要白银 50 000 盎司，此时白银的市场价格是 1 052.5 美分/盎司。该厂商担心白银价格突然上涨到超过 1 068 美分/盎司，这将严重影响厂商获利。于是，该厂商进行如下操作：5 月份买进白银期货合约，期货价格为 1 068 美分/盎司，7 月份期货合约到期时按现价 1 071 美分/盎司的价格（到期时期货价格等于现货价格）卖出相同数量的期货合约对冲 5 月份的期货多头，期货市场上获利 1 071 - 1 068 = 3 美分；到期时，在现货市场按照 1 071 美分/盎司买入白银，损失 1 071 - 1 068 = 3 美分。损益互补，实现了按照 1 068 美分/盎司的价格购买白银的目标。

厂家为什么不以 1 052.5 美分/盎司的价格现在买入白银然后存贮两个月待用呢？因为期货与现货的差价 15.5 美分不足以弥补存储成本。另外，即使以 1 068 美分/盎司的价格买进 7 月份白银，厂商还是可以有不错的利润。

例 4.3（跨期套利） 某期货经纪公司发现郑州商品交易所明年 1 月小麦合约和 5 月小麦合约之间的差价有点不正常。1 月合约的价格为 1 140 元/吨，5 月合约的价格却为 1 245 元/吨，5 月合约要比 1 月合约高过 105 元。这不是因为 5 月小麦的质量比 1 月小麦好而受到人们青睐，而是人为交易因素造成的。

该公司认为这种不正常的差价会随着现货交割日期的临近而回归正常，于是进行以下操作：在 10 月 30 日以 1 140 元/吨的价格买进明年 1 月合约，以 1 245 元/吨的价格卖出明年 5 月合约。而到了临近 1 月合约交割的 12 月 31 日时，1 月合约价格下跌至 1 120 元/吨，而 5 月合约下跌至 1 180 元/吨，两者差价缩小至 60 元。此时，该公司卖出 1 月合约，同时买进 5 月合约进行平仓。该公司的盈利情况为：1 月合约的利润 = 1 120 - 1 140 = -20 元/吨，5 月合约的利润 = 1 245 - 1 180 = 65 元/吨，总的获利 = 65 - 20 = 45 元/吨。

六、我国商品期货市场的发展及问题

现在我国期货行业整体来说已较为规范，主要市场参与力量逐渐走向机构化、专业化道路，产业客户也逐渐参与到期货市场来规避风险，期货市场逐渐发挥其服务产业、支持实体经济发展的功能。我国期货市场的发展突飞猛进，后发优势明显。目前我国商品期货市场有如下几个基本特征，即合约标准化、场内集中竞价交易、保证金交易、双向交易、对冲了解、当日无负债结算。我国商品期货市场也借鉴了发达国家成熟市场的大户报告制度、限仓制度等。虽然我国商品期货市场在短短20多年内取得了巨大成就，但仍然存在许多阻碍商品期货市场发展的问题。总体来说有如下几点：

（一）可交易品种较少，新品种上市进度缓慢，品种无退市机制

目前国内商品期货品种较之前已丰富了很多，但总体可交易品种仍旧不多，不仅使得相应现货市场参与者没有对冲标的，而且造成已上市品种无法构筑一些对冲套利头寸，增加商品期货市场的投机性质。目前我国的品种上市采取审批制，整个过程手续繁杂、耗时耗力，新品种的上市变得无比艰难。特别是遇到一些利益纠葛及矛盾时，新品种的上市变得更加遥遥无期。例如，在能源化工板块，原油期货至今都还没上市。除此之外，我国商品期货市场尚无品种退市机制。对于一些得不到市场认同和不适合市场发展的品种，如燃料油、纤维板、胶合板等非常缺乏流动性的品种，应该建立一套合理的退市机制予以优化配置。

（二）市场参与主体以国内投资者为主，对外开放性不够

目前我国商品期货交易所的参与力量主要为境内投资者，境外投资主体有限。我国的商品期货交易市场如果无法吸引国际主流机构参与市场交易，那么我国商品期货市场形成的价格受到国际市场认可的程度就低，国际定价能力就弱。通过引进国际投资主体参与国内期货交易，可以发挥我国商品期货市场在国际大宗商品市场的影响力，构筑多品种、跨市场的套利模式，与国际市场的价格体系有效连接，规避国际市场价格大幅波动对国内商品价格的巨大冲击，让国内产业客户在面对国际市场价格大幅波动时，有一个可以对冲的机制和选择，为国内的产业经济建立起一个价格保护垫与防火墙。除此之外，我们还可以借鉴国外成熟的机构投资者的先进经验，学习其投研体系、风险管理等技术。

（三）产业客户参与较少，期货市场套期保值功能发挥有限

目前我国商品期货市场的境内参与主体主要以机构投资者、现货贸易商、个人投资者为主，产业客户的参与程度在不同板块之间占比差距较大，而且产业客户对商品期货的认知水平也非常不一致，走在市场前列的较为成熟的产业人士能正确认识期货市场的价格发现功能与套期保值功能，积极参与到商品期货交易市场，为其实体产销

保驾护航，在控制风险的基础上，取得了良好的经济效益，这方面农产品板块的产业客户就做得最为成熟。但有的产业客户的参与程度就非常低，如能源化工板块的产业客户。商品期货市场要实现良好的套利保持功能，必须鼓励产业客户积极参与市场，让实体产业去引导和影响真实的价格走向。

（四）期货公司业务结构单一，创新不够

期货经纪业务是期货市场、期货交易的基础力量。其数量、代表性和分布状况是衡量期货市场规模的重要指标，国外成熟的期货市场的经纪公司业务范围包括经纪、结算、场外交易、期权发售、基金管理、顾问服务、融资等。相比之下，我国期货经纪业务较为单一，主要集中在经纪、结算业务。近年来蓬勃发展的资管业务，也主要是通道业务，自主管理的规模占比很小，源于期货公司专业投资顾问人才较为缺乏。期权业务的缺失，使得我国的商品期货市场还处于结构单一、对冲机制不完善的状态。另外，期货公司的业务对外开放性不够，目前难以参与到国外期货市场的经纪业务中（自身水平也有限），使得国内客户参与国外市场时，利益保障程度较低。

（五）市场监管仍旧不完善

我国商品期货市场在 20 多年的发展中也酝酿出了一系列的法律法规来规范市场主体的交易行为，但整个监管体系仍旧不完善，期货法仍未正式出台，行业协会虽然有自律管理的职责，但有时仅仅流于形式，对一些市场违法违规行为的定义不明确、不清晰，容易导致市场参与主体进行一些"擦边球"的交易行为，并且事后还不会受到处罚。

第二节　外汇期货

一、外汇期货的概念

（一）外汇期货的定义

外汇期货（Foreign Currencies Futures）是以特定的外币为合约标的的一种金融期货，由合约双方约定在未来某一时间，依据现在约定的比例以一种货币交换另一种货币。芝加哥商品交易所在 1972 年开办了世界上第一个外汇期货市场。外汇期货是浮动汇率制的产物，它能有效地转移汇率风险，也可以为投机者所利用来进行外汇投机交易。目前世界上主要的外汇期货交易所有芝加哥商品交易所、伦敦国际金融交易所、纽约证券交易所和 1984 年创立的新加坡国际货币交易所。

（二）外汇期货的特点

外汇投资交易中，具有避险功能的工具，并不只有外汇期货一种。例如，远期外汇交易也常为人所用，但外汇期货有许多优于远期外汇的特点，使其成为多数人选用的工具。根据外汇期货的定义，我们可以总结出外汇期货的如下特点：

1. 外汇期货属于有形商品

外汇期货的交易品种货币是商品的一种特殊形式，仍然是有形的商品，有着实际的价值。这是外汇期货合约和商品期货合约一致的地方，同时也是它与股票指数期货合约所不一致的地方。股票指数是人为规定的指数点与货币的折算标准，并无具体的内容。

2. 外汇期货合约代表汇价预测

外汇期货合约代表交易双方有关货币汇价变动方向的一种预测。因此，当交易一方买入或者卖出一份期货合约时，它无须实际付出买入合约面值所标明的外汇，而只需支付手续费和保证金。合约生效后，如果当天收市的实际外汇期货市价小于该期货合约上标明的价格，则期货合约的买方需支付差价，卖方获得差价；反之，则买方受益，卖方亏损。

3. 外汇期货价格实际上是预期的现货市场价格

投机者希望期货价格会朝预期的现货市价移动，因此在投机者的参与下，现货与期货的差价会保持一定，即期货的价格与现货的价格呈同一方向变动，并且幅度大致相同。当两者的变动幅度完全相同时，避险者可以完全规避价格变动的风险。事实上，由于预期因素的变化，两者的变动幅度一般都有差异，因此利用外汇期货交易并不能规避价格变动的全部风险，而只能回避部分风险。

外汇期货合约越接近交割日，现货与期货的差价越小，到交割日时，卖方可从现货市场购入即期外汇，交给买方以履行交割的义务。因此，在外汇期货合约最后交易日收盘时，现货与期货间的差价必等于零；否则，投机者就可以套取其间的利益。

二、外汇期货的交易规则

外汇期货为标准化的合约，每个交易所对外汇期货合约的交易币种、数量、交割月份、地点等都作了统一规定。以国际上主要的外汇期货合约为例子，外汇期货合约的具体规定如表4.2所示。

表4.2 国际上主要的外汇期货合约（IMM）

	欧元	日元	加元	英镑	澳元	瑞士法郎
通用代码	EUR	JPY	CAD	GBP	AUD	SFR
交易单位	12.5万欧元	1 250万日元	10万加元	6.25万英镑	10万澳元	12.5万瑞士法郎
报价	以1外币等于多少美元表示					
最小变动价位	0.000 1 （1点）	0.000 001 （1点）	0.000 1 （1点）	0.000 2 （2点）	0.000 1 （1点）	0.000 1 （1点）
最小变动值	U$12.5	U$12.5	U$10	U$12.5	U$10	U$12.5
涨跌限制 每份合约限制	200点 U$2 500	150点 U$1 875	100点 U$1 000	400点 U$2 500	150点 U$1 500	150点 U$1 875
交易月份	3月、6月、9月、12月					
交易时间	芝加哥时间上午7:00~下午2:00					
最后交易日	交割日期前第二个营业日的上午9:16（通常为星期一）					
交割日	合约交割月份的第三个星期三					
交割地	结算所指定的各货币发行国银行					

资料来源：黄海沧. 期货交易精要及案例［M］. 杭州：浙江大学出版社，2005.

（一）交易币种

目前，在期货交易所进行外汇期货交易的币种主要包括英镑、欧元、瑞士法郎、加拿大元、澳大利亚元、日元以及3个月期的欧洲美元等货币。

（二）交易单位

外汇期货的交易单位都以各种货币的某一特定数量来表示。这一特定的数量由交易所根据各种标的货币同结算货币之间的某一正常的汇率指定。

（三）标价方式

外汇期货统一以每种外币折合多少美元标价，报价采取小数形式，小数点后一般是四位数（日元除外，虽然日元期货也是四位数的形式报价，但实际上省略了两位数。如果报价为0.513 6，则实际价格为0.005 136）。

（四）最小变动价位

外汇期货的最小变动价位通常以一定的"点"（Point）来表示。所谓点，是指外汇市场所报出的外汇汇率中小数点之后最后一位数字。但是由于各种货币对美元的汇率中小数点以后的位数不同，因此同为一个点，不同的货币有不同的含义。在IMM，英镑、加拿大元和澳大利亚元这几种货币的1个点为0.000 1；对日元而言则是0.000 001。

外汇期货的最小变动价位是指每一单位标的货币的汇率变动一次的最小幅度。这一最小幅度与交易单位的乘积便是每份外汇期货合约的最小变动价位。

（五）每日价格波动限制

外汇期货的每日价格波动限制，一般也是以一定的点数来表示的。但是需要注意的是，不同货币点数的含义不同，因此外汇期货的每日价格波动限制不能根据点数的绝对值来比较大小。还应该注意的是，IMM对各种外汇期货规定的每日价格波动限制只适用于开始后的15分钟，15分钟以后就不再有任何限制。

三、影响外汇期货价格的因素

外汇期货的价格与人们对未来交付时的某种外汇的汇率预期有关，影响人们对汇率的预期的因素主要包括对价格变动的预期、一国国内经济因素、一个国家的国际贸易和资本余额、一国的政府政策和国内政局等。

（一）对价格变动的预期

对价格的变动的预期本身也会影响一国的外汇市场。例如，在英国进入欧共同市场之前，人们预期英镑在1972年年底将贬值，因此早在那年年初，外汇市场就按照预期的方向发生了变化，迫使英国政府在那年夏天实行了浮动汇率。相似地，人们预期在1976年后半年墨西哥比索将贬值，这种预期必然影响外汇市场，使得外汇市场比预期时间早几个月就按照预期变动的方向进行了调整。到1976年9月1日，墨西哥比索已经贬值了大约40%。

(二) 国内经济因素

在分析外汇期货价格的决定时，不仅要对每个国家进行单独研究，而且应该对它们作出比较研究。衡量一国经济状况好坏的因素主要如下：

(1) 一国国内生产总值的实际增长率（指扣除了通货膨胀影响的增长率）。稳定的增长率表明了一国经济的健康发展。

(2) 货币供应增长率和利息率水平。它是影响未来经济发展状况的因素，短期内，利息率的变动会引起资本的流动，而资本的流动又会直接影响对该国货币的需求。

(3) 通货膨胀率。通货膨胀率的不同是影响一国货币汇率的又一重要因素。由于通货膨胀的最终结果是削弱该种货币的购买力，所以若其他国家没有经历相同幅度的通货膨胀，那么该种货币就会贬值，汇率就会下降。

(4) 一国的物价水平影响着该国的进出口。例如，在国际市场上，对一些美国和日本都能生产的商品，由于日本物价比美国低，就会减少日本对美国的出口，增加美国对日本的进口，从而导致美国的贸易逆差，进而影响外汇市场。

(三) 一个国家的国际贸易和资本余额

(1) 从长期来看，决定一国货币汇率的最重要的因素是这个国家的贸易余额，它反映出该国进出口商品的相对价值。若出口额大于进口额，即存在贸易顺差时，该国货币则很坚挺；若出口额小于进口额，即存在贸易逆差时，该国货币就会疲软。

(2) 一个国家的官方货币储备也影响着该国货币的汇率变化。官方货币储备一般包括黄金储备、国际货币基金账户上的特别提款权储备和外国货币储备等。当出现贸易顺差时，官方储备就会增加，而当出现贸易逆差时，官方储备就会减少。

(3) 一个国家的资本余额也影响着该国货币汇率的变化。资本余额包括直接的外国投资和短期投机资金余额。由于世界金融体系的发达，资金几乎可以在世界任何地方流动。一方面，资本的流动主要受短期利息率的影响；另一方面，资本的流动又对短期汇率的变化产生巨大的影响。

(四) 政府政策和国内政局

政府可以通过采取促进或者妨碍该国的国际贸易的政策影响该国货币的汇率，如进口税政策、负利息率政策、禁止通商政策等。

国内政局是否稳定也会影响该国货币的汇率。即使在一个很稳定的发达国家，总统的换届选举也会影响该国的外汇市场，事实上，很多经济政策的变化包括货币的升值或贬值，经常都与下一届总统的选举有关。此外，政党力量的变化也会经常影响该国的经济发展。

四、外汇期货的应用

例4.4 假设美国人大卫准备6月份到中国旅游，为期6个月。他预计此次旅行将花费100 000元人民币。为防止届时人民币升值而使他多支付美元，他便在IMM买进了6月份交割的人民币期货合约，汇率为1∶8.134（1人民币等于0.123美元）。到了

6月1日他准备启程,在外汇市场上以美元买进100 000元人民币,可那时人民币汇率已经涨到了1∶7.5(1人民币等于0.133美元)。这样他为买进100 000人民币多支付了1 000美元。这就是因为人民币升值而使他在现货市场蒙受的损失。万幸的是,由于他提前按照原来的汇率买进了人民币期货合约,现在他可以卖出合约,从中赚取1 000美元的收入。这样,他在现货市场蒙受的损失正好通过期货市场的收益抵补,从而避免了汇率波动的风险。这一过程可以用表4.3来表示。

表4.3　　　　　　　　　　　　外汇期货多头的套期保值

日期	现货市场	期货市场
1月20日	计划于6月启程,预计花费100 000元人民币,按照目前汇率0.123,需支付12 300美元	买进6月份交割的人民币外汇期货合约,汇率为0.123。合约总成本是12 300美元
6月1日	人民币即期汇率升至0.133,买进100 000元人民币,支付了13 300美元	卖出人民币期货合约,汇率为0.133,合约总值13 300美元
盈亏	12 300 - 13 300 = -1 000美元	13 300 - 12 300 = 1 000美元

例4.5　中国某贸易公司于3月10日跟德国公司签订了丝绸出口合同共值625万欧元,约定在当年的12月10日德国公司以欧元支付货款,贸易公司准备收取这笔货款后换成美元支付给另一家公司作为购买纺织设备的资金。3月10日期货市场汇率是1美元=2.5欧元。在这个案例中,贸易公司收进的是欧元,还要换成美元,中间还有9个月的时间差,因而存在汇率波动的风险,即担心欧元贬值,美元升值。此贸易公司决定用外汇期货来保值。

它可以在3月10日时,在外汇期货市场上卖出10份欧元期货合约(假定每份期货合约金额为62.5万欧元),汇率为1美元=2.5欧元,交割期为12月10日,到了12月10日如果欧元升值,比如说汇率变为1美元=3欧元,则在现货市场上625万欧元只能换成208.33万美元,按3月10日的汇率损失了625/2.5 - 208.33 = 41.67万美元。但是由于进行了外汇期货空头套期保值,因此在期货市场上的盈利可以弥补现货市场的损失,具体操作过程如表4.4所示。

表4.4　　　　　　　　　　　　外汇期货空头的套期保值

日期	现货市场	期货市场
3月10日	计划于12月收到625万欧元,按照目前汇率1美元=2.5欧元,到时可以得到250万美元	以1美元=2.5欧元的汇率卖出价值625万的欧元期货合约,预计到期可以收到250万美元
12月10日	收到625万欧元,市场汇率变为1美元=3欧元,只能收到208.33万美元	以1美元=3欧元的汇率买进价值625万的欧元期货合约,收到208.33万美元
盈亏	208.33 - 250 = -41.67万美元	250 - 208.33 = -41.67万美元

五、我国外汇期货的发展现状

1992 年 7 月，上海外汇调剂中心建立了中国第一个外汇期货市场，进行人民币兑换美元、日元、英镑、德国马克和港元的外汇期货交易。但是由于当时外汇的现货市场还不成熟，汇率没有市场化，监管制度和体系不够完善等原因，中国人民银行总行和国家外汇管理局在 1996 年 3 月 27 日最终宣布《外汇期货业务管理试行办法》完全失效并加以废止。

2005 年，我国对人民币汇率形成机制进行了改革，从长期近乎固定的汇率向有管理的浮动汇率转变，人民币汇率双向波动浮动增大。同时，随着人民币国际化的进程加快，特别是 2016 年 10 月 1 日人民币正式加入国际货币基金组织（IMF）特别提款权（SDR）货币篮子，人民币国际化进程迈出关键一步。在此情况下，各经济主体对人民币外汇期货交易的需求逐渐增大。海外交易所纷纷推出人民币外汇期货产品，离岸人民币外汇市场快速发展，倒逼中国加快发展境内的人民币外汇期货市场。截至 2015 年 8 月，全球范围内已经有 8 个国家或地区的交易所上市了人民币外汇期货。其中，包括美国芝加哥商品交易所（CME）、CME 欧洲交易所、新加坡交易所、香港交易所、台湾期货交易所、南非约翰内斯堡证券交易所、巴西商品期货交易所和莫斯科交易所。具体品种既有人民币兑美元汇率期货，也有人民币兑本地币种汇率期货。目前我国人民币外汇衍生品场内场外发展失衡，人民币外汇场外衍生品发展较成熟，我国于 2005 年、2006 年和 2011 年在银行间市场先后推出了人民币远期交易、人民币外汇掉期交易和场外人民币外汇期权。近十年来，人民币场外衍生品的交易规模日趋庞大，但是在国内人民币外汇期货或场内期权还是空白。现在我国推出外汇期货的条件已经基本成熟，中国金融期货交易所正在为此进行积极的准备，相信不久的将来，人民币期货就会在国内市场出现。

第三节 利率期货

一、利率期货的概念

利率期货（Interest Rates Futures）是指标的资产价格依赖于利率水平的期货合约，如长期国债期货、短期国债期货和欧洲美元期货等。利率期货交易是指在有组织的期货交易所中，通过竞价方式形成的在未来某一时间买卖债券的交易合约。

由于可以作为利率期货标的物的利率相关商品（亦即各种债务凭证）的种类很多，所以利率期货的种类很多。一般来说，按照标的物的期限长短不同，利率期货可以分为由短期固定收入证券衍生出来的短期利率期货和由长期固定收入证券衍生出来的长期利率期货两大类。

二、短期利率期货的种类和交易规则

短期利率期货是指期货合约的标的物的期限不超过 1 年的各种利率期货，也就是

以货币市场的各种债务凭证作为标的物的利率期货，如各种期限的商业票据期货、短期国库券期货以及欧洲美元定期存款期货等。

（一）短期国库券期货（Treasury Bills 或 T – Bills）

短期国库券期货是交易最活跃的利率期货之一。短期国库券既是广义上的商业票据（Commercial Paper）的一种，又是由各国政府出面发行的期限最短、到期可以依面额清偿的一种融通票据。它的期限短，流动性强，具有最活跃的二级市场。短期国库券以拍卖的方式折价发行，一般每周进行一次拍卖，其到期时间通常是 91 天；同时，短期国库券并无利息或者利率的记载，是纯折现工具，其折现率通常以 360 天计算。

国库券期货以 91 天的短期国库券交易较多，但期货合同也允许 90 天或者 92 天的短期国库券进行交易，不过期货合同的价格总是用 90 天期的短期国库券来报价。利息基期按 360 天为基准计算，发行价 = 面值 – 折扣利息金额。其中，折扣利息金额 = 面值 × 期限/360 × 年折现率。

在美国，标准的短期国库券期货合约面值为 100 万美元，最小价格变动幅度为年利率一个百分点的 1%，称为一个基本点，价值 25 美元（100 万美元 × 0.01% × 90/360）。不同的交易所规定的每日限价也不完全相同，芝加哥期货交易所为 60 个基本点（1 500 美元），纽约期货交易所为 100 个基本点（2 500 美元）。

3 个月期国库券期货合约如表 4.5 所示。

表 4.5　　　　　　　　　　IMM 3 个月期国库券期货合约

交易单位	1 000 000 美元面值的短期国库券
最小变动价位	0.01
最小变动值	25 美元
每日交易限价	0.60，即每张合约 1 500 美元
合约月份	3 月、6 月、9 月、12 月
交易时间	芝加哥时间 8:00 ~ 14:00
最后交易日	交割日前一天
交割日	交割月份中 1 年期国库券尚余 13 周期限的第一天
交割等级	还剩余 90、91 或 92 天期限，面值为 1 000 000 美元的短期国库券

短期国库券期货以指数的形式报价，具体报价方式为 100 减去短期国库券利率（贴现率），得出的指数便是短期国库券期货的价格。这一报价方式为 IMM 首创，亦称 IMM 指数。例如，假设某一短期国库券期货合同的标的折现率为 8.25%，则其贴水为 8.25，这一合同的 IMM 指数就是 100 – 8.25 = 91.75。指数与利率期货合约的价值成正比，指数越高，合约价值相应越大；反之，指数越低，合约价值越小。

然而，它并不是合同交易的真正价格，实际上，每 100 美元的期货价格是用如下公式计算的：$f = 100 - (100 - IMM 指数) \times (90/360)$

在上例中，IMM 指数为 91.75，$f = 100 - (100 - 91.75) \times (90/360) = 97.937\ 5$，则

合同的价格为 979 375 美元（标准合同的面值 1 000 000×97.937 5%）

若 IMM 指数上升到 91.76，则期货价格将是 979 400 美元。这样，利率期货的交易者在期货价格出现变动时，能迅速知道其手持利率期货合约价值的变动情况。

短期国库券期货合约的到期月份为 3 月、6 月、9 月和 12 月，最后交易日是当月第三个星期短期国库券发行日之前的工作日，交割可在最后交易日的第二天或在此后的到期月份的任何一天进行。

（二）欧洲美元期货

欧洲美元定期存款单期货是短期利率期货中交易发展最快的利率期货，其标的资产是自期货到期日 3 个月期的欧洲美元定期存款。所谓"欧洲美元存款"，是指存放于美国境外的非美国银行或美国银行境外分支机构的美元存款，其利率是 3 个月期的伦敦银行间同业拆借利率（London Interbank Offered Rate，LIBOR）的美元利率。由于欧洲美元不受美国法律的限制，欧洲美元期货的交易十分活跃，交易量迅速超过了作为第一个短期利率期货的短期国库券的交易量。

欧洲美元期货合约的面值是 100 万美元，报价是以（100－期货利率×100）给出的，即以 IMM 指数法报价。不过，欧洲美元期货合约是用现金结算的，最后交易日的结算价格是芝加哥商业交易所的清算所决定的 LIBOR 利率，合约到期时间为 3 月、6 月、9 月、12 月直到 10 年，最后交易日是当月第三个星期三之前的第二个伦敦工作日。此外，还有 30 天欧洲美元利率的期货合约。

3 个月期欧洲美元利率期货合约如表 4.6 所示。

表 4.6　　　　　　　　IMM 3 个月期欧洲美元期货合约

交易单位	1 000 000 美元
最小变动价位	0.01
最小变动值	25 美元
合约月份	3 月、6 月、9 月、12 月
交易时间	芝加哥时间 8:00~14:00
最后交易日	交割日前一天
交割日	交割月份第三个周三之前第二个伦敦银行交易日
结算方式	现金结算

短期国库券与欧洲美元的主要区别还在于对它们的利率有着不同的解释。短期国库券是一个折现工具，而欧洲美元是一种升水工具。因此，欧洲美元的利率通常比短期国库券的利率要高。

（三）商业票据期货

商业票据期货是一种以商业票据为交易对象的短期利率期货。商业票据是一些大公司为筹措短期资金而发行的无担保本票，期限一般都少于 270 天，最常见的期限是 30 天。这种信用工具没有发行公司的任何资产作为保证，安全性不高，但由于发行公司的信誉不同，其信用也有高低之分。

1977年，90天期的商业票据期货开始在芝加哥交易所挂牌上市。1979年，30天期的商业票据期货也开始在芝加哥交易所挂牌上市。根据统一规定，30天期的商业票据期货合约的基本交易金额为100万美元。这两种期限的商业票据期货合约所代表的商业票据都必须经标准普尔公司和穆迪公司予以资信评级。

（四）港元利率期货

港元利率期货是以香港同业拆放利率为交易对象的利率期货。其标的物是面值100万港元的3个月香港同业拆放利率，交易期限为3个月、6个月、9个月、12个月，最长期限可达2年。同其他短期利率期货一样，港元利率期货也以贴现的方式报价，即报价数为100减去市场利率。例如，3个月香港同业拆放利率为7%，则报价为93.00，若利率上升到10%，报价为90.00。利率越高，报价越低。

港元利率期货的最低价格变动幅度为一个基本点，即25港元（100万港元×0.01%×3/12），每日限价为125点，但当某一日交易因达到限额而收市时，随后3个营业日放宽到250点。保证金为3 000港元，当波幅超过保证金的75%，即已损失90点时，需追加保证金。当日交割的每份合约的佣金为30港元，非当日交割的每份合约的佣金为50港元。港元利率期货也以现金进行交割。

（五）定期存单期货

定期存单期货是以定期存单为交易对象的利率期货。定期存单是一种存在银行的固定利率的定期存款，是一种可转让的资金收据，它在20世纪60年代出现后就以其不到期便可转让的特点吸引了大批的公司存款和银行的短期资金。目前，定期存单已是一种十分重要的信用工具，在金融市场上占据了相当的份额。

定期存单的期限为30天到90天不等，面值为10万到100万美元不等。定期存单到期的年利率以360天为基础计算，出售时以面值为准，到期时一并偿还本金和利息。一张定期存单的价值就是其面值加上利息。

定期存单期货合约交易始于1981年7月，可在芝加哥交易所国际货币市场和纽约期货交易所进行。但是由于交易商对定期存单本身的信用没有把握以及欧洲美元期货的崛起，定期存单期货交易很快就减少了。

三、短期利率期货的应用

例4.6　某化工企业，其原材料需要从国外进口。2000年11月，该公司在做2001年财务预算时，预计公司在2001年5~12月由于进口原材料而需要向银行借款200万美元，假设该公司可以直接使用美元贷款和还款，不考虑汇率问题。该公司应该如何避免美元利率波动的影响，把半年后的贷款利率固定下来？答案是该公司可以在短期利率期货市场上卖出一个利率期货（相当于以固定利率借款）。

例4.7　假定某投资管理者在欧洲市场上连续地进行英镑的短期投资，直至与长期投资的战略目标相吻合为止。2月18日（星期一），该投资者以为，英镑利率在年底将会下跌。他希望对这种预期的利率下跌进行保值，并希望在年底以前进行一笔规格为

2 500 万英镑的投资。当前（2月18日）现货市场和期货市场利率标价为：英镑的3个月 LIBOR 为 13.125%，12月份期货价格是 89.58。我们知道12月份的欧洲英镑期货合约价格为 89.58，由此可知12月份3个月期的利率水平为 10.42%，与2月份时通行的市场3个月期利率 13.125% 相比低了许多。在这种情况下，现实市场的利率将下降，该投资者的看法与市场表现一致。因此，该投资者买入50份12月份欧洲英镑合约（每份合约的交易单位或名义本金为50万英镑，以防市场利率跌得更低）。通过这样的交易他可以确保 2 500 万的投资回报固定在 10.42% 的水平上。

四、长期利率期货的种类及交易规则

所谓长期利率期货，是指期货合约标的物的期限超过1年的各种利率期货，即以资本市场的各种债务凭证作为标的物的利率期货。在美国，主要的长期利率期货交易的标的物有四种：长期国债期货、中期国债期货、房屋抵押债券期货和市政债券期货。

（一）长期国债期货

长期国债期货（T-Bond）是以长期国债作为交易对象的利率期货。美国的长期国债是美国财政部为筹集长期资金而向公众发行的，其本质与中期国债一样，两者的区别仅在于期限的长短不同。长期国债的期限从10年到30年不等。从1981年起，20年期的国债每季度出售一次，30年期的国债每年不定期出售三次。美国的长期国债由于具有富于竞争性的利率、保证及时还本付息的信誉、市场流动性强等特点，因此每一次拍卖都可从国内外筹集到数千亿美元的巨额资金。

1977年，芝加哥商业交易所开始长期国债期货合约的交易，此后一直被认为是最成功的利率期货交易品种之一。这种期货的基本交易单位为面值10万美元、收益率为8%的长期国债。其期限是从期货合约交易日算起，至少15年到期，最低价格波动幅度是 31.25 美元，交易月份为3月、6月、9月和12月。

长期国债期货合约如表4.7所示。

表 4.7　　　　　　　　　　　长期国债期货合约

交易单位	100 000 美元面值的长期国债
最小变动价位	1/32
最小变动值	31.25 美元
每日交易限价	0.03，即每张合约 3 000 美元
合约月份	3月、6月、9月、12月
交易时间	芝加哥时间周一至周五 7:00~14:00；晚场交易周一至周四 17:00~20:30
最后交易日	交割月份最后营业日前7个营业日
交割等级	剩余期限或不可赎回期至少为15年的长期国债
交割方式	联储电子过户簿记系统

长期国债期货的报价方式与短期利率期货的报价方式不同，采取价格报价法，而不采取指数报价法。长期国债期货以合约规定的标的债券为基础，报出其每100美元面值的价格，并且以1/32为最小报价单位。例如，标的物为标准化的期限为20年、息票利率为8%的美国长期国债的期货合约，若期货市场报出的价格98－22，则表示每100美元面值的该种国债的期货价格为 $P = 98 + 22/32$，若以小数点来表示，则为98.687 5美元。

在长期国债期货的交割日，现货市场上总是有着数十种可供期货合约卖方选择的可交割债券，交易所的结算单位将根据卖方所选择的交付债券确定买方应支付的发票金额。然而，由于各种可交割债券在现货市场的相对价格与它们在期货市场的相对价格往往不太一致，因此在实际交割时，期货合约的卖方可以在这数十种可交割债券中选出一种对其最为有利的债券用于交割，这就是最便宜可交割债券的概念。所谓最便宜可交割债券（Cheapest－to－delivery Bond），是指发票价格[①]高于现货价格最大或低于现货价格最小的可交割债券，换句话说，最便宜可交割债券是相对于发票价格而言的，其现货价格最低的可交割债券。期货合约的卖方选用这种债券交割可获得最大的利润或发生最小的损失。

（二）中期国债期货

中期国债期货（T－Note）是以中期国债作为交易对象的利率期货。美国政府的中期国债是财政部以面值或相近价值发行的，在偿还时以面值为准，其期限为1~10年不等。和短期国库券一样，中期国债由联邦储备委员会以拍卖方式出售，以政府的信用作为担保。但不同的是，中期国债不按折扣价发行，而是以面值或相近的价格发行，偿还时以面值为准。另外，其付息方式是在债券期满之前，每半年付息一次，最后一笔利息在期满之日与本金一起偿付，而短期国库券的利息是在还本时一次付清。

中期国债期货合约交易始于1979年，由芝加哥期货交易所和国际货币市场同时推出。现已开办的中期国债期货合约交易主要有3~4年期、4~6年期和10年期。

（三）房屋抵押债券期货

房屋抵押债券期货是以房屋抵押债券作为交易对象的利率期货。房屋抵押债券是以房屋抵押方式，允许经批准的银行或金融机构发行的一种债券。它是一种标准化的、流通性很好的信用工具，平均期限在12年左右，最长可达30年。房屋抵押债券期货合约是最早作为利率期货进行交易的标准化合约，1975年10月由芝加哥商业交易所开办，在此之后，其他各种利率期货才相继进入期货交易所。

房屋抵押债券期货交易的基本单位是面值为10万美元、息票收益为8%的房屋抵

[①] 国债期货合约交割时，卖方要向买方支付可交割债券，买方也要向卖方支付一定的金额。由于卖方选择用于交割的券种和交割时间不同，买方向其支付的金额也有差别。买方接收每百元面额国债，支付给卖方的实际金额称为发票价格。发票价格由两部分组成，一部分是由期货价格和转换因子决定的金额，另一部分是该债券交割时的应计利息。国债期货交割时发票价格的计算公式为：

发票价格＝期货价格×转换因子＋应付利息

押债券。这种期货合约的交易月份为3月、6月、9月和12月，合约价格的最小波动幅度为1个百分点的1/32，即31.25美元。

(四) 市政债券期货

市政债券期货是以市政债券作为交易对象的利率期货。市政债券是由美国各州或市等地方政府为筹集各种不同目的的资金而发行的一种长期债券工具。市政债券不同于其他债券之处是这种债券的持有人在收取利息时可免除联邦税收，其中一些种类的债券持有人甚至可以免纳州、市税款。不过，由于发行者各自的信用状况不同，市政债券的安全性也有很大差别。

从类别上分，市政债券主要有两种：由发行方的税收和信贷作保的一般义务公债和为资助某些特殊用途的建设项目而发行的收入公债。这种收入公债不由州、市等地方政府作担保，偿还这种公债所需的款项来自于这些建设项目的收益。

由于市政债券的种类繁多，面值不同，期限差别也非常大，因此对于要求标准化、规范化的期货交易而言，市政债券作为金融期货进行交易的进程就不如美国政府债券期货那样顺利。为了交易的顺利进行，芝加哥交易所创造了一种"市政债券指数"，这种指数是通过每天选择有代表性的50种长期市政债券经计算而得出的。芝加哥交易所于1985年正式运用市政债券指数进行市政债券期货合约交易。可见，市政债券期货交易的标的物并不是哪一种市政债券，而是市政债券指数。所以说，市政债券期货实际上应该称为市政债券指数期货。因此，其在交割时与股票指数期货一样，以现金交付，并无具体的债券实物经手。

五、我国国债期货市场的发展及问题

1992年12月28日，上海证券交易所（以下简称上交所）首次设计并试行推出了12个品种的期货合约。上交所认为通过金融工具创新，能够带动国债市场的发展，从此拉开了我国金融期货品种上市交易的序幕。随后，北京商品交易所、郑州商品交易所等十几家交易所陆续推出了国债期货。

由于受到国债现货市场及整个金融资本市场发展的限制，国债期货交易初期较为冷清。1993年7月10日，财政部颁布了《关于调整国库券发行条件的公告》（以下简称《公告》）。《公告》称，在通货膨胀居高不下的背景下，政府决定将参照人民银行公布的保值贴补率给予一些国债品种保值补贴。国债收益率开始出现不确定性，国债期货市场的炒作空间扩大了。1994年10月以后，中国人民银行提高3年期以上储蓄存款利率和恢复存款保值贴补，国库券利率也同样保值贴补，保值贴补率的不确定性为炒作国债期货提供了空间，大量机构投资者由股市转入债市，国债期货市场行情火爆。然而，事实是，国债期货市场逐步演化成超级机构运用巨资相互抗衡以掠取巨大投机利润的沃土。终于，在1995年2月23日发生了国债期货恶意炒作的"327风波"和随后的"319风波"，加之各交易所发生的不正常的交易状况终于促使中国证监会于1995年5月18日发布了《关于暂停国债期货交易试点的紧急通知》，结束了国债期货的试点。

虽然国债期货试点失败了，但是也产生了一定的积极意义。国债期货的巨大成交量和较强的流动性，带动了整个国债市场的发展。

第一，促进了国债现货市场的发展。统计资料显示，国债期货推出前的1993年1~5月，国债现货成交总额为21亿元，日成交0.19亿元；国债期货推出后的1994年同期国债现货成交总额达到378亿元，日均成交3.74亿元，分别是前者的18.5倍和19.7倍，大大提高了市场的流动性。

第二，促进了国债价格的发现。国债期货推出后，对现货的价格带动明显，市场中以1992年5年期为代表，国债现券从1994年1月开始走出长期滞留的面值最低谷，并在随后一年出现了25%的升幅。一些合约价格得到了正常发现，国债期货市场价格发现为我国国债发行规模、年收益的确定、期限结构安排等都提供了决策依据。

随着我国宏观经济的高速发展，作为国债期货市场依托的国债现货市场得到了长足的发展，加之利率市场化进一步深化，为恢复国债期货创造了条件。

在国债期货停止交易18年之后，2013年8月30日，中国证监会批准中国金融期货交易所5年期国债期货合约（见表4.8）于2013年9月6日上市。2015年3月20日，10年期国债期货成功上市，国债期货市场由此实现了从单品种到多品种的突破。目前，总体来看，国债期货市场成交持仓显著增加，价格震荡上行，期、现紧密联动，交割平稳顺畅。但是，国债期货市场的发展是一个长期培育、逐步推进的过程。我国国债期货刚刚起步，虽然市场功能得以逐步发挥，但是与海外成熟国债期货市场和我国债券现货市场相比，还存在较大差距。2015年，我国国债期货日均成交量仅为美国国债期货的0.9%，我国国债期货日均成交额仅为利率债现货的12%。为满足现货市场发展要求，提升国债期货服务债券市场和国民经济的功能，需进一步推动国债期货健康持续发展。

表4.8　　　　　　　　　　　5年期国债期货合约

合约标的	面值为100万元人民币、票面利率为3%的名义中期国债
可交割国债	合约到期月首日剩余期限为4~7年的记账式附息国债
报价方式	百元净价报价
最小变动价位	0.002元
合约月份	最近的三个季月（3月、6月、9月、12月中的最近三个月循环）
交易时间	09:15~11:30, 13:00~15:15
最后交易日交易时间	09:15~11:30
每日价格最大波动限制	上一交易日结算价的±2%
最低交易保证金	合约价值的2%
最后交易日	合约到期月份的第二个星期五
最后交割日	最后交易日后的第三个交易日
交割方式	实物交割
交易代码	TF
上市交易所	中国金融期货交易所

第四节 股票指数期货

一、股票指数期货的概念

（一）股票指数期货的定义

股票指数期货（Stock Index Futures）是指期货交易所同期货买卖者签订的、约定在将来某个特定的时期，买卖者向交易所结算公司收付等于股价指数若干倍金额的合约。

（二）股票指数期货的特点

股票指数期货一方面是期货的一种，在期货市场上进行买卖；另一方面由于它所买卖的是与股票有关的指标，又与股票市场有关。它的特点主要体现在以下几方面：

1. 现金结算而非实物交割

这是股票指数期货与其他形式的期货之间的最大区别，它使得投资者未必一定要持有股票才能参与股票市场。一般来说，投资者在购买股票时经常遇到的难题就是虽然知道整个股票市场的总趋势，但仍不能真正把握购买哪一种股票为好。这是因为虽然整个股市的走向可以预测，但个别股票的变化却完全可能与之背离，从而造成投资者在股票投资上的风险或损失。股票指数期货的出现正好解决了这一难题，它使得投资者参与了股票市场而又不必拥有股票，同样获利而又可以省去挑选股票所冒的风险。

股票指数期货合约交易，实际上只是把股票指数按点数换算成现金进行交易。合约到期时，以股票市场的收市指数作为结算的标准，合约持有人只需交付或收取按购买合约时的股票指数的点数与到期时的实际指数的点数计算的点数差折合成的现金数，即可完成交收手续。这种结算方法避免了从股票市场上收集股票进行交收的繁琐步骤，同时也省去了不少交易费用。不过，实际上，真正到期交收的合约只占整个股票指数期货合约的1%~2%，绝大多数股票指数期货合约的持有者在合约期满前就以对冲方式结束了手中的合约。

2. 高杠杆作用

股票指数期货交易并不是当即实现，而是采用保证金的形式来进行。保证金只是交易金额的一小部分，约占总价值的10%。少量的保证金就可以进行大量数额的交易，这就产生了杠杆作用，使投资者可以以小本获大利。在英国，对于一个初始保证金只有2 500英镑的期货交易账户来说，它可以进行的金融时报三种指数期货的交易量可达70 000英镑，杠杆比率高达28∶1。当然，这种以小本获大利的买卖不仅存在大赚的可能性，而且也潜伏大亏的危险，一旦交易者的预测与市场的走势相反时，这种情况就会发生。

3. 交易成本较低

相对于现货交易而言，股指期货交易的成本是相当低的。

股指期货交易的成本包括交易佣金、买卖价差、用于支付保证金的机会成本和可能支付的税项。例如，在英国，股指期货合约是不用支付印花税的，并且购买股指期货只需要进行一笔交易，而想购买多种（如100种或者500种）股票则需要进行多笔、大量的交易，交易成本很高。而在美国，进行一笔股指期货交易（包括建仓并平仓的完整交易）收取的费用只有30美元左右。据有关专家测算，股指期货的交易成本仅为股票交易成本的10%。

4. 市场的流动性较高

有研究表明，股指期货市场的流动性明显高于股票现货市场。例如，在1991年，FTSE－100指数期货交易量就已达850亿英镑。

所以说，股票指数期货是期货市场与股票市场的共同产物，它既具备了期货的特点，又包含了股票的特色。不过，正是由于股票指数期货结合了两者的特点，它与一般意义上的期货和股票都有着很大的不同。

二、股票指数期货的种类和交易规则

股票价格指数是用以表示多种股票平均价格水平及其变动并衡量股市行情的指标。在股票市场上，成百上千种股票同时进行交易，各种股票价格各异、价格种类多种多样。因此，需要有一个总的尺度标准来衡量股市价格的涨落，观察股票市场的变化。用股票价格平均数指标来衡量整个股票市场总的价格变化，能够比较正确地反映股票行情的变化和发展趋势。股票价格指数一般是由一些有影响的金融机构或金融研究组织编制的，并且定期及时公布。世界各大金融市场都编制相应股票价格指数，将一定时点上成千上万种此起彼落的股票价格表现为一个综合指标，代表该股票市场的一定价格水平和变动情况。

股票指数期货简称股指期货，是以股票市场的指数为标的资产的期货。指数每变动一点时期货价格变动的值称为合约乘子，即一份期货的价值等于指数的点数与合约乘子的乘积。股指期货一般实行现金结算，结算金额等于合约交割日的基础股票的指数结算点数与当初期货价格点数的差值，与合约乘子的乘积。例如，一个投资者在8月1日以8 000点的价格购买了一份9月份到期的香港恒生指数期货合约。到交割日，香港恒生指数收在8 100点，则收益等于结算的恒生指数点数与买入期货的点数之差再乘以合约乘子50港币/点，即50×(8 100－8 000)＝5 000港币。下面介绍几种主要的股票指数期货合约及相关交易规则。

（一）标准普尔500股票指数期货（S&P500期货）

标准普尔500股票指数是当今世界金融期货主要的交易对象。S&P500于1923年开始编制。1957年，该指数包括了500种股票，其中工业股400种，公用事业股40种，交通运输股20种，金融股40种。500种股票基本上固定不变，如遇其中上市公司重组并购等事件，相应的股票要进行调整。标准普尔指数于1982年开始在芝加哥商业交易所进行期货交易，当时该指数为117。15年后即1997年该指数上升为900，期货交易单位也从最初的每点500美元下调为每点250美元。该指数的基期为1941—1943年间

500 种股票的平均价格,并将其定为 10。这样,如果该指数为 258.00,则意味着当前的 500 种股票价格为 1941—1943 年期间的 25.8 倍。它的合约规定如表 4.9 所示。

表 4.9　　　　　　　　　　　　　S&P500 期货合约

交易所名称	芝加哥商业交易所（CME）
交易单位	250 美元 × S&P500 股价指数
开盘价格限制	在开盘期间,成交价格不得高于或低于前一交易日结算价格 5 个指数点,若在交易的最初 10 分钟结束时,主要期货合约的买入价或者卖出价仍受到 5 个指数点的限制,则交易将停止 2 分钟后以新的开盘价重新开盘
最小变动价位	0.10 个指数点（每张合约 25 美元）
合约月份	3 月、6 月、9 月、12 月
交易时间	上午 10:00～下午 4:15（美国东部时间）
最后交易日	每个合约交易月份的第三个星期四
交割方式	以最后的结算价格实行现金结算,此后的结算价格根据合约月份第三个星期五特别报出的 S&P500 股价指数之成分股票的开盘价格确定

（二）纽约证券交易所综合指数期货（NYSE 综合指数期货）

NYSE 综合指数是纽约证券交易所编制的股票指数,包括在纽约证券交易所上市的 1 500 家公司的 1 570 种股票。具体的计算方法是将这些股票按价格高低分开排列,分别计算工业股票、金融业股票、公用事业股票和运输业股票的价格指数。NYSE 综合指数从 1965 年 12 月 31 日开始编制,并把基数指数定为 50。在 1985 年时,指数达到近 100 点,说明纽约证券交易所的股票价格在 20 年间翻了 1 番。NYSE 综合指数期货合约规定如表 4.10 所示。

表 4.10　　　　　　　　　　　NYSE 综合指数期货合约

交易所名称	纽约期货交易所（NYFE）
交易单位	500 美元 × NYSE 综合指数点
最小变动价位	0.05 个指数点（每张合约 25 美元）
合约月份	3 月、6 月、9 月、12 月
交易时间	上午 10:00～下午 4:15（美国东部时间）
最后交易日	每个合约交易月份的第三个星期五
交割方式	合约到期时以现金结算,最后结算价格根据构成 NYSE 综合指数的所有上市股票在合约月份的第三个星期五的开盘价格,经特别计算确定

（三）价值线指数期货

价值线指数是股票指数期货合约最常用的一种股价指数,包括近 1 700 种股票,这些股票大约占到美国股市总量的 96%,反映了美国股市整体价格水平。该指数的计算采用几何平均法，规定 1961 年 6 月 30 日的基期指数为 100，这样价值线指数上升到 250 点表明此时组成该指数的股价是基期的 2.5 倍。价值线指数期货的合约规定如表 4.11 所示。

表 4.11　　　　　　　　　　　价值线指数期货合约

交易所名称	堪萨斯期货交易所（KCBT）
交易单位	500 美元 × 价值线指数点
最小变动价位	0.05 个指数点（每张合约 25 美元）
合约月份	3 月、6 月、9 月、12 月
交易时间	上午 10:00～下午 4:15（美国东部时间）
最后交易日	每个合约交易月份的第三个星期五
交割方式	根据合约月份的最后交易日收盘时的实际的价值线算数平均指数确定

（四）主要市场指数期货

主要市场指数是通过对在纽约证券交易所上市的 20 种"蓝筹股"的价格进行平均而成的，其中的 17 种成分股为道琼斯工业平均指数列名公司的股票。主要市场指数期货（MMI 期货）的合约规定如表 4.12 所示。

表 4.12　　　　　　　　　　　主要市场指数期货合约

交易所名称	芝加哥期货交易所（CBOT）
交易单位	250 美元 × 主要市场指数点
最小变动价位	0.05 个指数点（每张合约 12.50 美元）
交易时间	上午 10:00～下午 4:15（美国东部时间）
最后交易日	每个合约交易月份的第三个星期五
交割方式	主要市场指数期货根据主要市场指数期货收盘价实行逐日结算，并于最后交易日根据主要市场指数的收盘价实行现金结算

（五）金融时报指数期货（FT－SE 指数期货）

伦敦金融时报指数是英国最具权威和代表性的股票价格指数。作为国际金融中心之一的伦敦，其指数与纽约的道琼斯股票指数具有同等重要地位，同时它也被称为英国经济形势的"晴雨表"。金融时报指数期货有三种类型，分别包括 30 种、100 种、500 种股票。以金融时报 100 种股票指数期货为例，其合约规定如表 4.13 所示。

表 4.13　　　　　　　　　　　金融时报指数期货合约

交易所名称	伦敦国际金融期货交易所（LIFFE）
交易单位	25 英镑 × FT－SE100 指数点
最小变动价位	0.05 个指数点（每张合约 12.50 英镑）

表4.13（续）

合约月份	3月、6月、9月、12月
交易时间	上午9:05～下午4:15（伦敦时间）
最后交易日	每个合约交易月份的第三个星期五
报价方式	FT－SE100指数/10
交割方式	在合约到期日，由交易双方收付由合约成交时约定的期货指数与实际的FT－SE100指数发生偏差而引起的价差

（六）日本证券市场指数期货

日本证券市场有两个主要股价指数，即日经－道琼斯指数和东京证券交易所股价指数，前者是利用修正的美国道琼斯公司股票价格平均数的计算方法，按东京证券交易所第一部登记交易的225家公司股票价格算出的平均股价。而东京证券交易所股价指数诞生于1969年7月1日，包括在东京证交所上市的250种较活跃的股票，采取加权平均法计算，以交易额为权数。该指数以1968年1月4日作为基期，基期指数定为100。以日经225指数期货为例，介绍其合约规定，如表4.14所示。

表4.14　　　　　　　　　　日经225指数期货合约

交易所名称	大阪证券交易所（LIFFE）
交易单位	1 000日元×日经225平均数
最小变动价位	10点（每张合约10 000日元）
合约月份	3月、6月、9月、12月之中最近的5个月份
交易时间	上午9:00～11:15，下午13:00～15:15，半休日9:00～11:15（日本时间），最后交易日比平时早15分钟收盘
最后交易日	每个合约交易月份的第二个星期五之前的一个交易日（假日提前一天）
交割方式	依最后交易日的第二日早上，日经225指数的225支成分股开盘价来计算

（七）香港恒生指数期货

香港恒生指数是香港恒生银行与财经人士共同选出的33种股票编制的指数。该指数以1964年7月31日为基期（这一天香港股市正常，交易值均匀，可反映香港股市的基本情况），基期指数为100。恒生指数包括33种股票，其中金融业4种，公用事业6种，地产业9种，其他行业14种（包括航空和酒店）。香港恒生指数期货的合约规定如表4.15所示。

表4.15　　　　　　　　　　香港恒生指数期货合约

交易所名称	香港期货交易所
交易单位	50港元×恒生指数
最小变动价位	1个指数点（每张合约50港元）

表4.15(续)

合约月份	现货月份，现货月份随后的一个月份以及最近期的两个季末月份
交易时间	周一至周五上午10:00～12:30，下午14:30～15:45（香港时间）
最后交易日	交易月份的第二个营业日
结算日	最后交易日之后的第一个营业日
交割方式	以最后交易日每5分钟报出的恒生指数的平均值去掉小数点后的整数作为最后结算价格

（八）沪深300股指期货

2010年3月26日，中国金融期货交易所正式公布关于沪深300股指期货合约上市交易有关事项的通知。沪深300股指期货合约自2010年4月16日起正式上市交易，首批上市合约为2010年5月、6月、9月和12月合约；沪深300股指期货合约的挂盘基准价由中国金融期货交易所在4月15日公布；沪深300股指期货合约交易保证金，5月、6月合约暂定为合约价值的15%，9月、12月合约暂定为合约价值的18%，后来确定为合约价值的12%；上市当日涨跌停板幅度，5月、6月合约为挂盘基准价的±10%，9月、12月合约为挂盘基准价的±20%，之后确定为上一交易日结算价的±10%；每个交易日结束后，交易所发布单边持仓达到1万手以上和当月（5月）合约前20名结算会员的成交量、持仓量。沪深300股指期货合约规定如表4.16所示。

表4.16　　　　　　　　　沪深300股指期货合约文本

合约标的	沪深300指数
合约乘数	每点300元
报价单位	指数点
最小变动价位	0.2点
合约月份	当月、下月及随后两个季月
交易时间	09:15～11:30，13:00～15:15
最后交易日交易时间	09:15～11:30
每日价格最大波动限制	上一交易日结算价的±10%
最低交易保证金	合约价值的12%
最后交易日	合约到期月份的第三个周五，遇法定节假日顺延
交割日期	同最后交易日
手续费	手续费标准为成交金额的0.000 025
交割方式	现金交割
交易代码	IF
上市交易所	中国金融期货交易所

三、股指期货的应用

(一) 利用股指期货套期保值

例4.8 以某位投资者持有升华拜克（600 226）股票为例来说明卖出套保的实际操作。这位投资者在8月1日时持有的升华拜克股票收益率达到10%，鉴于后市不明朗，下跌的可能性很大，决定利用沪深300股指期货进行套期保值。沪深300每点价值为300元人民币，假定其持有的升华拜克现值为500万元，经过测算，升华拜克与沪深300指数的β系数为1.6。8月1日现货指数为2 882点，12月份到期的期指为2 922点。那么该投资者卖出期货合约数量：

期货合约数量 = 现货总价值/(期货指数点 × 每点乘数) × β系数

本例卖出期指合约数为 = 5 000 000/(2 922 × 300) × 1.6 = 9.126，即9张合约。12月1日，现指跌到2 657点，而期指跌到2 694点，两者都跌了约7.8%，但该股票价格却跌了7.8% × 1.6 = 12.48%，这时候该投资者对买进的9张股指期货合约平仓，期指盈利 (2 922 - 2 694) × 300 × 9 = 615 600元；股票亏损 5 000 000 × 12.48% = 624 000元，两者相抵还亏8 400元盈利。基本上达到保值的目的。

(二) 利用股指期货套利

例4.9 1月1日，沪深300对应的3月期股指期货合约为3 113，6月期股指期货合约为3 113，投资者预期6月期的合约涨势更强，故买入6月期的合约，抛出3月期的合约。沪深300每点价值为300元人民币。如果到2月1日，3月期和6月期沪深300股指期货合约分别为3 112和3 118，那么随着3月合约与6月合约之间基差扩大，于是产生利润。交易状况如表4.17所示。

表4.17　　　　　　　　　　股指期货套利情况

日期	3月份期货	6月份期货
1月1日	卖出5张合约,价格:3 110 × 300 = 933 000元 总价值 933 000 × 5 = 4 665 000元	买入5张合约,价格:3 113 × 300 = 933 900元 总价值 933 900 × 5 = 4 669 500元
2月1日	买入5张合约,价格:3 112 × 300 = 933 600元 总价值 933 600 × 5 = 4 668 000元	卖出5张合约,价格:3 118 × 300 = 935 400元 总价值 935 400 × 5 = 4 677 000元
盈亏	亏损:4 668 000 - 4 665 000 = 3 000元	盈利:4 677 000 - 4 669 500 = 7 500元
	净盈利:4 500元	

四、我国股票指数期货的发展和现状

1993年，海南证券交易中心首次推出了我国股票指数期货合约交易。标的物为深圳综合指数和深圳A股指数，每种标的物均有3月、6月、9月、12月份交割合约，共计8个品种，每个合约为股指乘以500元。由于当时国内资本市场条件还非常不成熟，投资者对这一投资方式认识不足，加上中国股市发展的不稳定性，管理与运作不规范，

出现了大户联手操作，打压指数的投机行为。到 1993 年 9 月底，为维护股市的健康发展，股指期货交易被中止。

随着我国经济的发展和金融市场的国际化进程，创立股指期货的呼声越来越高。我国证券市场的发展无论是从外部环境还是从内在需求来看，都急需新的金融工具出现。在我国推行股指期货交易能够有效地完善资本市场的功能与机制，为国际投资资本的进入提供回避风险的场所，这有利于我国对外资的吸引以及应对金融国际化的挑战。而且我国股指波动幅度较大，因而系统风险大，这种风险很难通过股票市场的分散投资加以回避，特别是股价连续下跌时，风险将不断加剧，而股指期货却能够满足投资者管理系统风险的要求。

中国证监会于 2010 年 3 月 26 日批准中国金融期货交易所沪深 300 股指期货合约上市。同日，中国金融期货交易所发布《关于沪深 300 股指期货合约上市交易有关事项的通知》（以下简称《通知》）。《通知》显示，首批上市合约为 2010 年 5 月、6 月、9 月和 12 月合约。同时，中国金融期货交易所顺利完成了技术系统上线切换和各项测试演练，逐一协调落实了分级结算业务。中国金融期货交易所按照"高标准、稳起步"的原则，在防范和妥善化解可能出现的市场风险，确保沪深 300 股指期货合约的平稳推出和安全运行方面做了大量的准备工作。2010 年 4 月 16 日，沪深 300 股指期货合约正式上市交易。在上市初期，中国金融期货交易所对沪深 300 股指期货合约的保证金标准、交割、市场监控等方面和环节从严要求，切实防范市场操纵，确保了市场的平稳运行。

2015 年 4 月 16 日，上证 50 和中证 500 股指期货在中国金融期货交易所上市。上证 50 股指期货主要覆盖了金融、地产、能源等支柱产业，能够更好地追踪大盘蓝筹；中证 500 股指期货则包括了众多市值小、成长性好的高新技术企业，代表着我国产业结构转型的未来方向。在沪深 300 股指期货上市 5 年之际，开展上证 50 和中证 500 股指期货交易，使股市又多了新的风险管理工具。三者既相互竞争又互为补充，有效拓展了股指期货市场的深度和广度，丰富投资工具和投资策略，增强为我国资本市场和实体经济保驾护航的能力，同时也顺应了境内资本市场风险管理精细化的要求。

本章小结

1. 期货交易就是在特定的交易所买卖未来某一特定时期、交收特定规格等级现货商品的标准化合约。期货交易虽然是在现货交易的基础之上发展起来的，但是它与现货交易"一手交钱，一手交货"的形式不同。期货交易的历史渊源可以追溯到公元前的古希腊和古罗马时期，现代期货交易则以美国芝加哥期货交易所和英国伦敦的金属交易所为开端。

2. 期货市场的交易可以大致分为商品期货、金融期货两大类。

3. 商品期货交易是伴随着商品现货市场的发展而兴起的。由于这一交易形式具有现货市场所不具备的特殊功能，因此交易品种不断增加，交易规模不断扩大，已形成了全球性的商品期货交易网络。商品期货的交易品种不断变化，从传统的小麦、玉米，到各种贵金属，交易商品的范围不断扩大。

4. 外汇期货是以特定的外币为合约标的的一种金融期货。合约双方规定在未来某一时间，依据现在约定的比例以一种货币交换另一种货币。外汇期货是浮动汇率制的产物，它能有效地转移汇率风险，也可以进行外汇投机交易。

5. 利率期货是以特定的债权工具为合约标的的一种金融期货。利率期货可以分为短期利率期货与中长期利率期货。国债期货是指在未来约定的期限以现在约定的价格交付或收受一定数量、一定品质的债权，使未来的债券卖方避免债券价格下跌的风险，并使未来的债券买方避免债券价格上扬的风险。

6. 股价指数期货是以特定的股票价格指数为合约标的的一种金融期货。它是依据股票指数的走势为标准，规避未来股票卖方遭到股价下跌的损失或未来股票买方遭到股价上扬的损失。股指期货的参与者可以利用期货交易转移股市风险，也有投机者利用股指期货交易赚取利润。

思考与练习题

1. 商品期货标准化合约的基本内容包括哪些？
2. 简述利率期货的概念与种类。
3. 简述外汇期货的特点与特征。
4. 5月，一个投资者以0.690 4的价格买入100手6月瑞士法郎期货合约。一周后，美元贬值，6月瑞士法郎期货合约的价格变为0.696 0，该投资者将合约卖出平仓。计算其损益情况。
5. 假设无风险利率为每年8%（连续复利计息），某股票指数的红利支付率在年内经常发生变化。在2月、5月、8月及11月红利年支付率为6%。其他月份红利年支付率为2%。假设当前为2013年7月31日，其指数价值为2 000。那么2013年12月31日交割的期货合约的期货价格为多少？
6. 假设无风险利率为每年10%（连续复利计息），某股票指数的红利收益率为每年4%。现在指数为400，4个月后交割的期货合约的期货价格为405。请问存在什么样的套利机会？
7. 试述股票指数期货的概念与特点。
8. 试述影响外汇期货价格的因素。

第五章 期货交易策略

内容提要：在本章中，我们将主要阐述期货交易的策略，主要包括套期保值策略、基差策略和投机策略的相关概念。通过本章的学习，要求理解套期保值和投机的定义、原理、作用、分类，掌握基差、基差风险等的含义，并且熟练掌握各种策略的运用，能够进行盈亏分析。

期货交易者参与交易的主要目的是保值或获利。期货交易策略主要包括套期保值策略和投机策略，前者主要是为了规避价格波动带来的风险，后者则是以获利为目的的不做实物交割的买空卖空策略。期货作为一种投资工具，具有较强的投机性，它有着现货交易所不具有的特点，能够为参与者规避风险，同时也能够为投机者所利用从而获得收益。

第一节 套期保值策略

一、套期保值的基本原理

（一）套期保值的概念

套期保值是指把期货市场当作转移价格风险的场所，利用期货合约作为将来在现货市场上买卖商品的临时替代物，对其现在买进准备以后售出商品或对将来需要买进商品的价格进行保值的交易活动。一般做法是在现货市场和期货市场对同一种类的商品同时进行数量相等但方向相反的买卖活动，即在买进或卖出现货的同时，在期货市场上卖出或买进同等数量的期货，经过一段时间，当价格变动使现货买卖上出现盈亏时，可由期货交易上的亏盈得到抵消或弥补。从而在"现"与"期"之间、近期和远期之间建立一种对冲机制，以使价格风险降低到最低程度。

设套期保值者需要保值的现货资产数量为 Q_S，在期货市场上为套期保值而持有期货合约相应的标的资产数量为 Q_F，则 Q_F 称为套期保值的期货持仓量，或套期量。令 $h = Q_F/Q_S$，则 h 称为套期保值率，或称为套头比。只要确定了套头比 h，就可以确定套期保值的期货持仓量 Q_F。

（二）套期保值的分类

根据不同的划分方式，可以将套期保值作出如下分类：

1. 按套期保值比率不同可分为等量套期保值和不等量套期保值

（1）等量套期保值。如果套头比 $h=1$，则称其套期保值为等量套期保值。等量套期保值的期货持仓量与需要保值的现货资产数量是相等的。例如，要保值 100 吨铜的现货，则套期保值量就是 100 吨，如果在伦敦金属交易所（London Metal Exchange，LME）进行交易，则需要 4 手合约来进行套期保值。因为在伦敦金属交易所，每手合约的铜期货资产量是 25 吨。在早期的期货市场上，凯恩斯（Keynes，1923）和希克斯（Hicks，1946）就提出套期保值策略要遵守"数量相等"的原则，可见等量套期保值策略是最先采用的传统的套期保值策略，目前在我国期货界流行的还是这种策略。

（2）不等量套期保值。如果套头比 $h \neq 1$，则称其套期保值为不等量套期保值。因为等量套期保值不见得是最好的，因此保值时不一定要遵守"数量相等"的原则，也可采用不等量套期保值的策略。要使套期保值达到较好的效果，就必须考虑其他相关因素来确定最佳保值合约数，也就是要确定最佳的套头比。

2. 按选择参加保值的期货品种数的多少可分为 1-1 套期保值和组合套期保值

（1）1-1 套期保值。仅选择一种期货对一种现货进行的套期保值称为 1-1 套期保值，或单一套期保值。目前大多数套期保值都是选择与现货种类相同或相近的一种期货资产进行套期保值。为了确保 1-1 套期保值效果，套期保值交易就要求期货资产必须和现货资产在种类上相同或非常类似。

（2）组合套期保值。选择几种期货资产共同对一种现货进行的套期保值称为组合套期保值或多对一套期保值。由于期货市场是非常规范化的市场，它对期货资产的种类和期货合约的规模都有明确的规定，因此对有些需要保值的现货资产，在期货市场上不一定能找到种类相同或非常类似的期货资产来进行套期保值。这时，可以在期货市场上选择和现货资产相关性很强的几种期货资产进行组合套期保值。有时虽然能找到种类相同或非常类似的期货资产，但是也可以通过组合套期保值来提高保值的效率。

3. 按交易方向不同可分为买入套期保值和卖出套期保值

（1）买入套期保值。为将来要买入现货而保值的套期保值称为多头套期保值（Long Hedge）。如果套期者要在将来某时买入某种现货资产，则可以先在期货市场上买入期货资产，到买入现货时再卖出期货进行期货平仓，通过这样完成买入套期保值交易。将来要购买原材料的生产商和签订了卖出合同的贸易商都可以考虑利用买入套期保值来防止现货价格波动所带来的风险。

（2）卖出套期保值。为将来要卖出现货而保值的套期保值称为空头套期保值（Short Hedge）。如果套期保值者要在将来某时卖出某种现货资产，则可以先在期货市场上卖出期货资产，到卖出现货时再买入期货进行期货平仓，这样来完成卖出套期保值交易。

二、套期保值的经济原理

套期保值之所以能够规避现货价格风险，其基本原理是以下两大经济逻辑。

（一）期货价格与现货价格走势的相同性

同一种商品的期货价格与现货价格均受到相同的经济因素影响和制约，因而它们的价格变动方向和趋势应该具有一致性，即同一种类商品的期货价格和现货价格之间保持大致相同的走势。虽然期货价格和现货价格的波动幅度会有所不同，但要涨都涨，要跌都跌。这是因为期货市场赖以生存和发展的基础就是现货市场，期货市场是在现货市场的基础上发展起来的，其发展规模受现货市场的发展规模制约。这两个市场有如此密切的联系决定了它们的价格走势趋于一致。如图 5.1 所示，同一品种现货价格与期货价格走势一致。当套期保值者在一个市场上"亏损"时，另一个市场上就有"盈利"。因此，当套期保值者对价格变动有正确预测时，便可用期货价格的变化 Δf 来弥补现货价格的变化 Δs。

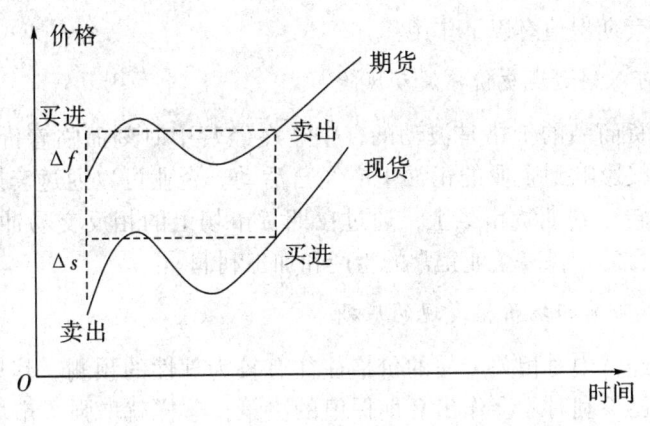

图 5.1　同一品种的期货价格与现货价格走势

（二）期货价格与现货价格的趋合性

在第一个基本经济逻辑中，同一种商品的期货价格和现货价格之间保持基本相同的走势，一涨俱涨，一跌俱跌。但随着期货合约到期日的临近，现货价格和期货价格之间会出现互相趋合的趋势，即在期货合约的到期日，期货价格和现货价格大致相等。因为在期货合约到期日，要进行"一手交钱，一手交货物仓单"的实物交割，此时的交易与现货市场上的交易一样，期货合约已经没有了"未来"的含义。如果期货价格与现货价格不一致，则在期货市场和现货市场之间就存在套利的机会，会引发众多交易者低买高卖，使两市场间的价差大大缩小，最后趋于同一。这样，期货价格与现货价格之间的差距消失，成为一个价格。如图 5.2 的后半部分所示，即为两个价格的趋合性。

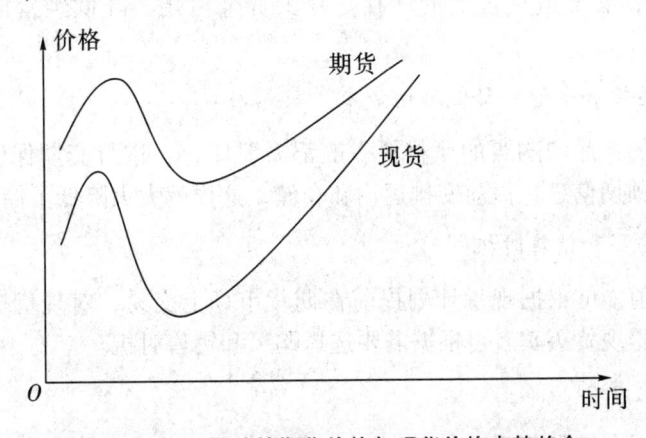

图 5.2　同一品种的期货价格与现货价格走势趋合

在这两个经济逻辑的作用下，套期者根据自己在现货市场卖出或买进商品的地位，在期货市场上反向操作买进或卖出该种商品的期货合约，并在该合约到期前将其对冲（期货平仓）。由于现货价格与期货价格的走势相同且逐渐聚合，无论价格怎样变动，套期保值者都能取得在此市场上亏损，而在彼市场上必定盈利的效果。因此，期货价格与现货价格走势的相同性和趋合性可以使套期保值的功能得以实现。

三、套期保值的作用

一般来说，套期保值有以下作用：

（一）套期保值可以规避现货价格波动风险

在市场上现货商品的价格是波动的，企业在经营中时刻面临着价格波动的风险，而价格风险会直接影响到企业的正常生产经营活动。企业可以通过套期保值，将现货价格波动的风险转移到期货市场上，通过在期货市场上的相反交易冲抵现货的损失，从而达到保值的目的，保障企业正常的生产和加工利润。

（二）套期保值是期货市场价格发现的基础

企业在生产经营中对相关产品的价格往往有较为理性的预测。其只有在产品价格变动的趋势对自己不利时才会作出套期保值的决策，这样就增强了市场价格发现的功能，制约过度的投机行为，使企业在生产经营中更加理性化。

（三）套期保值能锁定产品的成本、稳定产值和利润

企业生产、加工的目的就是获得正常的预期利润，为了预防利润的损失，生产企业可以利用期货市场预先卖出，达到稳定收入的目的；而加工企业可以利用期货市场预先买入，达到锁定进货成本、保证加工利润的目的。要实现这两个目的，其途径就是套期保值。

（四）减少企业资金的占用

资金对企业来说是至关重要的，期货交易的保证金具有杠杆作用，参加套期保值的企业可以用少量的资金来控制大量的现货资产。这样企业既能保证今后正常生产经营所需要的资金，又能避免现货的库存，减少资金占用，降低经营成本，加快资金周转。

（五）提前安排运输和仓储，降低储运成本

企业生产出的产品和购买的原材料一般都需要库存，进行套期保值后，企业可以根据套期保值的预期信息，提前安排运输和仓储，这样就大大降低了储运费用。

（六）灵活选择购买和销售时机

由于套期保值能够根据现货计划提前在期货市场上交易，对现货提供了某种程度的价格保护，使得现货买卖者可根据需要选择购买和销售时机。

（七）提高借贷能力

由于企业进行套期保值后，其经营更加保险、更加稳定，因此往往更容易从银行

取得融资，从而提高了企业的借贷能力。例如，做了套期保值的外贸进出口商更容易从银行开出信用证。

四、套期保值交易的目标和策略

期货市场中的套期保值交易分为两个步骤：第一，根据自己在现货市场中的交易情况，通过买进或卖出期货合约，建立一个与现货方向相反的期货交易部位；第二，在期货合约到期之前，通过建立一个与先前所持合约相反的交易部位，来对冲在手的持仓部位。两个部位的交易商品种类、合约张数以及合约月份必须是一致的。

根据这一基本操作原理，套期保值有两类交易策略：如果套期保值者首先买进期货合约，然后在合约到期前再卖出相同的合约予以对冲，称为买入套期保值或多头套期保值；如果操作相反，则称为卖出套期保值或空头套期保值。我们通过下面的例子来介绍这两种策略。

（一）卖出套期保值

由于天气、经济等各种因素影响大豆的供给与需求，大豆价格在其种植期、生长期和收获期总处于不断变化之中。生产者在种子、化肥、设备、劳动力等方面投入了相当的货币资金，潜在的低价格将使生产者承受低价销售从而难以支付相应的成本并获得利润。通过 CBOT 大豆期货交易，农场主可以在大豆种植之前即锁定销售价格以规避价格下跌的风险。假定在 5 月份现货价和期货价均为 7.00 美元/蒲式耳①，如果在大豆收获期 10 月份大豆现货和期货价格都降低 1 美元/蒲式耳，则卖出套期保值的盈利情况如表 5.1 所示。

表 5.1　　　　　　　　价格下降时卖出套期保值盈利情况

	现货市场	期货市场
5 月份	现货大豆 7.00 美元/蒲式耳	卖出 11 月份大豆期货 7.00 美元/蒲式耳
10 月份	现货大豆下跌为 6.00 美元/蒲式耳	买入 11 月份大豆期货 6.00 美元/蒲式耳
变化	亏损 1.00 美元/蒲式耳	盈利 1.00 美元/蒲式耳

销售大豆时的现货价　　　　　6.00 美元/蒲式耳
期货头寸盈利　　　　　　　　+1.00 美元/蒲式耳
净销售价格　　　　　　　　　7.00 美元/蒲式耳

假如由于收获期大豆大幅减产现货市场大豆价格上升 1 美元/蒲式耳，则净销售价格仍为 7.00 美元/蒲式耳，因为空头期货头寸的损失被现货头寸的盈利所弥补。价格已经通过套期保值锁定了，情况如表 5.2 所示。

---

① 据美国大豆协会统计单位换算表，1 蒲式耳大豆重量为 27.216 千克。

表 5.2　　　　　　　　　价格上升时卖出套期保值的亏损情况

	现货市场	期货市场
5 月份	现货大豆 7.00 美元/蒲式耳	卖出 11 月份大豆期货 7.00 美元/蒲式耳
10 月份	现货大豆上涨为 8.00 美元/蒲式耳	买入 11 月份大豆期货 8.00 美元/蒲式耳
变化	盈利 1.00 美元/蒲式耳	亏损 1.00 美元/蒲式耳

销售大豆时的现货价　　　　　8.00 美元/蒲式耳
期货头寸亏损　　　　　　　　-1.00 美元/蒲式耳
净销售价格　　　　　　　　　7.00 美元/蒲式耳

上面例子的两种情形，套期保值均达到了其预定的目标：在 10 月份以 7.00 美元/蒲式耳的价格销售大豆。为了得到防止价格下跌的保护，卖出套期保值放弃了由于价格可能上涨所带来的获利机会。

（二）买入套期保值

7 月份饲料加工厂计划在 11 月份购买玉米。7 月份时，11 月份交货的玉米现货价格为 2.50 美元/蒲式耳①，饲料加工厂出于担心到购买时价格会上升很多，购买了 12 月份玉米期货，价格为 2.50 美元/蒲式耳，如果到 11 月份玉米现货和期货价格都上涨 0.50 美元/蒲式耳，情况如表 5.3 所示。

表 5.3　　　　　　　　　价格上升时买入套期保值的盈利情况

	现货市场	期货市场
7 月份	现货玉米 2.50 美元/蒲式耳	买进 12 月份玉米期货 2.50 美元/蒲式耳
11 月份	现货玉米上升 3.00 美元/蒲式耳	卖出 12 月份玉米期货 3.00 美元/蒲式耳
变化	亏损 0.50 美元/蒲式耳	盈利 0.50 美元/蒲式耳

购买玉米时的现货价　　　　　3.00 美元/蒲式耳
期货头寸盈利　　　　　　　　+0.50 美元/蒲式耳
净购买价格　　　　　　　　　2.50 美元/蒲式耳

相反，如果玉米现货和期货价格在 11 月份下跌了 0.50 美元/蒲式耳，现货玉米的低成本将被期货市场的损失所抵消，净购买价格仍为 2.50 美元/蒲式耳，情况如表 5.4 所示。

---

① 1 蒲式耳玉米重量为 25.401 千克。

表 5.4　　　　　　　　价格下跌时买入套期保值的亏损情况

	现货市场	期货市场
7 月份	现货玉米 2.50 美元/蒲式耳	买进 12 月份玉米期货 2.50 美元/蒲式耳
11 月份	现货玉米上升 2.00 美元/蒲式耳	卖出 12 月份玉米期货 2.00 美元/蒲式耳
变化	盈利 0.50 美元/蒲式耳	亏损 0.50 美元/蒲式耳

购买玉米时的现货价　　　　　2.00 美元/蒲式耳
期货头寸亏损　　　　　　　　－0.50 美元/蒲式耳
净购买价格　　　　　　　　　2.50 美元/蒲式耳

上述两个例子表明：生产者或加工厂在管理其价格风险时，首先通过期货市场价格发现的机制，获得相关商品的未来价格趋势；其次，为了保障正常的生产活动，作为风险厌恶者，要规避目前至将来实物交易发生时价格波动的风险，可以通过远期现货合约和期货交易进行套期保值，以锁定价格，从而锁定利润或成本。在此，我们假设现货市场和期货市场两个市场的价格变动方向一致且变化幅度相同，即所谓基差不变的情形。从而一个市场的盈利正好是弥补另一个市场的亏损，达到完全保值的目标。但实际情形远没有如此简单。

在实际经济活动中，期货市场和现货市场的价格走势虽然大致相同，但是由于受时空差异的制约以及生产周期等因素的影响，现货价格和期货价格的变动幅度不一定相等，有时甚至出现现货价格和期货价格反向运行的情况。这样，就会影响套期保值的效果，使保值者仍需承担一部分价格风险，可能还有一部分损失无法避免。

现在我们以买入套期保值为例，来分析这种价格变动幅度上的差异对套期保值效果的影响。对于买入套期保值来说，它是交易者为避免将来在现货市场上买入现货商品时遭受价格上涨所带来的损失而采取的交易行为。如果该种商品的未来价格果真上涨了，那么套期保值会出现三种可能的结果：一是如果到保值者在现货市场上购买实物商品时，价格不仅像他所担心的那样上涨了，而且现货价格和期货价格的上涨幅度一致，那么他所做的买入套期保值交易就能取得完美的效果，即期货市场上卖出合约后的盈利正好补偿现货市场上买入实物商品的亏损。二是如果现货市场上价格上涨幅度大于期货市场，由于保值者要在现货市场上买进实物商品而在期货市场上卖出期货合约，那么他在期货市场上虽然盈利了，但在现货市场上的亏损额要比在期货市场上的盈利额稍大。因此，只能规避一部分价格风险，免遭一部分损失。三是如果期货市场价格的上涨幅度比现货市场价格上涨幅度大，那么套期保值者不仅在期货市场上盈利，而且其盈利额要比在现货市场上的亏损额大，从而套期保值者不仅达到了保值的目的，而且还有额外盈利。以上三种可能性结果的出现，对套期保值者来说都是可以接受的，因为都转移了价格风险。但是，其中第三种结果为最佳，不仅保了原值，还取得了增值，这也是套期保值者所追求的。他们的首要目标是"保值"，在"保值"之后，能取得"增值"是令人更愉快的事情。

在另一种情况下，如果现货商品未来价格并未像套期保值者担心的那样上涨，而是下跌了，那么该套期保值者仍然做了买入套期保值，实际上是做反了，其结果亦有三种可能。一是如果价格不仅在两个市场都下跌，而且跌幅都一致，则在现货市场的盈利额正好等于在期货市场的亏损额，两相完全冲抵。二是如果现货市场的价格跌幅比期货市场大，则保值者不仅在现货市场会盈利，而且在现货市场上的盈利额会大于在期货市场的亏损额。这时，保值者会用现货市场的盈利弥补期货市场的亏损。三是如果现货市场的价格跌幅比期货市场小，则保值者在期货市场上的亏损额要比在现货市场上的盈利额大。这时，套期保值者不能用现货市场上的盈利弥补期货市场上的亏损，出现了净亏损。如果说前两种可能性结果是在允许值范围之内的，那么第三种可能性结果则是套期保值者们想尽量避免的。

以上是买入套期保值会出现的各种情况，对于卖出套期保值来说，原理相同，情况相反。

第二节　基差策略

一、基差及其对套期保值效果的影响

在第一节里我们已经初步体会到，影响套期保值效率的一个关键即现货价格变化幅度与期货价格变化幅度的差异。这一节中，我们专注于与此有关的一个概念——基差，这一概念很好地衡量了套期保值的效果。

基差（Basis）是套期保值中相当重要的概念。基差是指计划使用套期保值资产的现货价格与所使用的合约的期货价格之差。由于等量套期保值的期货持仓量与要保值的现货资产量相等，看待现货价格与期货价格的态度是平等的，所以在某一时间、同一地点、同一品种的现货价格与期货价格之差就是等量套期保值的基差。

$$基差 = 现货价格 - 期货价格 \tag{5.1}$$

如果要进行套期保值的资产与期货合约的标的资产一致，在期货合约到期日基差应为零。但现货价格与期货价格的变化并不一定完全同步，而且多数时候变动幅度是不一样的，这就会引起基差的不断变动，只不过其变动幅度比其价格的变动幅度要小得多。当现货价格的增长大于期货价格的增长时，基差也随之增加，称为基差扩大或基差变强（Strengthening of the Basis）；当期货价格的增长大于现货的价格增长时，基差减小，称为基差减少或基差变弱（Weakening of the Basis）。

基差可以是负数，也可以是正数，主要取决于现货价格是低于还是高于期货价格，如图5.3所示。如果基差从10转到5，说明基差由强转弱，现货价格相对于期货价格是下跌的；如果基差从-10转到-5，说明基差由弱转强，现货价格相对于期货价格是上升的；如果基差为零，说明当时的现货价格等于期货价格，当然，基差一般很难等于零。基差为正数、负数和零，分别标志着三种市场情况，如图5.3所示。

对于农产品、有色金属和能源等商品而言，由于供需之间的不平衡及有时存储商品的困难，可能会导致基差的大范围变化；对于黄金、外汇、股票指数等投资资产来说，基差变动就比较小。基差的不可预期的变动可能会给套期保值者带来盈利，也可能使其产生亏损。我们以一个持有小麦的空头套期保值为例。

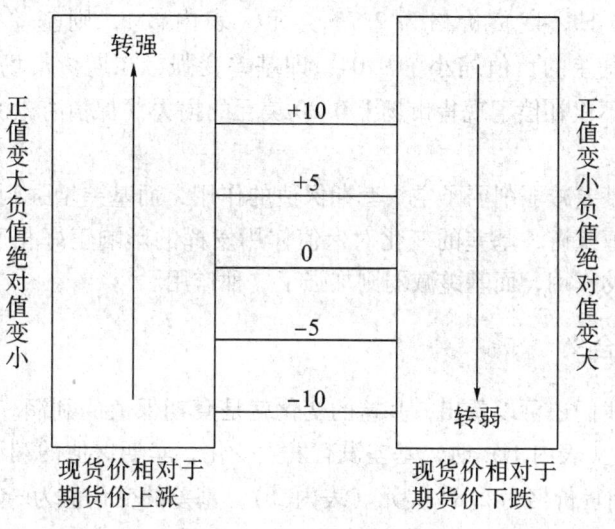

图 5.3　基差变化情况

例 5.1　假设一个储藏者于 9 月 1 日买入 1 蒲式耳①小麦，并通过卖出 12 月 1 日的期货合约来套期保值，并且不考虑任何保证金、手续费、佣金及仓储费等的影响，如表 5.5 所示。

表 5.5　　　　　　　　基差变动对空头套期保值的影响

日期	现货市场 交易	价格	期货市场 交易	可供选择的价格			基差
9月1日	买入1蒲式耳	3.00	卖出期货合约	3.09	3.09	3.09	-0.09
11月1日	卖出1蒲式耳	2.70	买入期货合约	①2.79	②2.84	③2.75	①-0.09
盈利		-0.30		0.30	0.25	0.34	②-0.14
净盈利				0.00	-0.05	0.04	③-0.05

在 9 月 1 日，该储藏者在现货市场买入 1 蒲式耳小麦，价格为 3.00 美元，卖出 12 月的期货合约，价格为 3.09 美元，基差为 -0.09 美元（3.00-3.09）。在 11 月 1 日，在现货市场将小麦卖出，现货价格为 2.70 美元，同时对冲其持仓合约，期货价格为 2.79 美元（表内①），基差仍为 -0.09 美元（2.70-2.79）保持不变。这样，该储藏者在现货市场上的损失 0.30 美元被期货市场上的盈利 0.30 美元补偿，实现了完全的对冲，保值有效。

若在 11 月 1 日，期货价格为 2.84 美元（表内②），则基差变为 -0.14 美元

---

①　1 蒲式耳小麦等于 27.216 千克。

(2.70−2.84)，基差的负值增大了 0.05，即基差变弱，这时该储藏者在期货市场上的盈利只有 0.25 美元（3.09−2.84），不足以补偿他在现货市场上的 0.30 美元的损失，影响了保值的效果。

若在 11 月 1 日，期货价格为 2.75 美元（表内③），则基差变为 −0.05 美元（2.70−2.75），基差的负值缩小了 0.04，即基差变强，在期货市场上盈利 0.34 美元（3.09−2.75），不仅补偿了现货市场上 0.30 美元的损失（保值有效），还有 0.04 美元的净盈利。

此例说明，基差减弱削弱了空头套期保值的作用，而基差增强则加强了这种作用。对于多头套期保值来讲，基差的变化对保值作用发挥的影响正好相反：基差增强削弱了多头套期保值的作用，而基差减弱则加强了这种作用。

二、基差风险的含义

从例 5.1 中我们还可以看出，基差的变化就是套期保值的利润。当 11 月 1 日期货价格为 2.79 美元（表内①）时，基差没有发生变化，套期保值的利润，也就是表内的净利润为 0；当期货价格为 2.84 美元（表内②），基差的变化值为 −0.05，此时保值的效果是亏损了 0.05 美元；当期货价格为 2.75 美元（表内③）时，基差的变化为 +0.04，保值的效果是盈利了 0.04 美元。

基差的变化是不确定的，这种基差变化的不确定性被称为基差风险（Basis Risk）。我们使用以下一些符号来说明基差风险的本质：

S_1——在 t_1 时刻现货的价格；
S_2——在 t_2 时刻现货的价格；
$\Delta S = S_2 - S_1$；
F_1——在 t_1 时刻期货的价格；
F_2——在 t_2 时刻期货的价格；
$\Delta F = F_2 - F_1$；
b_1——在 t_1 时刻的基差；
b_2——在 t_2 时刻的基差；
$b_1 = S_1 - F_2$；
$b_2 = S_2 - F_2$。

假定保值者在 t_1 时刻入市开仓建立第一个期货头寸，在 t_2 时刻平仓出市。

对于空头套期保值者，平仓时在现货市场的损益为 $S_2 - S_1$，在期货市场的损益为 $F_1 - F_2$，这时候的保值利润是：

$$\begin{aligned}
\text{空头套期保值者的利润} &= (S_2 - S_1) + (F_1 - F_2) \\
&= \Delta S - \Delta F \\
&= (S_2 - F_2) - (S_1 - F_1) \\
&= b_2 - b_1
\end{aligned} \tag{5.2}$$

若 $b_2 - b_1 = 0$，则为完全保值；若 $b_2 - b_1 > 0$，则为有盈保值；若 $b_2 - b_1 < 0$，则为

减亏保值。保值者卖出套期保值资产获得的有效价格是：

$$\text{空头套期保值资产的有效价格} = S_2 + F_1 - F_2 = F_1 + (S_2 - F_2) = F_1 + b_2 \qquad (5.3)$$

在 t_1 时刻，F_1 是已知的，若 b_2 也是已知的，就可以进行完全的套期保值，也就是说，套期保值可以消除价格的所有不确定性。

对于多头套期保值者，与上述情形就相反，平仓时在现货市场的损益为 $S_1 - S_2$，在期货市场的损益为 $F_2 - F_1$，这时候的保值利润是：

$$\text{多头套期保值者的利润} = (S_1 - S_2) + (F_2 - F_1)$$

$$= (S_1 - F_1) - (S_2 - F_2) = b_1 - b_2 \qquad (5.4)$$

若 $b_1 - b_2 = 0$，则为完全保值；若 $b_1 - b_2 > 0$，则为有盈保值；若 $b_1 - b_2 < 0$，则为减亏保值。保值者买入套期保值资产实际支付的有效价格是：

$$\text{多头套期保值资产的有效价格} = S_2 - (F_2 - F_1) = F_1 + (S_2 - F_2) = F_1 + b_2 \quad (5.5)$$

现在，我们得出结论，在现货与期货数量相等的情况下，基差变强对空头套期保值有利，这意味着卖出现货收到的有效价格升高；基差变弱对多头套期保值有利，这意味着实际支付的有效价格降低。其实，从（5.2）式和（5.4）式可以看出，套期保值的利润，我们也可以统一表示为 $\pm(\Delta S - \Delta F)$，这说明其结果是由于现货与期货价格变动的幅度决定的。如果两者变动幅度一样，即 $\Delta S = \Delta F$，就是完全的套期保值；如果 $\Delta S \neq \Delta F$，则结果就不是完全对冲，其形成的盈亏大小由两者变化幅度的差确定。另外，还要注意，套期保值时会产生期货交易成本，如保证金、手续费、佣金等。如果持有资产还要发生储存成本，如仓储费。这些成本会降低利润。

三、基差交易

由于有基差风险的存在，套期保值交易并不能完全抵消价格风险。一般来讲，基差变动的风险比单纯价格变动的风险要小得多，但它毕竟还是会给交易者、消费者和生产者带来不利影响。基差交易策略是提高套期保值效果的较好的方法。基差交易是指为了避免基差变化给套期保值交易带来不利影响，采取的以一定的基差和期货价格确定现货价格的方法。通常基差交易的双方至少有一方进行了套期保值，但其最终的实际现货交易价格并不是交易时的市场价格，而是根据下面这一公式确定的：

$$\text{交易的现货价格} = \text{商定的期货价格} + \text{预先商定的基差} \qquad (5.6)$$

基差交易成功的关键在于确定合理的对冲基差，估计的原则有：第一，必须保证收回成本；第二，能够确保合理的利润；第三，充分研究基差的变动规律以找到合适的交易对手。我们以一个空头套期保值者的基差交易为例，说明基差交易策略的操作。

例 5.2 某食品批发商在 1 月份以 2 000 元/吨的价格购入白糖若干吨，欲在 5 月份销售出去，同时，该批发商以 2 100 元/吨的价格做了空头套期保值，基差为 -100。据估计，在对冲时基差至少要达到 -50 才可以弥补仓储、保险等成本费用，并可保证合理利润，即根据空头套期保值者的利润 = $b_2 - b_1$，则：

批发商的盈利 = (-50) - (-100) = 50（元/吨）

考虑到若以后基差变弱会于己不利，该批发商保值后便考虑是否寻求基差交易以避免基差变动造成的不利影响。

如果不进行基差交易,5月份的现货价格、期货价格分别为2 010元/吨、2 080元/吨,该批发商在现货上的盈利为10元/吨(2 010 - 2 000),加上期货合约对冲盈利20元/吨,则卖出现货实际收到的有效价格为2 030元/吨,即根据空头套期保值资产的有效价格 = $F_1 + b_2$,则:

卖出白糖的有效价格 = 2 100 + (- 70) = 2 030(元/吨)

该批发商仍然面临风险,不能达到预先制定的50元/吨的盈利目标。

若批发商能够找到一家食品厂,进行基差交易,也就是说,双方在5月份按当时的期货价格和 - 50的基差成交现货,即:

成交价格 = 2 080 + (- 50) = 2 030(元/吨)

则可以完全实现既定目标,如表5.6所示。在本例中,食品厂愿意以"5月份期货价格 - 50"定价,而不直接以2 030元/吨定价,是因为该厂通过分析认为白糖价格将下跌,并且5月份基差将弱于50元/吨。如果先将价格固定下来不一定有利,按基差定价,比较灵活机动,富有弹性。这样,既保证了有可靠的白糖供应来源,又有可能使价格向有利于己的方向转化。

表5.6　　　　　　　　　　　　　基差交易

		现货价格	期货价格	基差	交易盈利
1月		2 000	2 100	- 100	
5月	不做基差交易	2 010	2 080	- 70	30
	做基差交易	2 030	2 080	- 50	50

第三节　投机策略

期货交易一向被认为是投机性十足的金融工具,由于这种交易采取保证金方式,吸引了大量只想赚取价差、根本没有套期保值需求的投资者。一般来说,人们把在期货市场上广义的投机分为两类,一类是正常的单项式投机,即普通的买空卖空活动,纯粹利用单个期货品种价格的波动进行的投机交易,这就是一般意义上的投机;另一类是利用期货合约之间、现货和期货之间反常的价格关系进行的投机,也就是套利交易。本节将以第一种正常的单项式投机,即一般意义上的投机进行介绍,下一节将针对第二种套利交易进行详细介绍。

一、投机策略的特点

投机策略与套期保值策略相比,具有以下特点:

(一)以获利为目的

投机者制定投机策略,试图在期货市场上低价买进高价卖出或高价卖出低价买进来赚取利润，他们的根本目的是获利，这一点也是投机与套期保值的根本区别。

（二）不需实物交割，只做买空卖空

投机策略只关注期货合约的买卖价差，频繁买进卖出合约以赚取价差，并没有什么商品需要保值，也不关心实物交割。

（三）承担价格风险，结果有盈有亏

期货市场中的风险是客观存在的，套期保值需要转移价格风险，投机则必须承担风险。投机者大量介入，使期货市场的流动性大大增加，又使套期保值成为可能。买空卖空的风险是很大的，因而投机交易有盈也有亏。

（四）利用对冲技术，加快交易频率

期货投机的操作条件在于期货合约的对冲性。投机者在发现价格变化有利时，可以方便地对冲已有头寸，以获取价差带来的盈利；在价格发生不利变化时也可以方便地对冲已有头寸，迅速退出市场避免更大损失。另外，对冲技术的应用方便投机者加快交易频率，加速资金周转，从交易量的增加中获得更多的收益。

（五）交易量较大，交易较频繁

投机为市场提供了大量交易资金，同时降低了市场的交易成本。这样又吸引新的投机者加入，从而使市场的交易量大为增加，交易比较频繁，使市场具有更大的流动性。

投机交易除了上述主要特点外，还有交易时间短、信息量大、覆盖面广的特点。这些为投机交易的迅速发展奠定了基础，也为期货市场的发展创造了条件。

二、单项式投机策略

单项式投机（Speculation）是指人们根据自己对期货市场的价格变动趋势的预测，通过看涨时买进、看跌时卖出而获利的交易行为。

根据投机者持仓时间的长短，投机分为一般头寸投机（Position Trade）、当日投机（Day Trade）和逐小利投机即抢帽子（Scalp）。一般头寸投机者持仓时间较长，他们以多种商品期货为对象，一般利用较长时间的价差来获利，交易量较大。当日投机者只进行当天平仓期货交易，交易对象为他们认为有利可图的各种期货，希望利用较大差价获利。逐小利投机者是随时买进或卖出，赚取很小的差价，他们交易频繁，往往一天内买卖合约数次，其交易期货品种较为单一，但交易量一般较大，对增强市场流动性具有十分重要的意义。

按具体的操作手法不同，投机可分为多头投机和空头投机。空头投机是指投机者预期某期货合约的市场价格将下跌，从而先行卖空合约，并于合约到期前伺机平仓，以从价格下跌中获取利润的交易策略。

例5.3　11月2日，CBOT主要市场指数期货的市场价格为472，某投机者预期该指数期货的市场价格将下跌，于是以472的价格卖出20张12月份到期的主要市场指数期货合约。市场指数每点价值250美元。这样，在合约到期前，该投机者将面临三种不同的情况：市场价格下跌、市场价格不变和市场价格上涨。

若市场价格下跌至456，他可获利80 000美元［(472－456)×250×20］。

若市场价格不变，该投机者将既无盈利也无损失。

若市场价格上涨至488，他将损失80 000美元［(472－488)×250×20］。空头投机的盈亏特征如图5.4所示。

由图5.4可以看出，当投机者建立了空头投机部位后，其盈亏状况将完全取决于期货市场价格的变动方向和幅度。若期货市场价格下跌，则投机者可以获利，市场价格下跌越多，投机者获利也越多；反之，若市场价格上涨，则投机者将受损，市场价格上涨越多，投机者受损也就越多。

多头投机是指投机者预期期货合约的市场价格将上涨时买进期货合约，在合约到期前平仓获利的交易策略。多头投机在期货市场上处于多头部位。与空头投机的盈亏特征相反，若市场价格上涨，则投机者将获利，市场价格上涨越多，投机者获利也越多；若市场价格下跌，则投机者将受损，市场价格下跌越多，投机者受损也就越多，如图5.5所示。

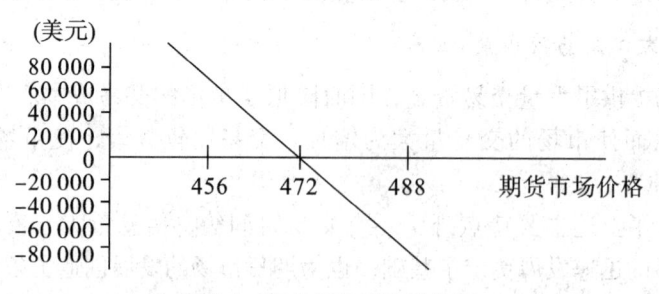

图5.4　空头投机的盈亏特征

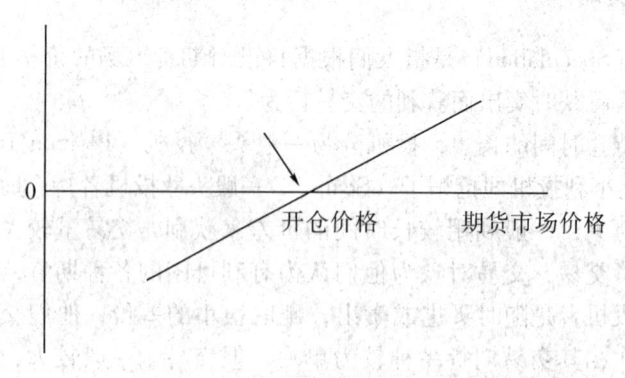

图5.5　多头投资的盈亏特征

第四节　套利策略

一、套利的概念与基本原理

现代金融学对套利的定义是围绕资产价格来进行的，套利是指利用一个或多个市场存在的各种价格差异，在不冒任何损失风险且无须投资者自有资金投入的情况下就有可能赚取利润的交易策略（或行为）。套利行为有三个基本特征：第一，没有自有资金投入，所需资金通过借款或卖空获得；第二，没有损失风险，最糟糕的情况是终点又回到起点；第三，存在正的赚钱概率，但不存在亏钱的概率。然而实际套利行为与以上三个特征是有一定出入的。

金融套利的定义可以分为广义和狭义两种。广义金融套利就是泛指市场主体利用金融市场运行中存在的非均衡来获取利益的行为。狭义的金融套利就是金融价格套利，它是指一种投资策略，即利用各种金融工具（包括货币）之间失衡的价格联系来获取收益的交易活动。套利是市场无效率的产物，而套利的过程则促使市场效率的提高。

各种套利行为的基本原理是一致的，都是利用金融市场的运行缺陷。金融市场的运行因为自然和人为等多种原因存在诸多的非均衡状况，如价格失衡、风险的不对称、成本的非对称、期限的不对称、制度的非均衡等。当市场主体利用这些非均衡来获取利益的时候，套利活动就产生了。尽管不同的套利活动其外在的表现形式有所不同，但它们之间存在紧密的联系，众多的套利行为以价格套利为中心形成一个庞大的套利网络。价格套利的中心地位是由价格机制在金融市场运行中的中心作用所决定的。另外，价格套利在规模、深度和对整体经济的影响来讲都超过了其他套利形式，而且其他各种套利行为最终也将通过价格差异使套利者获益，所以它们与价格套利有着千丝万缕的联系。

二、套利与投机的区别

与套利不同，投机是指人们根据自己对市场的价格变动趋势的预测，通过看涨时买进、看跌时卖出而获取利润的交易行为。投机是金融市场中不可或缺的，其功能表现在以下几方面：第一，承担价格风险，使套期保值者回避和转移的风险成为可能；第二，提高市场流动性，投机者频繁建仓，对冲手中的合约，增加了金融市场的交易量，这既可使其他交易者容易成交，同时也减少了交易者进出市场所带的价格波动；第三，保持价格稳定，形成合理的价格水平，资产的衍生产品价格与现货市场价格具有高度相关性，投机者的参与促进衍生产品与现货市场各资产价格的调整，有助于使资产价格趋向稳定合理。

投机与套利的区别具体体现在以下几方面：

第一，交易的方式不同。投机交易只是利用单一合约价格的上下波动赚取利润，而套利是从不同的两个合约彼此之间的相对价格差异套取利润。

第二，投机交易在一段时间内只做买或卖，而套利则是在同一时间买入并卖出合约，同时扮演多头和空头的双重角色。

第三，一般来说，套利者获得利润低于投机者，但套利者没有风险或风险很小，而投机者风险较大。

第四，交易的成本不同。由于需要在两个市场同时操作，如果两个市场都存在交易费用问题，显然套利者交易成本高于投机者。

套利和投机都是市场无效率的产物，与套利不会引起所有者权益变化不同，投机是一种"敞口头寸交易"，它是指投机者依据对未来不确定性和风险的预测来构筑单向头寸并希望从中获利的行为。与套利相比，投机组合并没有实现对冲，因此具有很大的风险。

投机和套利一样，都需要经过买卖交易之后才能获利，理论上套利是通过同时进行买卖交易来锁定无风险收益，而实际的套利行为因为买卖交易需间隔很小的时间进行而往往带有一定风险。相对于套利交易而言，投机买卖交易间的时间间隔是很长的。套利与投机的连接点正是在于买卖交易之间的时间间隔，时间间隔的大小决定了交易行为的性质。时间间隔由大到小的变化过程就是由投机向套利的转变过程。投机的风险来源于对敞口头寸的持有，随着持有时间的减小，风险也随之降低，当这一时间缩小到足够小的程度，买卖几乎同时进行，风险也就可以忽略不计，实现了由投机到套利的转变。从这个意义上讲，套利是精练、成熟的投机，也是达到定点的投机，买卖之间很短的间隙减少至零，两个行为变成同时发生。

从市场操作的角度看，套利就等于被保险了的投机交易，因此如果能对投机头寸进行套期保值，那么就形成了一个套利组合。从这个意义上讲，套利 = 投机 + 套期保值。从市场的角度看，套利、投机和套期保值三者具有非常强的"共栖性"。一方面，市场的流动性允许套期保值在经济上可以存在，而流动性取决于市场上活跃的套利和投机行为；另一方面，若没有套期保值行为，套利者和投机者就会失去利用其可靠的信息而牟利的机会，三者共同促进市场效率的提高。

三、套利的种类

一般说来，套利有五种基本形式：空间套利、时间套利、工具套利、风险套利和税收套利。下面，我们对这五种基本形式套利行为分别加以介绍。

（一）空间套利

空间套利是最早、最明显、最直观的套利形式，它是指在一个市场上低价买进某种商品，而在另一市场上高价卖出同种商品，从而赚取两个市场间差价的交易行为。

根据一价定律，两个市场处于均衡时有：

$$P_i = P_j + \varepsilon \tag{5.7}$$

其中，P_i 和 P_j 分别表示 i 市场和 j 市场的价格，ε 表示在由相关费用 C 确定的区间内变动的随机数，且 $-C \leqslant \varepsilon \leqslant C$。

如果是多种货币的情形，根据一价定律有：

$$P_i = P_j E_{i,j} + \varepsilon \tag{5.8}$$

其中，$E_{i,j}$ 表示用货币 i 表示的货币 j 的价格。

只要两个市场的价差超过套利活动将产生的相关费用，套利活动就有利可图。而且套利活动买低卖高的结果将使低价市场的价格升高和高价市场的价格回落，直到两个市场的价差小于相关费用。

例如，假设 A 公司已经在香港和美国两地上市，其价格分别是 P_i 和 P_j，用直接法表示的港币汇率是 $E_{i,j}$。

如果不考虑交易费用，则当 $P_i > P_j E_{i,j}$ 时，交易者会同时在香港股市做空，在美国股市做多，以赚取无风险利润；当 $P_i < P_j E_{i,j}$ 时，交易者则会进行相反操作。

（二）时间套利

时间套利是指在同一市场同时买入、卖出同种商品不同交割月份的期货合约，以期在有利时机同时将这两个交割月份不同的合约对冲平仓获利，是最普遍的一种套利。

不同交割月份的期货价格之间存在一定关联，而影响这种价格关系最大的是持有成本。持有成本等于标的资产的存储成本加上融资购买标的资产所支付的利息，再减去资产收益。如果用 $F_i(t,T)$ 表示 t 时刻 i 市场某种标的资产 T 时刻到期的远期或期货价格；$P_i(t)$ 表示 t 时刻标的资产在 i 市场的现货价格；$G_i(t,T)$ 表示在 $T-t$ 期间的持有成本，则 t 时刻现货价格与 T 时刻到期的远期或期货价格的均衡条件为：

$$F_i(t,T) = P_i(t) + G_i(t,T) \tag{5.9}$$

同样，用 T^* 代替 T，可得：

$$F_i(t,T^*) = P_i(t) + G_i(t,T^*) \tag{5.10}$$

令 $G_i(T,T^*) = G_i(t,T^*) - G_i(t,T)$，并将 5.9 式代入 5.10 式，得：

$$F_i(t,T^*) = F_i(t,T) + G(T,T^*) \tag{5.11}$$

5.9 式、5.10 式、5.11 式是时间均衡条件。当等式不成立时，就意味着市场存在时间套利机会。如果等式左边大于右边，则说明在市场上，供给不足，需求相对旺盛，导致现货价格的上升幅度大于远期或期货合约，或者现货价格的下降幅度小于远期或期货合约，交易者可以通过买入现货同时卖出远期月份合约而进行时间套利，或者买入近期的远期或期货，卖出较远的远期或期货；若等式右边大于左边，说明在市场上供大于求，导致现货价格的上升幅度小于远期或期货合约，或者现货价格的下降幅度大于远期或期货合约，套利者可进行相反操作以获得无风险利润。

如果将 5.8 式代入 5.9 式，可得时空同时均衡的条件：

$$F_i(t,T) = P_j(t)E_{i,j} + G_i(t,T) + \varepsilon \tag{5.12}$$

其中，$-C \leqslant \varepsilon \leqslant C$。

（三）工具套利

工具套利就是利用同一标的资产的现货及各种衍生金融工具的不合理价格差异，通过低买高卖来赚取无风险利润的行为。

各种衍生金融工具的定价取决于它们的标的资产现价、执行价格、利率、期限、波动率等变量，通过这些变量我们可以推出各种衍生工具均衡价格之间的关系。而且，远期利率期限结构取决于即期利率期限结构，不同期限的利率期货价格中也隐含着远期利率期限结构，远期和即期利率期限结构又决定了汇率的期限结构。可以这样说，各种金融工具之间的价格联系是多渠道且紧密的，它们之间普遍存在着或简单或复杂的平价关系。当这种平价关系被打破时，市场就提供了工具套利的机会。

即使在同类衍生工具之间，也可以进行工具套利。例如，看涨期权与看跌期权之间存在平价关系，如果市场上期权的真实价格打破了这一平价关系，交易者就可以进行相关操作，买入被低估的期权，卖出被高估的期权，以获得利润。

在工具套利形式中，多种资产或金融工具组合在一起，形成一种或多种与原来有着截然不同性质的金融工具，这正是创造复合金融工具的过程。这个过程反过来也成立。一项金融工具可以拆分为一系列的金融工具，并且每一个都有着与原来的金融工具不同的特性，金融工具的拆分组合正是金融工程的主要运用。

（四）风险套利

风险套利是指利用分散化能降低非系统性风险的特性，通过出售低风险债务为购买风险资产筹资以获取其中的利益的套利行为。根据高风险高收益原则，风险越高，所要求的风险补偿就越多。根据资本资产定价模型，风险可分为系统性风险和非系统性风险，非系统性风险可以通过分散化组合予以抵消，因此只有系统性风险才能获得风险报酬，并且两者之间有一个严格的平价关系。如果现实生活中各种风险资产的定价偏离了这个平价公式，就存在风险套利机会。

实际上，风险套利是对风险非对称的利用，套利者通过购买单个高风险的负债进行组合分散化形成整体上低风险的负债，而后投资于较高风险的资产，高风险资产产生高收益，而其融资成本却较低。保险和再保险业是风险套利最生动的例子，保险公司为许多面临较高风险的公司和个人提供保险，即前者为后者承担风险，作为回报，后者要向前者支付保险费，作为前者承担风险的报酬。保险公司通过把这些风险集中起来，使各个风险中所含的非系统性风险互相抵消，从而大大降低了风险总量。这样，保险公司就可通过收取相对较高的保险费，并投资于风险水平与所保风险总水平相当的资产而获得风险套利的利润。此外，证券投资基金、商业银行都在进行风险间套利。

（五）税收套利

税收套利就是指利用税法中对不同的课税事项，如不同的纳税人、不同类型的收益等所规定的不同的税收待遇，牟取税收利益的行为。最典型的税收套利行为是两个或两个以上的纳税人联合起来，进行一些旨在获取税收收益的交易活动，通常这种事前设计好的交易使合作双方或者多方能从中得到好处。常见的税收套利行为有贷款购买免税国库券、资产的售出租回等。企业贷款购买国库券是比较常见的。根据企业所得税有关法规的规定，企业贷款购国库券，一方面贷款利息可以在所得税前扣除，另一方面国库券的利息收益可以免缴所得税。这样对于企业来说，通过这种投资，可以增加税前扣除额，减少所得税，增加收益。

例5.4　设某企业当年应纳税所得额预计为100 000元。在所得税税率25%的情况下，若不从事税收套利则应缴纳所得税 25 000 元，税后净利润 75 000 元。若该企业决定进行税收套利，年初从银行按年利率 10% 借入 1 000 000 元，当期应支付利息 100 000 元，这笔利息扣除就把企业应纳税所得额减少为零，应纳所得税额也为零，节约所得税税款 25 000 元。该企业再用这笔贷款 1 000 000 元购买年利率为 9% 的政府债券，当年取得免税的政府债券利息收入 90 000 元，因此该企业通过税收套利交易共获 115 000 元（免税的政府债券利息收入 90 000 元加上所得税节税额 25 000 元），减去利息费用 100 000 元，净获税后所得 15 000 元。

上述税收套利交易的产生就是由于税法对政府债券和银行贷款利息在税收待遇上的规定存在差别，即银行贷款利息应纳所得税，政府债券利息免缴所得税。该企业用从银行取得的贷款购入政府债券，一方面银行贷款利息可以在企业所得税前扣除，另一方面政府债券的利息收益可获免税，这样企业就能从事税收套利了。如果没有政府债券和银行贷款利息税收待遇上的这种差异，则上述税收套利行为就不可能发生。当然如果企业没有应纳税所得额的话，利息扣除就不会减少应纳税所得额，套利的意义就不大。

四、套利的应用

本书将着重对时间套利和工具套利进行应用案例分析，为便于分析起见我们作出如下假设：

第一，没有交易费用和税收。

第二，套利者可按无风险利率自由借贷。

第三，套利者可按市场中间价格买卖资产。

基于远期和期货合约的套利是指利用远期或期货与现货价格或较近期限远期或期货合约的异常差异进行套利，属于时间套利。

（一）针对一般远期或期货套利

支付收益证券的远期或期货与现货价格之间存在如下关系：

$$F = Se^{(r-q)(T-t)} \tag{5.13}$$

其中，F 为远期或期货价格，S 为现货价格，r 为无风险利率，q 为从现在到期货到期时间标的资产支付的收益。t 为现在时刻，T 为期货到期时刻。

如果远期和期货与现货价格的均衡关系被打破，就会出现套利机会，如果 $F > Se^{(r-q)(T-t)}$，交易者可以买入现货，同时卖出远期或期货，以获得无风险利润；如果 $F < Se^{(r-q)(T-t)}$，交易者可进行相反操作，便可获得无风险利润。关于期货与现货之间的套利较为简单，下面我们来看一个利用不同期限远期合约套利的例子。

例 5.5 假设上海期货交易所铜 2 月份合约的价格为 18 300 元/吨，而 7 月份合约价格为 19 300 元/吨，升水达到 1 000 元/吨。通过测算我们知道 2 月到 7 月的持仓费约为 500 元/吨，而如果进行现货交割的套利，成本约为 750 元/吨，因此进行跨期套利毫无风险且最小收益将大于 250 元/吨。而且通过分析我们认为价差在不久后将会缩小的可能性很大，那么最终套利的完成很可能不需进行现货交割并且收益极大。

总体思路：以 18 300 元/吨的价格买入 1 000 吨 2 月份铜，同时以 19 300 元/吨的价格卖出 1 000 吨 7 月份铜，完成套利的入场步骤。退场的方式可能有两种：第一，当价差在 2 月份铜最后交易日（2 月 15 日）之前大幅缩小时，同时平仓退场以获取利润，这是我们最希望采用的方式；第二，如果价差在 2 月 15 日前没有缩小或者缩小的程度不理想时，交割 2 月到期的合约并在 7 月份到期时交货，完成套利过程，这是最坏的结果，但仍然可以保证获利。而且即使 2 月份交割之后仍然可以有诸如仓单抵押、择机卖现货等许多灵活的操作方案可以选择。但我们必须设想到最坏的情况，因此我们设计交割套利方案如下：

预算资金：按 1 000 吨的数量进行跨期套利并进行交割，所需资金为 1 846 万元。取得银行的支持获得封闭式贷款 1 292.2 万元，占 70%，自有资金占 30%，为 553.8 万元，资金使用期限为 6 个月。

成本核算：

(1) 交易手续费：100 元/手。
(2) 交割费：2 元/吨。
(3) 仓储费：7.5 元/吨/月。
(4) 过户费：3 元/吨。
(5) 利息：6.5%/年 × 贷款金额 × 0.5。
(6) 增值税：利润 × 14.5%。

盈利测算：投资 553.8 万元，最小获利 19.05 万元，最低年收益率 6.9%。

通过以上方案的设计，我们可以确切地知道此次套利操作的最小收益约为 6.9%，实际结果也可能会好出许多，而唯一的风险只是资金是否能够到位。

(二) 股指期货套利

股价指数可以近似看成支付连续收益率的资产，股价指数期货价格与股价指数现货价格之间符合一般远期、期货与现货价格之间的关系，其套利基本思路也一致。

例 5.6 假设 S&P500 指数现在的点数为 1 000，该指数所含股票的红利收益率预计为每年 5%（连续复利），3 个月期 S&P500 指数期货的市价为 950 点，3 个月期无风险连续复利年利率为 10%，请问如何进行套利？

在本例中，$F < Se^{(r-q)(T-t)}$，因此投资者可以通过卖出成分股买入指数期货来套利。其具体步骤如下：

(1) 确定套利的金额（假定为 1 000 万美元）。
(2) 按各成分股在指数中所占权重卖空成分股，总计金额为 1 000 万美元。
(3) 将卖空成分股所得款项 1 000 万美元按无风险利率贷出 3 个月。
(4) 买入 40 份 3 个月期 S&P500 指数期货。
(5) 3 个月后收回贷款本金，其利息收入为：
$1\,000(e^{0.1 \times 0.25} - 1) = 25.32$（万美元）。
(6) 3 个月后按市价买回成分股，平掉股票的空仓，假设此时指数现货点数为 S_T，则股票现货盈亏为：

$$(\frac{1\,000-S_T}{1\,000})\times 1\,000(万美元)=1\,000-S_T(万美元)。$$

(7) 3 个月买空股票者需要支付的红利收益:

$$1\,000(e^{0.05\times 0.25}-1)=12.6(万美元)。$$

(8) 3 个月后按指数现货点数 S_T 对期货头寸进行结算,其盈亏为:

$$(S_T-950)\times 250\times 40(美元)=S_T-950(万美元)。$$

(9) 此次套利的总盈亏为:

$$25.32-12.6+(1\,000-S_T)+(S_T-950)=62.72(万美元)。$$

与股票期货相比,股指期货存在更大风险,这是因为在实际操作中,股市行情瞬息万变,而买入卖出成分股票所用时间较多。在发生金融恐慌时,即使利用计算机程序自动完成指令,也难以应对瞬息万变的行情。1987 年 10 月 19 日"黑色星期一",美国股市发生大崩盘的当天,收市时,S&P500 指数为 225.06 点,而 12 月份交割的 S&P500 指数期货价格却只有 201.50 点,比现货价格低 23.56 点;而在第二天纽约证交所对程序交易实行临时性限制措施后,12 月份的指数期货价格最多时比现货价格低了 18%。

(三) 利率远期或期货套利

根据公式 (2.2),远期利率的计算公式为:

$$\hat{r}=\frac{r^*(T^*-t)-r(T-t)}{T^*-T} \tag{5.14}$$

可见,远期利率和不同期限的即期利率 (r 和 r^*) 保持着密切的联系,如果上述关系被打破,就存在套利机会。上式的 $\hat{r}$ 表示理论上的远期利率,如果实际远期利率高于理论远期利率,套利者就可通过借长贷短并做空远期利率协议来获利;如果实际远期利率低于理论远期利率,套利者则可通过借短贷长并做多远期利率协议来获利。

例 5.7 假设 45 天期短期国债的年利率为 10%,135 天期短期国债的年利率为 10.5%,还有 45 天到期的短期国债期货价格中隐含的远期利率为 10.6% (所有的利率均为连续复利率)。短期国债本身隐含的 45 天到 135 天中的远期利率为 (135×10.5−45×10)/90=10.75%,这就高于短期国债期货价格中隐含的 10.6% 的远期利率。投资者应如何进行套利?

显然,套利者应在 45 天到 135 天的期限内以 10.6% 的利率借入资金并按 10.75% 的利率进行投资。这可以通过以下的策略来实现:

(1) 卖空期货合约。

(2) 以 10% 的年利率借入 45 天的资金。

(3) 将借入的资金按 10.5% 的利率进行 135 天的投资。

以上策略称为第一类套利。如果情况与此相反,即短期国债期货的隐含利率为 10.80%,高于 10.75%,则运用第二类套利策略:

(1) 买入期货合约。

(2) 以 10.5% 的年利率借入 135 天的资金。

(3) 将借入的资金以 10% 的利率进行 45 天的投资。

以上两类套利策略都包含了以短期国债利率或接近的利率借入资金。实际上，为了验证短期国债市场是否存在套利机会，交易者经常计算所谓的隐含回购利率。它是与短期国债到期日相同的国债期货价格和比该短期国债的期限长90天的另一短期国债价格所隐含的短期国债利率。如果隐含回购利率高于实际的短期国债利率，理论上就可能进行第一类套利。如果隐含回购利率低于实际的短期国债利率，理论上就可能进行第二类套利。

（四）汇率远期或期货套利

外汇远期或外汇期货的定价公式如下（公式表明远期汇率与现货汇率之间必须保持如下平价关系，否则就存在套利机会）：

$$F = Se^{(r-r_f)(T-t)} \tag{5.15}$$

其中，t 为现在时刻，T 为合约到期时刻；S 为即期汇率，F 为 T 时的远期汇率；r 为本币的无风险利率，r_f 为外币的无风险利率。

如果 $F > Se^{(r-r_f)(T-t)}$，套利者就可以通过买入外汇现货，卖出外汇远期或期货来获取无风险利润；如果 $F < Se^{(r-r_f)(T-t)}$，套利者就可以通过卖出外汇现货，买入外汇远期或期货来获取无风险利润。

例5.8 免费的午餐——人民币升值预期下的零风险套利机会。

让我们来看看进口企业中常见的一种业务类型。假设A企业有一笔进口信用证业务，到期需购汇后对外支付美元。通常情况下，A企业在付汇日7个工作日内备足人民币后，以银行即期卖出价向银行购汇后直接对外付汇。如果A企业以购汇人民币全额质押、以所贷外汇对外付汇，然后再续做一笔同金额同期限的远期购汇业务，情况又会如何呢？以下是交通银行2005年6月的一笔实例：

2005年6月30日，A企业有一笔金额为260万美元的即期信用证须购汇后对外付汇。当日银行美元即期售汇价为8.2889，一年期远期售汇价为8.0365，一年期人民币存款利率为2.25%，一年期美元贷款利率为LIBOR+70BP（6月30日一年期美元LIBOR为3.86%）。该行经测算，为A企业设计了一年期人民币质押项下外汇贷款业务。具体做法为：先以购汇资金合计2 155.11万人民币全额质押，向A企业贷款260万美元后对外付汇，同时做一年期远期购汇业务，一年后，以远期所购美元全额还贷，则：

A企业到期需支付美元为260万美元×(1+3.86%+0.7%)=271.856万美元。按远期购汇价，到期需支付人民币为271.856万美元×8.0365=2 184.77万元。扣除一年期人民币定存48.49万元（2 155.11×2.25%=48.49万），实际支付人民币为2 136.28万元。与直接即期购汇后对外付汇比，A企业产生套利2 155.11−2 136.28=18.83万元。在不影响企业资金流动性的情况下，无风险收益率达8.74%。

本章小结

1. 套期保值是指在现货市场某一笔交易的基础上，在期货市场上做一笔价值相当、期限相同但方向相反的交易，以期保值。套期保值按其操作方法的不同，可以分为空头（卖出）套期保值、多头（买进）套期保值。

2. 确定套期保值需要的期货合约的规模，最重要的是要决定使用期货合约的数量与现货数量的比例，即最佳套期保值比率。

3. 基差是期货市场的一个重要概念，它是指在某一时间、同一地点、同一品种的现货价格与期货价格的差，基差变化的不确定性称为基差风险。

4. 基差交易是指为了避免基差变化给套期保值交易带来的不利影响，所采取的以一定基差和期货价格确定现货价格的方法。

5. 投机是指人们根据自己对金融期货市场的价格变动趋势的预测，通过看涨时买进、看跌时卖出而获利的交易行为。按具体的操作手法不同，投机可以分为多头投机和空头投机。

6. 套利是指人们利用暂时存在的不合理的价格关系，通过同时买进和卖出相同或相关的商品或期货合约，以赚取其中的价差收益的交易行为。

思考与练习题

1. 投机的功能有哪些？
2. 典型的套利有哪些特征？
3. 简述套利与投机的区别。
4. 试述套期保值的经济原理。

5. 2005年8月，国内某豆油压榨企业计划在两个月后购进1 000吨大豆，此时现货价格为2 900元/吨，11月的大豆期货合约的价格为3 050元/吨。由于担心价格继续上涨，该企业决定通过期货市场进行买入套期保值，在大连商品交易所买入11月合约100手（每手10吨），到10月份，现货价格上涨至3 100元/吨，而此时期货价格为3 250元/吨，于是该企业卖出期货合约对冲平仓。请计算该企业的盈亏情况。

6. 一位交易员的长期投资证券组合中包括黄金。交易员可以以每盎司1 450美元买入黄金，并以每盎司1 439美元卖出黄金。该交易员可以以年利率6%借款，并可以以年利率5.5%投资（两个利率都是每年计一次复利）。黄金的一年期远期价格在什么范围内时，该交易员没有套利机会（不考虑远期价格的买卖差价）？

7. 利用沪深300股指期货的市场数据，寻找期现套利的机会，并设计套利方案，计算套利成本和收益。

8. 与套期保值策略相比，投机策略的特点有哪些？

第六章 金融互换

内容提要：与期货、期权交易相比，互换交易可以省去对头寸的日常管理麻烦。正因为互换交易优点突出，所以成为众多金融交易者进行长期保值和风险管理的重要工具。本章我们将对互换的原理、类型和功能作详细的介绍。

金融互换是买卖双方在一定时间内，交换一系列现金流的合约。具体说，金融互换是指两个（或两个以上）当事人按照商定的条件，在约定的时间内，交换不同金融工具的一系列支付款项或收入款项的合约。其可以看成一系列远期合约的组合，因此对互换的学习很自然地成为对期货和远期合约学习的扩展。

第一节 互换市场的起源和发展

金融互换是在20世纪80年代平行贷款和背对背贷款的基础上发展起来的。但它们之间既有联系又有区别。互换市场的起源可以追溯到20世纪70年代末，当时的货币交易商为了逃避英国的外汇管制而开发了货币互换。1981年，国际商业机器公司（IBM）与世界银行签署的利率互换协议是世界上第一份利率互换协议。从那以后，互换市场发展迅速。利率互换和货币互换的名义本金金额从1987年年底的8 656亿美元猛增到2002年年中的823 828.4亿美元，15年增长了近100倍。可以说，这是增长速度最快的金融产品市场。

一、金融互换的雏形

货币互换的前身采取过平行贷款及背对背贷款等多种形式。这种交易常用做规避而非逃避外汇管制的手段。因为在交易安排中无须实际出售某种受管制的货币，所以监管当局就没有理由拒绝这种交易。例如，若在1979年10月英国取消外汇管制措施以前，壳牌公司想贷款给其美国子公司，需出售英镑购买美元，而这需要花费一笔额外的费用，这就使得贷款成本不经济；有了平行贷款，壳牌公司可以贷英镑款项给美国公司的英国子公司，同时美国公司贷美元款项给壳牌公司的美国子公司，则双方均无须支付额外费用。

（一）平行贷款

20世纪70年代初，由于国际收支恶化，英国实行外汇管制并采取了对外投资扣税的办法,以控制资金的外流。于是一些银行为满足企业规避外汇管制的需求,推出了平行贷款(Parallel Loan):两个母公司分别在国内向对方公司在本国境内的子公司提供金额相当的本币贷款,并承诺在指定的到期日各自归还所借贷款。例如,英国母公司向美国母公司在英国境内的子公司贷款,美国母公司相对应地贷款给英国母公司在美国境内的子公司,结构如图6.1所示。

平行贷款既可满足双方子公司的融资需要,又可规避外汇管理,因此深受欢迎。但平行贷款存在信用风险问题,这是因为平行贷款包含两个独立的贷款协议,它们分别具有法律效力,其权利、义务不相联系,当一方出现违约时,另一方仍不能解除履约义务。

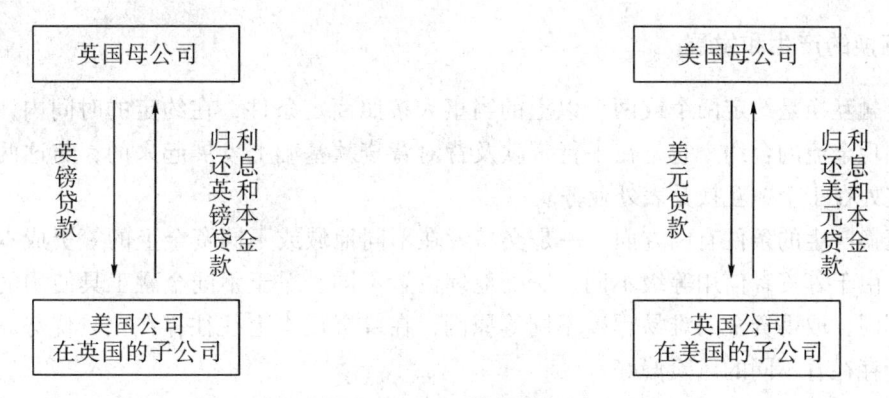

图6.1 平行贷款结构图

这种融资方式的主要优点是可以绕开外汇管制的限制,不会发生跨国界的资金转移。但运用这种方式融资,需要有两个母公司和两个子公司,而且双方需要融资的数额相同,并且都愿意承担所包含的信贷风险。

(二)背对背贷款

为了解决平行贷款中的信用风险问题,产生了背对背贷款(Back to Back Loan)。它是指两个国家的公司相互直接贷款,贷款币种不同但币值相等,贷款到期日相同,各自支付利息,到期各自偿还原借款货币。其流程如图6.2所示。

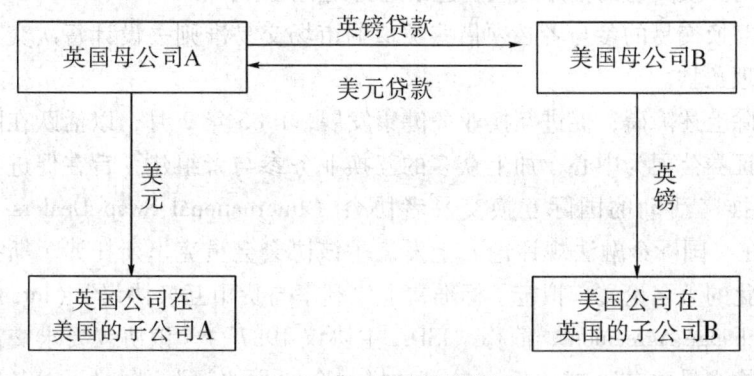

图6.2 背对背贷款流程图

背对背贷款尽管有两笔贷款，但只签订一个贷款协议，协议中明确若一方违约，另一方有权抵消应尽的义务。这就大大降低了信用风险，向货币互换大大迈进了一步。但是，背对背贷款涉及跨国借贷，存在外汇管制问题。因此，背对背贷款只是在 1979 年英国取消外汇管制后才作为一种金融创新工具出现。

背对背贷款虽然已非常接近现代货币互换，但两者仍有本质的区别。前者是一种借贷行为，在法律上会产生新的资产和负债（双方互为对方的债权人和债务人）；而后者是不同货币间负债或资产的互换，是一种表外业务，并不产生新的资产与负债，因而也就不改变一个公司原有的资产负债结构。这也是互换交易之所以受到人们青睐并得以飞速发展的重要原因。

二、互换的产生和发展

金融互换是约定两个或两个以上的当事人按照商定条件，在约定的时间内，交换一系列现金流的合约。它是在平行贷款及背对背贷款基础上发展起来的，与这两者的不同之处在于金融互换是表外业务。

互换产生的条件有两方面：一是交易者在不同地域或不同资金上的筹资成本存在差异。由于筹资者信用等级不同、所处地理位置不同、对于不同金融工具使用的熟练程度不同、取得资金的难易程度不同等原因，在筹资成本上往往存在比较优势。二是交易者存在着不同的风险偏好。

互换一经产生，就因其适应了市场的巨大需求而获得了很大成功。此后，世界性互换行业协会——国际互换交易者协会成立，互换二级市场出现，24 小时交易与市场制造者诞生。互换参与者队伍不断扩大，互换创新形式不断出现，使互换获得了快速的发展。

（一）国际互换交易者协会成立

尽管互换业务产生以来发展迅速，但也存在一些互换业务进一步发展的障碍，具体表现如下：

第一，缺乏普遍接受的交易规则和合约文本；

第二，对互换交易的信用风险普遍缺乏深刻的理解；

第三，互换交易的参与者必须借鉴类似的市场交易准则去设计每次交易的合约内容与账务处理条款。

为了消除上述障碍，促进互换业务健康发展，1985 年 2 月，以活跃在欧洲市场的大银行、大证券公司为中心，加上众多的互换业务参与者组建了旨在促进互换业务标准化和业务推广活动的国际互换交易者协会（International Swap Dealers Association，ISDA），并在《国际金融法规评论》上发表了该协会会员克里斯托弗·斯托克关于互换业务标准化的著名论文，拟定了标准文本"利率与货币互换协议"（Interest Rate and Currency Exchange Agreement，简称"ISDA 主协议 1987"）。该协议要求交易双方在达成第一笔互换交易之前（或之后）签订这样一个"主协议"，同时可对各项条款进行讨论、修改和补充。这样，在以后每笔互换交易时，就省去了拟定、讨论文本的大量时间。在"主协议"项下，交易双方的每一笔互换交易仅需要一个信件或电传来确定每笔互换的交易日、生效日、到期日、利率、名义本金额、结算账户等即可成交，大大提高了交易效率。

国际互换交易者协会的创始人包括花旗银行、银行家信托公司、美林公司、第一波士顿公司、高盛公司、克林沃德金融公司、摩根担保信托公司、摩根斯坦利公司、所罗门兄弟公司、希尔森－莱曼兄弟公司等。目前，该协会的会员已超过200个。美国、日本及欧洲的多数银行、证券公司都已成为该协会的会员，这为互换交易能运用共同语言、共同计算方式交易打下了坚实的基础，为互换交易的深入发展创造了良好的条件。

（二）互换二级市场出现

伴随互换一级市场的迅速发展和互换交易向标准化的改进，互换二级市场应运而生。该市场包括三种截然不同的交易方式，即互换转让（或再互换）、互换自动终止、反向（转让）互换。据统计，互换交易二级市场的交易量占总交易量的20%～30%。互换交易在资产和负债管理上的广泛运用是其重要因素。互换二级市场的兴起，大大增强了互换交易市场的流动性，使互换交易变得更为灵活。

在二级市场的三种交易方式中，只有第一种方式，即互换转让或再互换类似于证券二级市场。互换转让的目的主要是实现互换交易的已有收益，即通过再互换，将已有收益的合约按当时的市价转让出去，从而锁定已有的收益。当然，由于互换合约的非标准化、互换对手的反对以及互换转让中的税收和会计处理问题，互换转让的数量还处于较低水平。在上述障碍排除后，互换转让数量将会大大增加。

对于互换交易中出现的互换暴露问题（与外汇交易一样，安排互换的机构由于买入和卖出的互换合约的数额和期限不相匹配，也会产生互换的暴露），一般采取互换自动终止或反向（转让）互换方式弥补。

互换自动终止由于不存在互换转让方式的信用风险问题，因此相对比较简单。在原互换合约中一般已特别列出"互换自动终止"条款，互换交易双方通过谈判确定互换自动终止所需支付的费用。这使互换自动终止变得不够实用和流行。

与前两种方式不同，反向互换无须支付大量现金而能锁定一段时期的现金支付。它包括两种方式：在互换市场上签订一个反向互换合约或与原互换对手签订一个反向互换合约（又称镜子互换）。

在互换市场上签订一个反向互换合约是互换二级市场上最早的交易方式，但该方式也存在两种缺陷：一是使缔约人的信用暴露程度又增大一倍；二是若原互换合约设计过于特殊，那么在互换市场上将难以找到恰好能对冲原互换交易的对手。

镜子互换则可以避免上述大部分问题。由于镜子互换是与原交易对手签订的，不仅完全对冲掉原有风险，而且不存在订立协议方面的操作性困难。作为互换自动终止的替代物，镜子互换还避免了大笔现金的支付。

近年来，英国、美国一些安排互换交易的大银行越来越倾向于把互换合约规范成可以买卖的"证券"，并为此做了大量努力，如促使互换合约标准化、促进互换市场惯例化等。伴随着互换标准化的发展，会出现一笔互换交易有多个中介机构和最终用户介入的情况，这将促使二级市场出现较大发展。

（三）24小时交易与市场制造者诞生

由于互换的迅速发展，互换也出现了像证券市场、外汇市场的24小时交易场面。一些世界性的商业银行与投资银行在其互换业务部门中，雇佣了很多精通互换交易的交易员，他们在24小时轮班工作，密切注意遍布全球各地的分支机构传来的互换需求信息，并尽力去满足这些需求。这不仅仅因为安排互换交易利润丰厚，更主要的是，互换业务与企业的债务管理、债券发行等重要的财务活动有着非常密切的联系，谁能安排互换业务，降低企业的筹资成本，谁就能获得证券发行代理、承销等业务。无法提供有吸引力的互换业务的银行，将会失去原有的客户。

以此为背景，互换市场的市场制造者也要在同业市场上报出有吸引力的互换合约买卖价格，以承担互换暴露风险为代价来争取更多与客户做生意的机会。市场制造者的诞生，大大增强了互换市场的流动性，使互换业务获得深入发展。

（四）互换参与者队伍不断扩大

伴随互换交易规模的不断扩大，互换参与者队伍也不断扩大。银行最初参与互换交易是帮助跨国公司避税（如逃避英国政府海外投资扣税）并收取0.5%~1%的手续费，但像接受任何新鲜事物一样，其行动十分谨慎。世界银行与IBM公司第一笔公开的货币互换的巨大成功、德意志银行卢森堡分行和瑞士第一信贷银行波士顿分行内部利率互换细节的公开，为互换的发展做了有力的宣传。许多银行开始利用其联系广泛、信息灵敏、通信设施发达等优势，居间安排互换交易，这使传统经纪人（Broker）的角色为商业银行互换中介人（Intermediate）的角色所代替。商业银行还直接成为互换交易的一方，一些银行还成为市场制造者。这大大增加了互换交易的流动性和复活性。以前互换合约很难找到交易对手，而目前只需几分钟即可完成互换交易。

保险公司也认识到互换的优越之处，开始将这种产品应用到租赁范围，并期望更多的人使用它，以使自己的业务更适应于国际化的要求。养老基金也开始在有限范围内使用该项技术。

出口信贷机构中，最初只有瑞典的出口信贷机构对互换较感兴趣，其他绝大多数出口信贷机构都态度审慎地看待这一新事物。伴随着互换的发展和受瑞典出口信贷机构运用互换交易的成功经验的启示，许多出口信贷机构终于认识到利用互换减少资金成本、灵活转换币种、合理调整固定利率和浮动利率借款结构的好处，也开始大量介入互换交易以使其处于富有应变能力的地位。

政府及政府机构出于将浮动利率资金转换为固定利率资金和追求负债结构多元化的需要，也开始大量介入互换交易。

这样，互换成为全社会各个机构踊跃参与的交易活动，出现了互换广泛普及、空前繁荣的局面。

（五）互换创新形式不断出现

金融创新的不断深入，使互换技术更为完善和复杂。交叉货币利率互换于1984年开始在欧洲资本市场出现，促进了互换种类的丰富。在此基础上，将互换与其他金融工具甚至衍生工具进行组合，或将互换方式稍作变化形成的新的互换方式层出不穷，主要有互换期权、远期互换、分期摊还互换、指数互换、零息票债券互换、可展式互换、多边互换、卡特尔互换等。

（六）互换交易的规模迅速扩大

互换独特的优势使其规模增长迅速，银行由中介到当事人的角色转换、计算机和互联网技术的运用、合约的标准化、风险管理技术的不断完善，更为互换的迅速发展创造了条件，导致互换交易额急剧膨胀。据估计，国际债券的发行有 70% 是由互换交易驱动的。换言之，债券的发行和时间的选择，是由互换交易的套利机会决定的。

第二节 互换的类型和功能

金融互换的发展历史虽然较短，但品种不断创新。除了传统的货币互换和利率互换外，各种新的金融互换品种不断涌现。

一、互换的类型

（一）利率互换

利率互换（Interest Rate Swap）是指双方同意在未来的一定期限内，根据同种货币的同样的名义本金交换不同利息的现金流，其中一方的现金根据浮动利率计算，而另一方的现金流根据固定利率计算。互换的期限通常在 2 年以上，有时甚至在 15 年以上。双方进行利率互换的主要原因是双方在固定利率和浮动利率市场上具有比较优势。由于利率互换只交换利息差额，因此信用风险很小。

（二）货币互换

货币互换（Currency Swap）是将一种货币的本金和固定利息与另一种货币的等价本金和固定利息进行交换。货币互换的主要原因是双方在各自国家中的金融市场上具有比较优势。由于货币互换涉及本金互换，因此当汇率变动很大时，双方将面临一定的信用风险。当然这种风险比单纯的贷款风险小得多。

（三）非标准互换

从最普遍的意义来说，互换实际上是现金流的交换。由于计算或确定现金流的方法有很多，因此互换的种类就很多。前面我们介绍的都是基本的金融互换，都具有本金固定、利率明确、定期支付利息、立即起算以及不附带特殊风险等特点，而如果上述情况发生变化，可以派生出多种金融互换类型，我们称之为非标准互换。除了上述最常见的利率互换和货币互换外，其他主要的非标准互换品种如下：

1. 交叉货币利率互换

交叉货币利率互换（Cross-currency Interest Rate Swaps）涉及不同货币、不同利率

的互换新方式，是利率互换和货币互换的结合，是以一种货币的某种利息交换另一种货币的某种利息。标准的交叉货币互换与货币互换相似：第一，互换双方的货币不相同；第二，到期需要交换本金；第三，在生效日本金可交换也可不交换；第四，互换双方既可以是固定利率互换，也可以是浮动利率互换，或者是浮动利率与固定利率互换。交叉货币利率互换的典型代表形式是美元浮动利率与非美元固定利率的互换。

我们也可以把利率互换理解成双方使用同种货币的交叉货币互换。从这个角度看，本金的互换是无关紧要的，因为采用同种货币，其本金互换的最终结果总是为零。本金在期末总是交换的，这是交叉货币互换的一个显著特点。本金既可以是实际金额也可以是名义金额，最初互换本金后，根据本金计算利息。接下来是一连串的利息互换，在到期日，再按事先规定的汇价换回本金。

2. 增长型互换、减少型互换和滑道型互换

在标准的互换中，名义本金是不变的，而在这三种互换中，名义本金是可变的，即可以在互换期内按照预定方式变化。其中，增长型互换（Accreting Swap）的名义本金在开始时较小，而后随着时间的推移逐渐增大。减少型互换（Amortising Swap）则正好相反，其名义本金随时间的推移逐渐由大变小。近年来，互换市场又出现了一种特殊的减少型互换，即指数化本金互换（Indexed Principal Swap）。指数化本金互换，其名义本金的减少幅度取决于利率水平，利率越低，名义本金减少幅度越大。滑道型互换（Roller–coaster Swaps）的名义本金则在互换期内时而增大，时而变小。

增长型互换比较适合借款额在项目期内逐渐增长的情形，如建筑工程融资。减弱型互换则比较适合于以发行债券来融资的借款方。就项目融资来看，初期借款可能逐渐增加，此后随着对承包者的阶段性支付的累积，借款额会逐渐减少，因此可以考虑采用滑道型互换与各期借款本金相对应。在上述每一种情况下，名义本金的变化不一定是有规律的，可以在每一期互换开始之前对名义本金加以确定。

3. 基础互换

在普通的利率互换中，互换一方是固定利率，另一方是浮动利率。而在基础互换（Basic Swaps）中，双方都是浮动利率，只是两种浮动利率的参照利率不同，通常一方的浮动利率与某一时期的伦敦银行同业拆放利率挂钩，而另一方的浮动利率则与另一类市场利率相联系，如商业票据利率、存款利率或联邦基金利率等。例如，某公司通过商业票据的滚动发行筹集资金，并将筹得的资金投资于收益率为伦敦银行同业拆放利率的资产，那么一笔基础互换交易就可以防范或消除由于采用不同利率而产生的收入流与支出流不相吻合的风险。或者，发行商业票据的公司可能希望锁定借款成本，那么该公司可以将基础互换与普通互换相结合，先把浮动商业票据利率转化成伦敦银行同业拆放利率，再把伦敦银行同业拆放利率转变成固定利率。

还有一种基础互换与上面所述的基础互换略有不同，双方的浮动利率与同一种市场利率挂钩，但期限不同。例如，1月期伦敦银行同业拆放利率与6月期伦敦银行同业拆放利率互换。在这种情况下，付息次数或频率也会出现不一致。因此，对于按6月期伦敦银行同业拆放利率收息并按1月期伦敦银行同业拆放利率付息的一方来说，在收取半年期利息减去支付的最后1月期利息的净额之前，要连续5个月支付月息。比

起付息次数或频率相同的互换来，此类互换来自对方的风险要大一些。

4. 议价互换

大多数互换的初始定价是公平合理的，不存在有利于交易一方而不利于交易另一方的问题，也就是说没有必要从互换一开始就由交易一方向另一方支付利息差。然而在议价互换交易中，固定利率不同于市场的标准利率，因此交易一方必须向另一方进行补偿。议价互换（Off-marker Swap）的应用价值在于：当借款方以发行浮动利率债券筹资，并希望利用互换既能将浮动利率债券转换成固定利率债券，又能支付发行债券的前端费用时，就可以设计一份议价互换。借款方（债券发行公司）收取一笔初始资金和定期浮动利息，同时以略高于普通互换市场利率的固定利率支付利息。高出固定利率的边际额可以在互换期内将发行债券的前端费用有效地加以分摊。

5. 零息互换与后期确定互换

在零息互换（Zero-coupon Swap）中，固定利息支付的现金流被一次性的支付所取代，一次性支付可以在互换初期，但更常见的是在期末。而在后期确定互换（Back-set Swap）中，互换确定日不是在计息期开始之前，恰好是在结束之际。因此，浮动利率的确定是滞后的而不是提前的，这种互换也称为伦敦银行同业拆放利率滞后互换（LIBOR-in Arrears Swap）。如果某交易方认为利率走势将与市场预期有出入，那么这种互换就很有吸引力。例如，在收益率曲线上升的条件下，远期利率要高于当前的市场利率，在制定互换固定利率时就要反映出这一点，后期确定互换的定价就可以定得更高一些。如果固定利率的收取方认为市场利率的上升要比远期利率所预期的慢，那么后期确定互换同样要比常规互换更为有利。

6. 边际互换

边际互换（Margin Swap）采用的浮动利率是在LIBOR基础上再加上或减去一个边际额，而不是直接用伦敦银行同业拆放利率本身，因此将其称为边际互换。一个按伦敦银行同业拆放利率LIBOR+50个基点筹资的借款人当然希望能从互换中获得伦敦银行同业拆放利率LIBOR+50个基点的利率，而不仅仅是伦敦银行同业拆放利率，否则浮动利率的现金流量就不一致。因此，边际互换的结果类似于普通互换中对固定利率加上一个边际额。例如，一个普通互换是7%的固定利率对伦敦银行同业拆放利率，则与此相应的边际互换的报价可能就是7.5%的固定利率对伦敦银行同业拆放利率LIBOR+50个基点。只有当互换双方天数计算惯例或付息次数各不相同时，如固定利率方以实际天数/365计算，而浮动利率方以30/360计算，边际互换与普通互换的结果才会出现差异。

7. 差额互换

差额互换（Differential Swap）是对两种货币的浮动利率的现金流进行交换，只是两种利息现金流均按同种货币的相同名义本金计算。例如，在一笔差额互换交易中，互换一方以6月期美元伦敦银行同业拆放利率对1 000万美元的名义本金支付利息；同时对同样一笔数额的名义本金以6月期马克伦敦银行同业拆放利率减去1.9%的浮动利率收取以美元表示的利息。在20世纪90年代初期，差额互换非常流行，当时美元利率很低，但收益率曲线上升得非常陡峭；而马克利率很高，收益率曲线却向下大幅度倾斜。因此，按美元伦敦银行同业拆放利率付利息，并按马克伦敦银行同业拆放利率 LIBOR－1.9% 收取以美元表示的利息的交易方在互换初期会有净收入。如果利率按远期收益率曲线所示发生变化，那么这些净收入最终会转变成净支出。但是许多投资者坚信美元利率会低于远期利率所预示的水平，而德国马克利率依然会维持在高水平上。因此，通过差额互换获利的时间将大大延长，甚至可能在整个互换期间都获利。

差额互换究竟属于货币互换还是属于利率互换很难加以定义，因为它既像交叉货币互换一样涉及两种货币的利率，又像利率互换一样仅以一种货币支付或收取利息。另外，当银行要为差额互换进行保值时，还会涉及一种复杂的金融工具——数量调整期权的定价的问题。

8. 远期启动互换

远期启动互换（Forward－start Swap）是指互换生效日不是在交易日后一两天，而是间隔几周、几个月甚至更长时间。这种互换适用于为未来某时进行的浮动利率筹资，但希望在现在就确定实际借款成本的借款人。例如，某家公司可能刚刚获得对一个项目的委托管理，并正忙于筹集资金以备将来支用。如果这家公司拖到以后才安排互换交易，就可能面临利率上涨的风险。

9. 股票互换

股票互换（Equity Swaps）是把股票指数产生的红利和资本利得与固定利率或浮动利率交换。投资组合管理者可以用股票互换把债券投资转换成股票投资，反之亦然。

二、金融互换的功能

互换交易属于表外业务，不计入资产负债表，因此具有降低筹资成本，提高资产收益；优化资产负债结构，转移和防范利率风险和外汇风险；空间填充等功能。

（一）降低筹资成本，提高资产收益

互换交易是以比较优势为基础的，交易者通过互换，可以充分利用双方的比较优势，降低筹资成本，也可以通过资产互换来提高资产收益。交易双方最终分配由比较优势产生的全部利益是互换交易的主要动机。例如，具有信用级别差异的双方，进行数额、币种、期限相同的负债互换，双方都可以用低于自己单独筹资的利率成本获得资金，以较低的成本满足其最终需求。

（二）优化资产负债结构，转移和防范利率风险和外汇风险

互换交易使企业和银行能够根据市场行情的变化，灵活地调整其资产负债的风险结构和期限结构，以实现资产负债的最佳配置。由于互换是以名义本金为基础进行的，利用互换对资产和负债的利率风险或汇率风险进行管理比利用货币市场和资本市场进行管理更为便捷，它可以不经过真实资金运动而对资产负债的风险及其期限结构进行表外重组，灵活地改变资产或负债的风险特征，以适应交易者的风险偏好。

（三）空间填充

空间填充功能从理论上讲是指金融机构依靠衍生工具提供一种金融特性的交换，

以弥合总体空间中存在的缺口和消除在此范畴内的不连续性，形成一个理想的各种工具的不同组合，创造一个平滑连续的融资空间。例如，发行形式间（证券筹资和银行信贷间）存在的差异、工具运用者信用级别的差异、市场进入资格限制等。事实上，这种缺口的存在正是互换交易能够进行的基础。从本质上讲，互换就是对不同融资工具的各种特征进行交换，它就像融资空间中的一架梭机，有人称之为金融交易中的"集成电路"。货币互换把一种通货负债换为另一种通货负债，从而弥合了两种通货标值间的缺口；利率互换将浮动利率负债换为固定利率负债，等于在浮动利率债券市场上筹措资金，而得到固定利率债券市场的效益。受到进入某一特定市场限制的机构或信用级别较低的机构可以通过互换，得到与进入受限制或信用级别要求较高的市场的同样机会，从而消除了业务限制和信用级别差异而引起的市场阻隔。互换交易具有明显的对融资工具不同特征的"重新组合"的特征。

第三节 利率互换

利率互换是20世纪80年代初在货币互换业务的基础上发展起来的，而且由于当时国际货币借贷市场上利率的频繁波动，使得利率互换在一开始出现之后就蓬勃发展起来，其全球交易量已经远远超过其他金融衍生品的交易量，一直排在第一位。

一、利率互换的概念

利率互换（Interest Rate Swaps）是指双方同意在未来的一定期限内，根据同种货币的同样的名义本金交换不同利率的现金流，其中一方的现金根据浮动利率计算出来，浮动利率通常以LIBOR为基础；另一方的现金流根据固定利率计算。在利率互换中，交易双方无论在交易的初期、中期，还是末期都不交换本金。本金可能是交易双方的资产或负债。交换的结果只是改变了资产或负债的利率特征。利率互换的基本结构如图6.3所示。

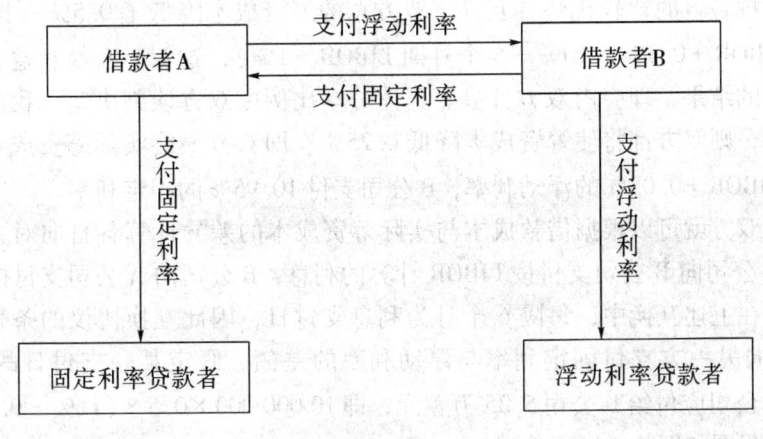

图6.3 利率互换的基本结构图

二、利率互换的基本特征

双方进行利率互换的主要原因是双方在固定利率和浮动利率市场上具有比较优势。由于利率互换只交换利息差额,因此信用风险很小。

利率互换以名义本金为基础。例如,一次典型的互换交易的名义本金额可能是 50 000 000 美元。通常,互换交易额是 50 000 000 美元的倍数,一般不进行名义本金额低于 1 000 000 美元的交易,大多数交易额在 50 000 000~100 000 000 美元。利率互换在一定时间内进行,利率互换的标准期限是 1 年、2 年、3 年、4 年、5 年、7 年与 10 年,30 年与 50 年的交易也较常见。随着市场的发展,利率互换变得越来越灵活,使许多派生交易成为可能。大体而言,交易越特殊,交易价格就越贵。

假定 A 公司、B 公司都想借入 5 年期的 1 000 万美元的借款,A 公司想借入与 6 个月期相关的浮动利率借款,B 公司想借入固定利率借款。但两家公司的信用等级不同,因此市场向它们提供的利率也不同,如表 6.1 所示。

表 6.1   市场提供给 A 公司、B 公司的借款利率

	固定利率	浮动利率
A 公司	10%	6 个月期 LIBOR + 0.3%
B 公司	11.2%	6 个月期 LIBOR + 1%

从表 6.1 可以看出,A 公司的借款利率均比 B 公司低,即 A 公司在两个市场上都具有绝对优势。但在固定利率市场上,A 公司比 B 公司的绝对优势为 1.2%,而在浮动利率市场上,A 公司比 B 公司的绝对优势为 0.7%。这就是说,A 公司在固定利率市场上有比较优势,而 B 公司在浮动利率市场上有比较优势。这样,双方就可以利用各自的比较优势为对方借款,然后互换,从而达到共同降低筹资成本的目的,即 A 公司以 10% 的固定利率借入 1 000 万美元,而 B 公司以 LIBOR + 1% 的浮动利率借入 1 000 万美元。由于本金相同,故双方不必交换本金,而只交换利息的现金流,即 A 公司向 B 公司支付浮动利息,B 公司向 A 公司支付固定利息。

通过发挥各自的比较优势并互换,双方总的筹资成本降低了 0.5%(即 11.2% + 6 个月期 LIBOR + 0.3% − 10% − 6 个月期 LIBOR − 1%),这就是互换利益。互换利益是双方合作的结果,理应由双方分享。具体分享比例由双方谈判决定。我们假定双方各分享一半,则双方都将使筹资成本降低 0.25%,即双方最终实际筹资成本分别为 A 公司支付 LIBOR + 0.05% 的浮动利率,B 公司支付 10.95% 的固定利率。

这样,双方就可以根据借款成本与实际筹资成本的差异计算各自向对方支付的现金流,即 A 公司向 B 公司支付按 LIBOR 计算的利息,B 公司向 A 公司支付按 9.95% 计算的利息。在上述互换中,每隔 6 个月为利息支付日,因此互换协议的条款应规定每 6 个月一方向另一方支付固定利率与浮动利率的差额。假定某一支付日的 LIBOR 为 11%,则 A 公司应付给 B 公司 5.25 万美元,即 10 000 000 × 0.5 × (11% − 9.95%)。利率互换的流程图如图 6.4 所示。

```
   10%的固定利率          LIBOR的浮动利率              LIBOR+1%的浮动利率
◄─────────────── [A公司] ◄─────────────── [B公司] ───────────────►
                         ───────────────►
                         9.95%的固定利率
```

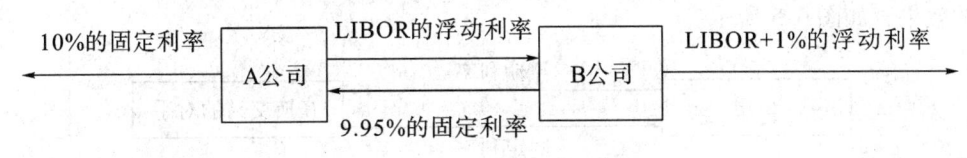

图6.4 利率互换流程图

由于利率互换只交换利息差额，因此信用风险很小。

利率互换交易的产生一般基于以下几种情况：交易者所需要的利率计算和支付方式的资产和负债很难得到；交易者在市场上筹集某种资金具有比较利益优势；根据对利率走势的判断和预测，交易者希望改变自己手头资产或负债的利率性质，把手头的浮动利率资产换成固定利率资产，但又不需要交换资产本身。这些方面通过利率互换都可以得到满足。利率互换有以下基本特征：

第一，利率互换与其他互换交易一样是一种表外业务，它能够改变给定资产或负债的风险与收益的特征，而不必出售原始资产或负债，这样就可以在不影响资产负债表结构的情况下给各方带来收益或减少风险。

第二，利率互换交易采用同一种货币，计息金额也相同。交易双方从头到尾都不必进行本金互换，而且互换现金流（利息）的交换只对其利息差额进行支付。

第三，对于互换交易中的任何一方而言，互换交易和它实际发生的借款行为是相互独立的，即融资的来源、形式及时间上的选择都与互换行为没有关系。通过互换只是可以降低已经发生的融资成本或规避利率变动的风险。

第四，利率互换的双方具有相同的身份，或者双方都是债务人，或者双方都是债权人。互换的对象是不同种类的利率，包括固定利率与浮动利率的互换、浮动利率与浮动利率的互换等，可以是利息支出的互换，也可以是利息收入的互换。

三、利率互换的应用

利率互换是表外业务，不会改变现有资产和负债的状况，但是却能使资产的收益和负债的成本发生有利的改变。利率互换本身不是一种债务或资产工具，它与其他资产或负债结合使用以改变相关工具的现金流，由此合成所需要的资产或负债。因此，利率互换最重要的用途之一就是进行资产负债的利率管理，将固定利率的债权（债务）与浮动利率的债权（债务）进行转换。下面分别举例说明利率互换在负债和资产管理中的各种应用。

（一）利率互换在负债管理中的运用

1. 合成固定利率或浮动利率负债

假定某家公司发行固定收益的债券，该公司于是暴露在利率下降的风险之中，因为未来利率如果下降，它将支付较高的利息。如果该公司预期利率下降并希望从中受惠，则它必须在利率下降之前，将固定利息的债务换成浮动利息的债务。该公司虽然可以在资产负债表上用新的浮动利率债务取代其固定收益债券，但这种转换即使可能也是相当繁琐或困难的。然而，该公司如果通过利率互换交易就可以很容易达到所需要的效果，如图 6.5 所示。

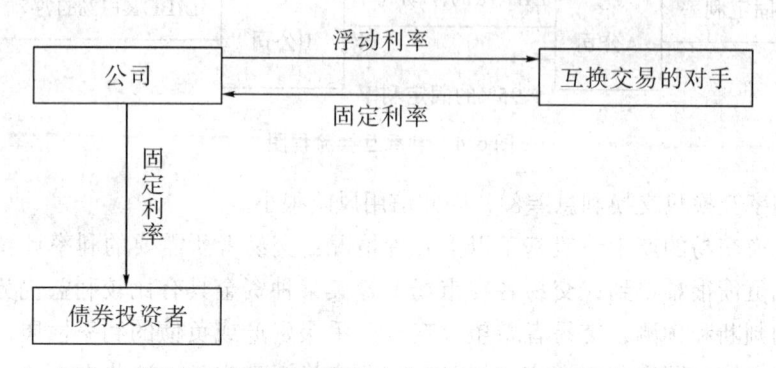

```
        浮动利率
公司 ←──────────→ 互换交易的对手
        固定利率
 │
 │ 固定利率
 ↓
债券投资者
```

图 6.5　通过息票互换交易将固定收益风险合成为浮动利率的负债

建立一笔息票互换交易，收取固定利息，支付浮动利息，该公司即可有效地将固定收益债券转换为浮动利率的债务。在互换交易中，收取的固定利息可以用来冲销债券的固定利息支出，该公司最后只需要支付浮动利息。固定收益债券虽然仍列在资产负债表中，但互换交易已经改变了这笔负债的现金流特性。因此，这笔互换交易创造了一笔合成的浮动利率债务。

同样，如果某一公司认为市场利率将上升，也可以通过利率互换将现有的浮动利率负债转换成固定利率负债，改变其负债的利率风险特征。

2. 管理浮动利率负债

借款者还可以通过利率互换管理其现有的浮动利率负债的利息成本。与前面降低固定利率负债的利息成本相似，当借款者预期未来市场上利率上涨时，为了降低其浮动利率债务的利息成本，运用互换将浮动利率债务转换成固定利率债务。下面的例子就是通过两个利率互换来管理浮动利率负债的。

借款者先做一个付固定利率收浮动利率的互换，然后再做一个相反的利率互换，即收固定利率付浮动利率。假设两个互换中的浮动利率是一样的，只要第二个互换交易中的固定利率超过第一个互换中的固定利率，有了差价就能降低负债的利息成本。

在图 6.6 中，公司与互换对手 A 做了一个支付 12% 的固定利率收取 6 个月 LIBOR 的互换。之后如果市场固定利率上升，公司又与互换对手 B 做了一个支付 6 个月 LIBOR 收取 12.25% 的固定利率的互换。经过两个利率互换以后，该公司获得一个正的 0.25% 的利差。但是，这样的两个互换还应该考虑其是否同时进行，如果不是同时发生的，就不会有这么多的利差，因为第一个互换发生后可能会产生更高的利息成本。这一利息水平将取决于收益曲线的形状、第一个互换与第二个互换的时间间隔以及负债的剩余期限。只有两个互换同时进行时，才能刚好产生 0.25% 的利息差额。

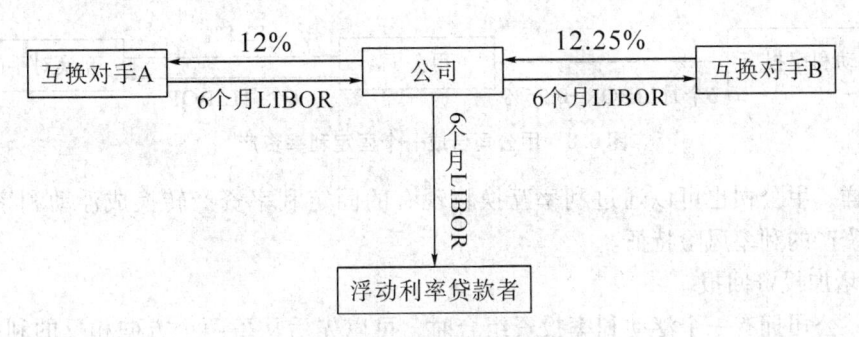

```
        12%                    12.25%
互换对手A ←——— 公司 ←——— 互换对手B
        ———→      ———→
     6个月LIBOR  │  6个月LIBOR
                │6
                │个
                │月
                │L
                │I
                │B
                │O
                │R
                ↓
           浮动利率贷款者
```

图6.6 管理浮动利率债券的利息成本

3. 管理固定利率负债

假设一个公司有一笔利率为10%的固定利率债务，其剩余期限为5年。目前市场上5年期的固定利率为12.5%，并预期有下跌的趋势。此时，该借款者浮动利率融资成本为 LIBOR +0.5%。

在上述情况下，该公司可以利用利率互换管理其固定利率融资的利息成本。其具体做法是：先做一个收入固定利率并付出6个月期LIBOR的利率互换。这样，浮动利率就变为 LIBOR −2.5%，该利率比借款者通常借入的浮动利率融资成本节省3%的利率。如果6个月后，固定利率正如先前预期的那样开始下跌，假设4年半（4.5年）的固定利率为11.50%，那么借款者再做一个反向的互换，即支付固定利率并收入6个月LIBOR，结果将会使借款者的固定利率融资的利息成本为9%，如图6.7所示。当市场利率下跌时，上述的交易也可以使借款者达到使债务利率低于市场固定利率的目的。

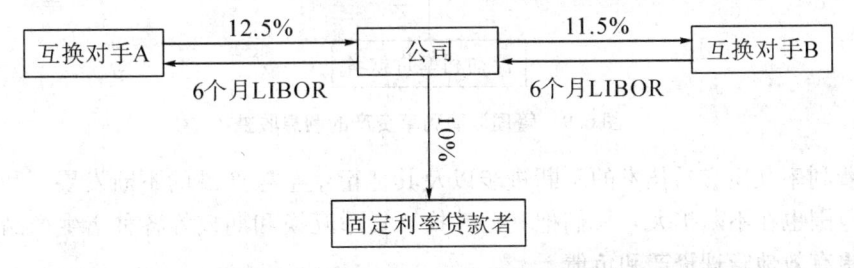

```
        12.5%                   11.5%
互换对手A ←——— 公司 ←——— 互换对手B
        ———→      ———→
     6个月LIBOR  │  6个月LIBOR
                │10%
                ↓
           固定利率贷款者
```

图6.7 管理固定利率债券的利息成本

（二）利率互换在资产管理中的应用

1. 创造合成固定利率资产或浮动利率资产，增加或确保投资组合的回报

如图6.8所示，甲公司从浮动利率投资那里得到一个6个月LIBOR +0.25%的浮动利率资产。通过和互换对手进行利率互换，实际上这项资产的收益变成了一个固定利率为12.75%（12.50% +0.25%）的利息收入。很明显，甲公司是在没有改变基础资产的情况下，通过利率互换把该资产的浮动利息收入改变为了固定利息收入，即通过互换合成了固定利率资产。如果市场上固定利率高于浮动利率 LIBOR 时，甲公司的收益率会得到提高。

```
浮动利率投资  ──6个月LIBOR+0.25%──→  甲公司  ←──12.5%──  互换对手B
                                          ──6个月LIBOR──→
```

图6.8　甲公司合成一个固定利率资产

同样，甲公司也可以通过利率互换将现有的固定利率资产转换成浮动利率资产，改变其资产的利率风险特征。

2. 增加投资回报

当某公司拥有一个浮动利率投资组合时，可以先后从事两个方向相反的利率互换来增加其资产的投资回报，如图6.9所示。该公司在第一个互换中，支付浮动利率6月期LIBOR并收入一个固定利率11.5%。在随后的反向利率互换中，该公司收入一个6月期LIBOR并支付一个固定利率。如果该公司在第二个互换交易中支付的固定利率低于第一个互换中的固定利率，那么它的浮动利率投资回报将增加。例如，第二个互换中的固定利率是10.5%，该公司从事了两个互换之后的实际回报率为LIBOR+1%。此外，当正收益曲线出现时，由于该公司在从事反向互换交易之前从第一个互换中收入的固定利率较高，因此将获取更高的投资收益。

```
互换对手A  ──11.5%──→  公司  ←──10.5%──  互换对手B
           ←─6个月LIBOR─      ─6个月LIBOR─→
                         ↑
                    6个月LIBOR
                         │
                   浮动利率贷款者
```

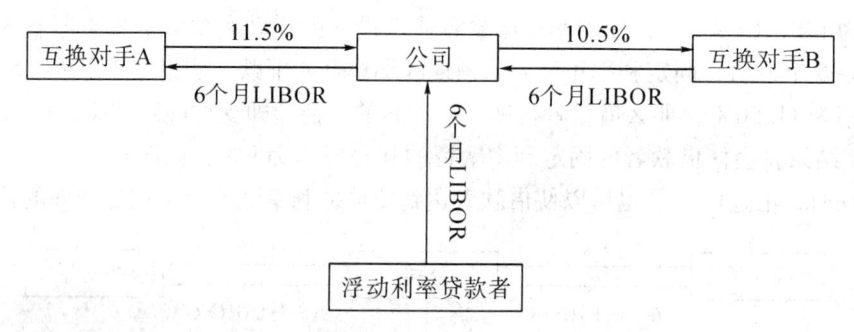

图6.9　管理浮动利率资产的利息收益

随着利率互换交易技术的不断进步以及其他衍生金融产品的不断发展，利率互换的应用范围也在不断扩大。人们把利率互换、货币互换和期权等各种衍生产品结合起来，将更有效地管理资产和负债。

第四节　货币互换

货币互换是将一种货币的本金和固定利息与另一种货币的等价本金和固定利息进行交换。一方同意以一种货币按一定本金数量支付给对方利息，作为回报，它从另一方收取以另一种货币按一定本金计算的利息。

一、货币互换的概念

在货币互换中，交易两方按即期汇率在期初交换不同货币的本金，然后按照预定的日期，进行利息和本金的分期交换。在某些情况下，也可以不交换本金或者到期日不交换本金。简言之，就是交换不同币种、相同期限、等值资金债务或资产的货币及利息。货币互换是双方基于不同的交易目的和各自对市场行情趋势的分析基础上达成的交易。

我们将互换中双方交换的资产数量称为"名义本金"（Notionals），以便与现金市场上"实际本金"（Actuals）的交换区别开来。在货币互换中，交易对手按照当时的即期汇率交换不同币种货币的本金，在以后的反向交换中仍以同样的汇率将本金换回。通常这类本金的交换是实际发生的，在个别情况下，它也可以是名义上的。

货币互换的基本业务流程通常分为三个步骤：初始本金交换、利息的定期支付和到期本金的再次交换。

二、货币互换的特征

货币互换的主要原因是双方在各自国家的金融市场上具有比较优势。假定英镑对美元的汇率为1英镑=1.5美元。A想借入5年期的1 000万英镑，B想借入5年期的1 500万美元。由于A的信用等级高于B，两国金融市场对A、B的熟悉程度不同，因此市场向它们提供的固定利率也不同，如表6.2所示。

从表6.2可以看出，A的借款利率均比B低，即A在两个市场都具有绝对优势，但绝对优势大小不同。A在美元市场上的绝对优势为2%，在英镑市场上的绝对优势只有0.4%。这就是说，A在美元市场上有比较优势，而B在英镑市场上有比较优势。这样，双方就可利用各自的比较优势借款，然后通过互换得到自己想要的资金，并通过分享互换收益（1.6%）降低筹资成本。

表6.2　　　　　　　　　　市场向A、B公司提供的借款利率

	美元	英镑
A公司	8%	11.6%
B公司	10%	12%

注：此表中的利率均为一年期一次复利的年利率。

于是，A以8%的利率借入5年期的1 500万美元借款，B以12%的利率借入5年期的1 000万英镑借款。然后，双方先进行本金的交换，即A向B支付1 500万美元，B向A支付1 000万英镑。

假定A、B商定双方平分互换收益，则A、B都将使筹资成本降低0.8%。双方最终实际筹资成本分别为：A支付10.8%的英镑利率，B支付9.2%的美元利率。

这样双方就可以根据借款成本与实际筹资成本的差异计算各自向对方支付的现金流，进行利息互换，即A向B支付10.8%的英镑借款的利息计108万英镑，B向A支付8%的美元借款的利息计120万美元。经过互换后，A的最终实际筹资成本降为10.8%的英镑借款利息，而B的最终实际筹资成本变为8%的美元借款利息加1.2%的英镑借款利息。若汇率水平不变的话，B的最终实际筹资成本相当于9.2%的美元借款利息。若担心未来汇率水平变动，B可以通过购买美元远期或期货来规避汇率风险。

衍生金融工具

在贷款期满后，双方要再次进行借款本金的互换，即 A 向 B 支付 1 000 万英镑，B 向 A 支付 1 500 万美元。到此，货币互换结束。若不考虑本金问题，上述货币互换的流程图如图 6.10 所示。

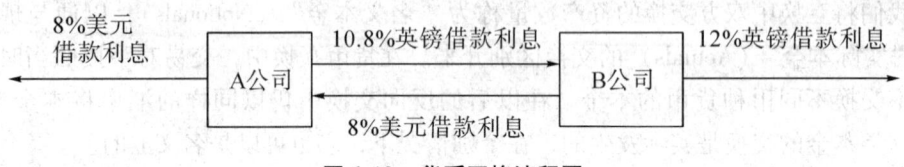

```
8%美元                    10.8%英镑借款利息                  12%英镑借款利息
借款利息    ←——  [A公司]  ←—————————————  [B公司]  ——————————→
            ——→           8%美元借款利息
```

图 6.10　货币互换流程图

由于货币互换涉及本金互换，因此当汇率变动很大时，双方就将面临一定的信用风险。当然这种风险仍比单纯的贷款风险小得多。

三、货币互换交易的运用

货币互换通常被用来将一种货币的资产、负债或未来收益现金流转换成另一种货币相应的现金流。因此，货币互换交易通常可以运用在以下几个方面。

（一）规避汇率风险和利率风险

通常在货币互换中，借款人可以不断调整资产和负债的货币结构，规避汇率、利率变动带来的风险，达到保值的效果，还可以改变收益流、支出流的货币种类，对债务、债权的结构进行重组。

在经济日益全球化的今天，许多公司的经济活动开始向国外扩展，公司的资产和负债开始以多种货币计价，货币互换可用于实现与这些货币相关的汇率风险最小化，对现存资产或负债的汇率风险保值，锁定收益或成本。

例如，一家以英镑为其主营收益计值的英国公司，由于业务原因，需要以固定利率借进美元。该公司预期美元将对英镑升值。美元如果持续升值，该公司清偿美元借款时，必须以较多的英镑来购买美元。另外，以英镑计值的美元借款利息也将增加。

因此，该英国公司可以用英镑/美元的货币互换交易来规避美元升值的风险。这笔货币互换交易可以锁定汇率，当合约到期时，该公司可以根据这一汇率，将英镑收益兑换为美元，以清偿美元借款。

假定这家英国公司不仅预期美元将升值，而且认为英国利率将下降。该公司可以签订一笔货币互换交易——收取固定利率的美元，并支付浮动利率的英镑，以锁定英镑利率下降的利润，并规避美元升值的汇率风险。更确切地说，这家英国公司可以签订一笔交叉货币的息票互换交易（固定利率对浮动利率）。

当该英国公司采用货币互换交易的最单纯结构，即合约签订当初不交换本金。如图 6.11 所示，此货币互换交易的过程如下：

```
                                      英镑浮动利率
[美元借款者] ←——————  [英国公司]  ←——————————  [互换对手]
              美元固定利率            美元固定利率
```

图 6.11　用货币互换交易管理外汇和利率风险（期初不交换本金）

（1）在交易之初，该公司决定到期交换本金所适用的英镑/美元汇率，这可能是当时的即期汇率；同时，决定互换交易的利率。

（2）在合约到期之前，该公司支付一组浮动利率的英镑利息流量，并收取一组固定利率的美元利息流量，所收取的美元利息将用以支付美元借款的利息，支付的英镑的利息则由该公司的营运收益来补偿。

（3）当合约到期时，该公司将支付英镑本金，收取美元本金。本金的交换是根据签约当初同意的英镑/美元汇率来完成。所支付的英镑本金将来自该公司自身的营运收益累积，所收取的美元本金则用以清偿美元借款。

（二）负债的避险

某借款人拥有以外币计值的固定利率负债，并需进行避险，而且计值外币预期（或已经）开始升值，本国货币的利率预期（或已经）开始下降。

在这种情况下，当借款人偿还外币时，其以本国币种计值的成本将增加。为了规避这方面的风险，并同时能够从本国利率下降趋势中受益，借款人可以利用交叉货币的息票互换交易（固定利率对浮动利率的互换交易）。其过程为：

（1）将负债由升值的外币互换成贬值的本国货币。

（2）将外币利率互换成下降中的本国利率。在互换交易中，借款人支付本国的浮动利率，而收取外币的固定利率，并以此支付外币的借款利息，如图6.12所示。

```
外币负债 ←──外币固定利率── 借款人 ──本币浮动利息──→ 互换对手
                                    ←──外币固定利率──
```

图6.12 利用货币互换交易对负债进行避险

（3）当合约到期时，该借款人将支付本币本金，收取外币本金。本金的交换是根据签约当初同意的外币/本币汇率来完成。所支付的本币本金将来自公司自身，所收取的外币本金则用以清偿外币负债。

（三）资产的避险

当资产面临利率和汇率风险时，有以下四种避险方法可以运用。

（1）某投资人拥有以外币计值的固定利率资产，并未进行避险，而且计值外币预期（或已经）开始贬值，本国货币的利率预期（或已经）开始下降。

在这种情况下，投资人以本国货币计值的资产价值将减少。为了规避这方面的风险，并同时能够规避本国利率下降所造成的损失，投资人可以采用货币互换交易（固定利率对固定利率的互换交易）。其过程如下：

①将贬值的外币资产互换成升值的本国货币。

②将外币固定利率互换成固定的本国利率。在互换交易中，投资人收取本币的固定利率，而支付外币的固定利率，后者可以由外币资产的利息收益来支付。

（2）某投资人拥有以外币计值的浮动利率资产，并未进行避险，而且计值外币预期（或已经）开始贬值，本国货币的利率预期（或已经）开始下降。

在这种情况下，投资人以本国货币计值的资产价值将减少。为了规避这方面的风险，并同时能够避开本国利率下降造成的损失，投资人可以采用交叉货币的息票互换交易（浮动利率对固定利率的互换交易）。其过程如下：

①将资产由贬值的外币互换成升值的本国货币。

②将外币浮动利率互换成固定的本国利率。在互换交易中，投资人收取本国的固定利率，而支付外币的浮动利率，后者可以由外币资产的利息收益来支付。

（3）某投资人拥有以外币计值的固定利率资产，并未进行避险，而且计值外币预期（或已经）开始贬值，本国货币的利率预期（或已经）开始上升。

在这种情况下，投资人以本国币种计值的资产价值将减少。为了规避这方面的风险，并同时能够由本国利率上升的走势中受惠，投资人可以采用交叉货币的息票互换交易（固定利率对浮动利率的互换交易）。其过程如下：

①将资产由贬值的外币互换成升值的本国货币。

②将外币利率互换成上升中的本国利率。在互换交易中，投资人收取本国的浮动利率，而支付外币的固定利率，后者可以由外币资产的利息收益来支付。

（4）某投资人拥有以外币计值的浮动利率资产，并未进行避险，而且计值外币预期（或已经）开始贬值，本国货币的利率预期（或已经）开始上升。

在这种情况下，投资人以本国货币计值的资产价值将减少。为了规避这方面的风险以及避开外币利率下降所造成的损失，并在本国利率的上升走势中受益，投资人可以采用交叉货币的基差互换交易（浮动利率对浮动利率的互换交易）。其过程如下：

①将资产由贬值的外币互换成升值的本国货币。

②将下降中的外币利率互换成上升中的本国利率。在互换交易中，投资人收取本国的浮动利率，而支付外币的浮动利率，后者可以由外币资产的利息收益来支付。

第五节　我国互换市场的发展

随着我国市场经济的发展，管理风险和经营风险的需求日益增长，尤其是在对外开放的过程中所面临的汇率风险亟待解决。在此基础上，多种汇率风险管理的工具应运而生，金融互换就是其中之一。

一、我国互换市场未建立之前互换业务的发展

与国际互换市场相比，我国的互换交易发展缓慢，虽然中国银行早在1984年就接受客户委托，代理客户在境外从事互换业务，但由于当时我国的资本市场、货币市场刚刚起步，利率、汇率都处于严格的管制之中，因此互换业务一直没有形成规模。1994年1月1日，我国开始实行汇率并轨和以市场供求为基础的单一的有管理的浮动汇率。国内利率和汇率风险的增大促使我国的经济主体开始积极寻求规避风险的有效工具。在管理风险的需求驱动下，互换交易逐渐被我国的企业和金融机构采用，但主要局限于一些最简单的利率互换和货币互换形式。

2001年6月21日，中国人民银行出台了《商业银行中间业务暂行规定》，其中第七条规定适用审批的中间业务品种包括金融衍生业务。这意味着商业银行可以突破其传统的中间业务，可以在中国人民银行的批准下涉足衍生金融产品交易，从事诸如票据发行便利、货币或利率互换、期权和期货等业务。这一规定的出台为我国商业银行开展衍生业务提供了法规依据与强有力的政策支持，同时也为以后政策的出台做好了铺垫。

二、我国互换市场的初步发展

随着我国改革开放的深入，我国金融业的开放程度更高，面临的风险也更大。与国外金融机构相比，我国的金融机构可利用的金融避险工具十分有限，因此潜在的风险也相对较高。互换交易是国际金融市场上成熟的规避利率、汇率风险的工具，我国金融机构迫切需要这样的金融工具来加强自身的风险管理能力。

（一）我国开展利率互换的情况

2006年2月9日，中国人民银行发布了《关于开展人民币利率互换交易试点有关事宜的通知》，面向银行间债券市场投资者推行人民币利率互换交易试点，标志着人民币利率互换交易在国内诞生。在参与机构方面，经相关监督管理机构批准开办衍生产品交易业务的商业银行可根据监督管理机构授予的权限与其存贷款客户及其他获准开办衍生产品交易业务的商业银行进行利率互换交易，或为其存贷款客户提供利率互换交易服务；其他市场投资者只能与具有存贷款业务关系且获准开办衍生产品交易业务的商业银行进行以套期保值为目的的互换交易。

中国人民银行作为银行间市场管理部门，中国外汇交易中心暨全国银行间同业拆借中心（以下简称交易中心）和上海清算所作为市场中介服务机构，中国银行间市场交易商协会（以下简称交易商协会）作为市场自律组织，分别对人民币利率互换交易的市场准入、交易备案、做市及结算代理、清算结算等制定了相关制度措施和安排。目前，国内人民币利率互换市场实行严格的市场准入和交易备案制度。

2008年1月，中国人民银行发布了《关于开展人民币利率互换业务有关事宜的通知》，要求市场参与者开展利率互换业务应与对手方签署由中国人民银行授权交易商协会制定并发布的《中国银行间市场金融衍生品交易主协议》，并应建立健全相应的内部操作规程和风险管理制度，同时要求金融机构在开展利率互换交易前应将其利率互换交易的内部操作规程和风险管理制度送交易商协会和交易中心备案。2008年1月，交易商协会发布了《关于利率互换交易内部操作规程和风险管理制度备案有关事项的通知》。2008年2月和6月，交易中心分别发布了《关于人民币利率互换交易备案有关事项的通知》和《关于发布〈人民币利率互换交易操作规程〉的通知》，进一步对有关事宜进行了详细规定。

在交易和清算方面，人民币利率互换的交易模式采用询价交易与双边报价两种交易方式，报价皆具有约束力。人民币利率互换可以通过交易中心的交易系统进行，也可以由交易双方通过电话、传真等其他方式进行。未通过交易中心系统达成的交易，金融机构必须在利率互换交易达成后的下一工作日12点前将交易情况送交易中心备案。同时，人民币利率互换主要采取逐笔双边的资金清算方式，交易不需要实际交割本金只需要在交割日支付利息净额。

在业务发展方面，2006年2月9日，国家开发银行与中国光大银行完成了首笔人民币利率互换交易，协议的名义本金为50亿元，期限为10年，标志着我国的人民币利率互换业务正式拉开了序幕。2008年1月之后，人民币利率互换业务交易量得以快速增长。2006年，即业务推出的当年，人民币利率互换成交103笔，名义本金额为308.20亿元。2014年，人民币利率互换成交43 019笔，名义本金额达4.03万亿元，分别是2006年的417.7倍和130.9倍，名义本金额年均增长83.9%。截至2014年年末，人民币利率互换市场未偿合约名义本金额达3.85万亿元（单边计），较2013年年末增加47.70%。

2014年1月，中国人民银行发布了《关于建立场外金融衍生产品集中清算机制及开展人民币利率互换集中清算业务有关事宜的通知》，推动建立人民币利率互换等场外金融衍生产品交易的集中清算机制。《关于建立场外金融衍生产品集中清算机制及开展人民币利率互换集中清算业务有关事宜的通知》要求自2014年7月1日起，金融机构之间新达成的，以FR007、ShiborO/N和Shibor3M为参考利率的，期限在5年以下（含5年）的人民币利率互换交易，凡参与主体、合约要素符合上海清算所有关规定的，均应提交上海清算所进行集中清算。截至2014年年末，由上海清算所进行集中清算的人民币利率互换业务共有24 106笔，名义本金额达2.25万亿元（单边计）。

2014年11月3日，我国银行间市场推出标准利率衍生产品。其中，首批推出的涉及利率互换的交易品种包括1个月标准隔夜指数互换、3个月标准Shibor1W利率互换和3个月标准7天回购利率互换。新产品上市首日成交踊跃，多家金融机构积极参与。2014年，3个标准利率互换产品共报价4 718笔，成交204笔，交易量405.5亿元。标准利率互换产品的推出，进一步提升了我国场外衍生品市场的标准化程度，提高了电子化交易水平和市场效率，增强了金融机构的风险管理能力。2015年，其交易规模达8.29万亿元（名义本金）。利率互换等利率衍生工具的发展，对提升金融机构风险管理能力和服务实体经济产生了较强的正面推动力。

（二）货币互换在我国的应用和发展

货币互换作为国际金融衍生品中应用最广泛的工具之一，在西方国家获得飞速发展，交易规模已达到万亿美元，成为金融衍生品市场的重要组成部分。在我国最早使用这一工具的是中国人民银行开展的与境外国家和地区的中央银行或政府进行的货币互换，其目的在于通过货币互换拓展我国与其他国家和地区的货币合作，加强双边贸易和投资活动，提供流动性支持，促进合作区域的金融稳定。我国虽然在20世纪80年代就有了互换交易，但发展缓慢，直到2001年我国加入世界贸易组织后，经济活动日益国际化，汇率风险日益成为影响成本和收益的重要因素，在这种情况下，我国金融衍生品市场不断开放，货币互换逐渐获得发展。

中国人民银行开展的货币互换可以分为两个阶段：

第一阶段，2001年加入世界贸易组织后，货币互换在我国获得初步发展。2000年5月，基于亚洲金融危机的惨痛教训，东盟十国和中、日、韩财政部部长在泰国清迈共同签署了建立区域性货币互换的协议，即《清迈倡议》。2001年12月，中国人民银行与泰国银行签署了总额为20亿美元的第一份双边货币互换协议。2002年3月，中国人民银行行长与日本银行总裁签署了人民币和日元之间的双边货币互换协议，根据协议，中国人民银行和日本银行在必要时可向对方提供总额相当于30亿美元的货币互换安排，以帮助其维护金融市场的稳定。这一时期，中国还相继与包括俄罗斯、蒙古、越南、缅甸等在内的周边国家签订了自主选择双边贸易结算的协议。

第二阶段，自2008年年底以来，我国与阿根廷、韩国、印度尼西亚、马来西亚和白俄罗斯五国以及我国香港地区签订了总额达6 500亿元的货币互换协议，货币互换市场得到了进一步发展。2008年12月12日，中国人民银行和韩国银行宣布签署双边货币互换协议，规模是1 800亿元人民币／38万亿韩元，该协议是为了向两国经济体的金融体系提供短期流动性支持，并推动双边贸易发展。2009年1月20日，中国人民银行与香港金融管理局签署了有效期为三年的货币互换协议，经双方同意可以延期，协议提供的流动性支持规模为2 000亿元人民币。2009年2月8日，中国人民银行宣布与马来西亚国民银行签署双边货币互换协议，互换规模是800亿元人民币或400亿林吉特（马来西亚货币单位）。2009年5月，中国和巴西首次探讨启用本币（非美元）来进行双边贸易结算，中巴双方讨论的货币互换将直接与贸易有关，巴西用雷亚尔（巴西货币单位）支付中国商品，而中国用人民币支付巴西商品。2010年10月，香港金融管理局与中国人民银行签署了200亿元人民币货币互换，使得香港的公司能够用人民币进行贸易结算。2014年7月21日，在中国国家主席习近平访问阿根廷期间，阿根廷与中国签署了人民币700亿元的货币互换协议。中国人民银行与瑞士国家银行签署了规模为1 500亿元的人民币互换协议。中国人民银行数据显示，截至2015年5月末，中国人民银行与32个国家和地区的中央银行或货币当局签署了双边本币互换协议，协议总规模约3.1万亿元，覆盖东南亚地区、西欧地区、中东地区、北美洲、南美洲和大洋洲等地区。

在我国的银行间市场，人民币与外国货币的互换业务也称为人民币外汇货币掉期业务。2007年8月，在《中国人民银行关于在银行间外汇市场开办人民币外汇货币掉期业务有关问题的通知》中，中国人民银行允许具备银行间远期外汇市场会员资格的境内机构在银行间外汇市场开展人民币外汇货币掉期业务。现阶段，在银行间外汇市场开办有人民币兑美元、欧元、日元、港币、英镑五个货币对的货币掉期交易。掉期中人民币的参考利率为具有基准性质的货币市场利率或者基准存贷款利率，外币的参考利率由交易双方协商约定。

2011年1月，国家外汇管理局发布了《关于外汇指定银行对客户人民币外汇货币掉期业务有关外汇管理问题的通知》，在银行对客户市场推出人民币外汇货币掉期业务，2011年3月1日起实施。国家外汇管理局规定，凡取得对客户人民币外汇掉期业务经营资格满1年的银行，可以直接对客户开办货币掉期业务，国家外汇管理局不再实施事前资格审批。这进一步便利了市场交易，银行对客户办理货币掉期业务的币种、期限等交易要素由银行自行确定。《关于外汇指定银行对客户人民币外汇货币掉期业务有关外汇管理问题的通知》对利率的规定明显放松，要求货币掉期中的利率由交易双方协商确定，并符合中国人民银行关于存贷款利率的管理规定。2011年3月1日，美国银行上海分行与一家亚洲食品行业跨国公司在上海签署共计4笔外汇人民币货币掉期业务合约。此交易为中国国内首笔对客户人民币外汇货币掉期交易。据悉，这笔交易美国银行与客户共计4笔，本金合计约800万美元，期初期末交换本金，交易期限为1年，交换利率为客户收取人民币固定利率3.00%，同时支付美元固定利率。

2014年，中国人民银行发布了《银行办理结售汇业务管理办法》，人民币外汇货币掉期业务的备案权限全面放开。2016年5月30日，中国银行上海分行为上海自贸区张江高科技片区内某企业在其FTE账户下叙做分账核算单元下的首笔人民币外汇货币掉期业务。该笔CCS业务为美元兑人民币品种，期限为5年。

在国际金融市场一体化的背景下，互换交易作为一种灵活、有效的避险和资产负债综合管理的衍生工具，越来越受到各经济主体的高度重视，用途也日益广泛。尤其对我国目前来说，互换将会在金融开放、银行创新中发挥重要的作用。因此，推进和完善我国的互换市场，对于未来我国金融业的发展有着至关重要的作用。

本章小结

1. 金融互换是指两个（或两个以上）当事人按照商定的条件，在约定的时间内，交换不同金融工具的一系列支付款项或收入款项的合约。金融互换是在平行贷款和背对背贷款基础上发展起来的，其理论基础是比较优势理论。在存在比较优势的情况下，互换双方分别筹集自己具有优势的资金，并通过互换，获得自己所需的资金，从而降低筹资成本。

2. 互换一经产生，就因其适应了市场的强大需求而获得了巨大发展。此后，世界性互换行业协会——国际互换交易者协会成立，互换二级市场出现，24小时交易与市场制造者诞生。互换参与者队伍的不断扩大，互换创新形式的不断出现，使互换获得了深入的发展。

3. 金融互换的种类主要有货币互换和利率互换，此外还有交叉利率互换、增长型互换、减少型互换、滑道型互换、基础互换、议价互换、零息互换、后期确定互换、边际互换、差额互换、远期启动互换、互换期权和股票互换等。互换交易具有降低筹资成本，提高资产收益；优化资产负债结构，转移、防范利率风险和外汇风险；空间填充等功能。

4. 利率互换指两笔债务以利率方式相互调换，一般期初或到期日都没有实际本金的互换，而是把它当做名义本金，交换的只是双方不同特征的利息。对一项标准的利率互换的定义至少包括以下几项内容：一是由互换双方签订一份协议；二是根据协议双方分别向对方定期支付利息，并预先确定付息日期；三是付息金额由名义本金额确定，以同种货币支付利息；四是互换一方是固定利率支付者，固定利率在互换之初商定；五是互换另一方是浮动利率支付者，浮动利率参照互换期内某种特定的市场利率加以确定。双方互换利息，不涉及本金的互换。

5. 在货币互换中，在互换开始时，外币本金和本国货币本金要进行交换，互换结束后，外币和本金再交换回来。对支付外币利息的一方而言，在互换开始时，收取外币本金并支付本国货币本金，在互换结束时，支付外币本金，收回本币本金。货币互换交易一般有三个基本步骤：本金的初期互换、利率互换、到期日本金的再次互换。

思考与练习题

1. 金融互换的含义是什么？
2. 金融互换产生的条件有哪些？
3. 金融互换的种类有哪些？
4. 金融互换的功能有哪些？
5. 利率互换的基本原理是什么？
6. 利率互换的作用有哪些？
7. 货币互换的基本原理是什么？
8. 货币互换的步骤有哪些？
9. 简述我国当前利率互换和货币互换的情况。
10. 根据以下资料设计一个利率互换，并收取10个基点作为手续费。说明通过利率互换两家公司可分别节省多少利息成本。

信用等级　甲：AAA，乙：A

固定利率借款成本　甲：10%，乙：10.7%

浮动利率借款成本　甲：LIBOR − 0.10%，乙：LIBOR + 0.30%

财务需求　甲：需要浮动利率资金，乙：需要固定利率资金。

衍生金融工具

第七章 期权市场

内容提要：本章对期权及期权市场的产生及其发展进行了详细的介绍。本章学习的重点是期权的各种分类、期权价值的计算方法以及期权市场的各项制度安排。要熟悉期权的特点、功能、用途及其在我国的发展情况。通过本章的学习，读者应该对期权有一个较为基本的了解。

第一节 期权市场概述

期权市场是各种期权合约交易的场所。期权交易与期货交易不同，不一定有固定的、集中的交易场所。期权市场既包括场内市场（即交易所市场），也包括场外市场（如客户与银行、证券公司之间形成的交易市场）。

期权交易的思想由来已久，18世纪，期权交易在美国和欧洲的农产品交易中已经十分流行。期权交易被引入金融市场，首先是从现货股票市场开始的。19世纪20年代初期，伦敦股票交易所已开始零星地交易股票期权，到19世纪60年代，美国已出现股票场外期权交易市场。伴随着20世纪70年代的各种经济、政治事件和外汇与利率衍生工具的引入，现代股票期权交易得到进一步发展。1973年4月26日，全球第一个集中性的场内期权市场——芝加哥期权交易所（Chicago Bond Options Exchange，CBOE）正式宣告成立，从此开始了集中性的场内期权交易以及期权合约标准化、期权交易规范化的进程。

随着世界经济的增长，自20世纪70年代末以来，期权市场获得了极大的发展。股票期权交易带动并促进了整个期权市场的发展，新的期权交易所不断创建，期权合约种类大大增加，期权交易量更是有了突飞猛进的增长。

在交易所方面，目前全世界主要的衍生品交易所不少都在进行金融期权交易。这些交易所中，除了美国的几个交易所成立得比较早之外，其余绝大多数都是在20世纪70年代末80年代初创建的，有些甚至在20世纪90年代才成立，并且建设速度明显加快，建设周期一般在3~5年间。例如，德国期货交易所于1988年8月成立，到1990年1月就开始设立期权市场，推出股票期权交易；比利时期货交易所于1990年成立，1993年4月推出BEL-20指数期权交易；新加坡商品交易所于1992年5月开业，1993年8月推出了橡胶期权交易。各期货交易所对推出期权交易步伐的加快，表明了期权交易具有强大的吸引力，它对于发展期货交易、促进资本市场的完善有着重要的意义。

美国期权市场竞争格局由9家期权交易所组成，分属六大控股集团。芝加哥期权交易所集团控股 CBOE 和 CBOE2（成立于 2010 年 10 月 29 日，主要针对高频交易者，它提供其他 8 个交易所上市的股票期权，包括 CBOE 上市的股票期权）两家期权交易所占市场份额最大，约为 30%。纽约泛欧交易所集团控股的 NYSE AMEX 和 NYSE ARCA 两家期权交易所排名第二。随后是纳斯达克 OMX 集团控股的 NASDAQ OMX（OPTIONS）和 NASDAQ OMX（PHLX）两家期权交易所，它们是芝加哥期权交易所最大的竞争对手，原因是纽约泛欧交易所部分交易履行监管机构的委派义务，无盈利。此外，还有德意志证券衍生品交易所控股的 ISE 期权交易所，TMX 集团控股的 BOX 期权交易所、BATS 期权交易所，其所占市场份额相对较小。

在期权合约品种方面，根据美国期权清算公司（The Options Clearing Corporation, OCC）的统计数据，美国一些交易所挂牌的期货及期权品种数量，已经从 1973 年的 32 只跃升至 2013 年 12 月 18 日的 4 076 只。表 7.1 是美国主要的期权交易所及其期权品种。除股票期权早在 20 世纪 70 年代就已经存在外，其他各种金融期权合约几乎都是在 20 世纪 80 年代以后产生的。在期权品种中，交易量最大的主要是股票类期权。图 7.1 显示了 2013 年美国期权交易量占比情况。

表 7.1　　　　　　　　　　美国主要的期权交易所及其期权品种

交易所	主要期权品种
CBOE	股票期权、股指期权、国债期权、ETFs 期权、HOLDRS 期权、长期期权（LEAPS）、灵活期权、信用期权、周期权（Weeklys）、季节期权（Quarterlys）等
ISE	股票期权、ETFs 期权、股指期权、外汇期权、季节期权
PHLX	股票期权、股指期权、外汇期权、期货期权、商品期权、长期期权、灵活期权、季节期权
AMEX	股票期权、股指期权、ETFs 期权、HOLDRS 期权、长期期权、灵活期权等
CBOT	基于农产品、稀有金属、股指和债务工具的期货期权等
CME	期货以及基于农产品、股指、债务工具和外汇的期货期权
ICE	农产品期货期权、美元指数期货期权、股指期货期权、外汇期货期权
KCBT	农产品期货期权、股指期货期权
MGE	期货和农产品期货期权
NYME	能源期货期权

衍生金融工具

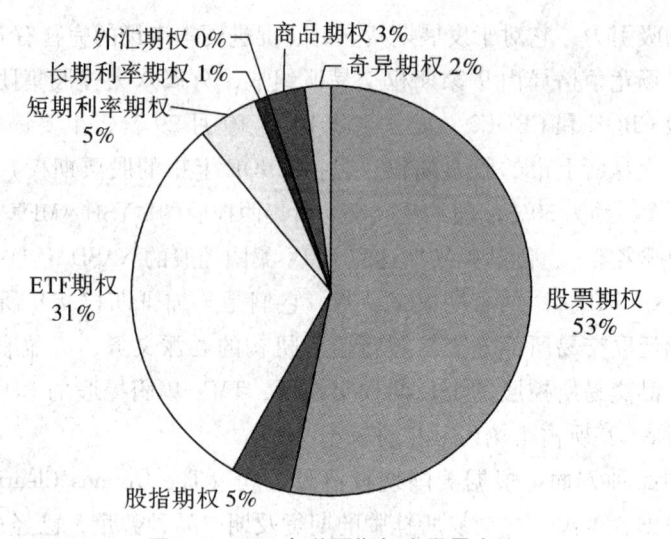

外汇期权 0%　商品期权 3%
长期利率期权 1%　奇异期权 2%
短期利率期权 5%
ETF期权 31%
股票期权 53%
股指期权 5%

图 7.1　2013 年美国期权交易量占比

金融期权市场的发展最突出的表现是在交易量的扩大上。期权自 1973 年产生以来，交易量一直呈现稳定的增长趋势。1999 年，全球期权量突破 10 亿张。2000 年以来，全球期权交易发展更为迅猛。2000 年，全球期权交易量突破 15 亿张，2001 年，全球期权交易量又突破 25 亿张，2008 年，全球期权交易量更是达到了 93.61 亿张，2011 年达到 120.27 亿张的峰值。之后受金融危机的影响，期权交易量开始下滑，但在 2013 年交易量仍达到了 99 亿张，近 10 年来期权合约成交量基本保持了稳步上升的态势，显示了极强的发展势头。新兴国家和地区为期权的发展做出了重要贡献，如韩国的 KOSPI200 指数期权、中国香港的恒指期权，都是近年来发展极快的品种。韩国股票交易所凭借指数期权已成为全球衍生品交易量最大的交易所。美国期货业协会的统计数据表明，2001—2005 年，全球期权的交易量连续超过了期货交易量，2013 年，期权交易量更是超过了期货交易量 8 亿多张，而期权持仓总量从 1999 年开始就超过了相应的期货持仓总量，期权已经成为国际上交易所交易的衍生产品的生力军。

第二节　期权合约及其分类

期权种类的划分有很多种方法。按期权购买者拥有的权利来分，期权可以分为看涨期权和看跌期权。赋予期权购买者购买标的资产权利的期权合约是看涨期权，而赋予期权购买者出售标的资产的期权合约是看跌期权。

按期权合约的执行期限来分，期权可以分为欧式期权和美式期权。欧式期权只允许期权购买者在期权到期日才能行使权利，而美式期权允许期权购买者在期权到期前的任何时候执行。

按期权合约的标的资产来分，期权可以分为金融期权和商品期权。其中，金融期权是我们重点讨论的内容，它又可以分为利率期权、货币期权（外汇期权）、股票期权、股价指数期权以及金融期货期权。

按期权合约的执行价格与市场价格的关系来分,期权可以分为实值期权、平价期权和虚值期权。实值期权是指如果期权立即执行,购买者具有正值的现金流;平价期权是指如果期权立即执行,购买者的现金流为零;虚值期权是指如果期权立即执行,购买者的现金流为负。以看涨期权为例,S 代表股票现在的市场价格,X 代表期权的执行价格,则当 $S>X$ 时,该看涨期权为实值期权;当 $S=X$ 时,为平价期权;当 $S<X$ 时,为虚值期权。

下面我们对期权的介绍以合约标的资产的种类来划分。

一、金融期权

金融期权是一种契约,它赋予购买者在规定期限内按合约规定的执行价格或双方约定的价格买进或卖出规定数量的某种金融资产(即标的资产)的权利。作为获得这种权利的代价,期权购买者要向期权出售者支付一定金额的期权费。

(一)股票指数期权

股票指数期权(Stock Index Option)是一种赋予合约购买者在某一时期、以一定的指数点位买入或卖出一定数量的某种股票指数现货或股票指数期货的权利的衍生金融产品。与股票指数期货一样,股票指数期权也是以现金的方式进行交割,股票指数期权的购买方有权利但无义务去执行交易,而出售方有义务按购买方的要求履行合约,这与股票指数期货的合约买卖双方均有履行合约的义务存在较大的区别。由于股票指数期权的买方实际上是购买一份处理(买或卖)某种股票指数资产的权利,因此他必须为这种权利的购买支付一定的成本费用,这就是期权费。

其实,在股票指数期货问世不久,国际上便推出了股票指数期权方面的产品。最早的股票指数期货包括价值线指数期货、S&P500 指数期货于 1982 年分别在堪萨斯市交易所、芝加哥商品交易所登台亮相后不久,有关的指数期权也开始上市交易。例如,最早以股票指数期货为标的物的期权于 1982 年便开始上市交易。到了 1983 年 2 月,芝加哥期权交易所推出了标准普尔 S&P100 指数期权,这是一种以指数现货为标的物的指数期权。后来,纽约证券交易所的综合指数期权、芝加哥期权交易所的 S&P500 指数期权、美国证券交易所的主要市场指数期权、费城股票交易所的价值线指数期权相继成为主要的指数期权交易品种。股指期权是期权中发展最迅速的品种。从交易地区分布来看,股指期权的交易区域主要分布在亚洲、欧洲以及美国;从交易量来看,股指期权在亚洲交投十分活跃,亚洲交易量占所有交易量的 80% 以上,韩国交易所的 Kospi200 股指期权合约具有绝对优势。

一份指数期权合约的价值 = 指数点 × 乘数。例如,S&P100 指数期权的乘数为 100 美元,则当指数点为 500 时,其合约价值代表 500 × 100 = 5 万美元。日本的 Nikkei225 股票指数期权的乘数为 5 美元;欧洲的 Top100 指数期权的乘数是 100 美元;等等。

按照标的物的不同,股票指数期权可以分为以股票指数现货为基础资产的期权和以股票指数期货为基础资产的期权。但目前股票指数期货的期权不如股票指数现货的期权使用得广泛。因此，我们通常讨论的股票指数期权主要指的是指数现货的期权。

对于看涨期权和看跌期权来说，看涨期权的持有人有权利在某一时间以某一确定的指数点（价格）买入某股票指数；而看跌期权的持有人则有权利在某一时间以某一确定的指数点（价格）卖出某股票指数。事实上，股票指数期权执行的时候是计算出执行价格和股指现值的差额后直接现金交割的。

而对于欧式期权和美式期权来说，欧式期权的持有人只能在期权到期日当天进行交割，如 S&P500 指数期权是欧式期权；而美式期权可以在到期日之前的任何时间执行期权，如 S&P100 指数期权、主要市场指数期权等是美式期权，机构投资者一般喜欢出售欧式期权，因为其不必担心为完成投资目标而被提前执行已出售的期权；而其比较喜欢购买的是美式期权，因为根据市场变化状况随时可以放弃或执行买入或卖出协议。

（二）货币期权

以往，要在外汇市场上投资获利，只能靠外汇买卖或远期外汇合约交易；现在，货币期权已成为不少投资者的新宠儿，无论在投资、套利或风险对冲活动中都占有很重要的地位。20 世纪 70 年代，期权交易已在欧美等地发展成熟，当这种投资工具被引入中国香港后，产生了恒生指数期权和货币期权等产品，"期权旋风"一度席卷香港。

货币期权市场可分为两类：场内市场（Exchange－traded）与场外市场（Over－the－counter）。目前国际上最重要的场内市场分别是费城证券交易所、芝加哥交易所以及伦敦国际金融期货交易所。顾名思义，场内期权交易均在交易所内进行，以合约形式买卖，期限、金额及货币种类都是固定的。场外市场则由众多商业银行、投资银行及商人银行所组成，如同外汇现货市场（无形市场）通过电子交易系统直接买卖，交易双方可自行决定货币种类、协定汇率、期限及金额等，弹性远较场内期权高，因此目前大部分货币期权交易都在场外进行。

看涨期权的买方拥有权利以协定汇率向期权卖方买入指定数量的货币，但必须付出期权费作为代价；相反，看涨期权的卖方有责任以协定汇率卖出该种货币。举例来说，假设某投资者买入一个英镑看涨期权，协定汇率为 1.56 美元，期限是一个月。若在到期日，英镑兑美元汇率在 1.56 美元以上（如 1.58 美元），投资者便会行使期权，以协定汇率 1.56 美元买入英镑，赚取价差；相反，如果英镑处于 1.56 美元或以下，投资者则选择不行使期权合约，损失买入期权时所付出的期权费。

看跌期权的概念同看涨期权相似，不同的是看跌期权买方拥有以协定汇率向期权卖方卖出指定数量货币的权利。假设甲方买入的是一个英镑看跌期权，协定汇率为 1.56 美元，期限是一个月，如果到期日英镑兑美元汇率在 1.56 美元以下（如 1.55 美元），甲方便会行使期权，以协定汇率 1.56 美元卖出英镑，赚取价差；相反，如果英镑在 1.56 美元或以上，甲方便选择不行使期权合约，损失期权费。

（三）利率期权

利率期权是一种与利率变化挂钩的期权。买方支付一定金额的期权费后，在到期日或期满前，获得以协定利率借入或贷出一定金额货币的权利。这样当市场利率向不利方向变化时，买方可固定其利率水平；当市场利率向有利方向变化时，买方可获得利率变化的好处。利率期权的卖方向买方收取期权费，同时承担相应的责任。利率期权有多种形式，常用的产品有利率上限（利率顶）、利率下限（利率底）、利率双限（利率套）等。最早在场外市场交易的利率期权是1985年推出的利率上限期权，当时银行向市场发行浮动利率票据，需要金融工具来规避利率风险。利率期权合约通常以政府短期、中期、长期债券，欧洲美元债券，大面额可转让存单等利率工具为标的物。

（四）期货期权

期货期权是继20世纪70年代金融期货之后，在20世纪80年代的又一次期货革命。1984年10月，美国芝加哥期货交易所首次成功地将期权交易方式应用于政府长期国债期货合约的买卖，从此产生了期货期权。相对于商品期货为现货商提供了规避风险的工具而言，期权交易则为期货商提供了规避风险的工具。目前，国际期货市场上的大部分期货交易品种都引进了期权交易。

期货期权是对期货合约买权、卖权的交易，包括商品期货期权和金融期货期权。一般所说的期权通常是指现货期权，而期货期权则是指"期货合约的期权"，期货期权合约表示在到期日或之前，以协议价格购买或卖出一定数量的特定商品或资产的期货合同。期货期权的基础是商品期货合同，期货期权合同实施时要求交易的不是期货合同所代表的商品，而是期货合同本身。如果执行的是一份期货看涨期权，持有者将获得该期货合约的多头头寸外加一笔数额等于当前期货价格减去执行价格的现金。如果执行的是一份期货看跌期权，持有者将获得该期货合约的空头头寸外加一笔数额等于执行价格减去期货当前价格的现金。鉴于此，期货期权在执行时也很少交割期货合同，而是由期货期权交易双方收付期货合同与期权的协议价格之间的差额。

与现货期权相比，期货期权具有以下优点：

（1）资金使用效益高。由于交易商品是期货，因此在建立头寸时，是以差额支付保证金，在清算时以差额结账，从这个意义上讲，期货期权可以较少的资金完成交易，因而也就提高了资金的使用效益。

（2）交易方便。由于期货期权的交易标的已经标准化、统一化，具有较高的流动性，因此便于进行交易，不仅提高了现货市场套期保值的成功率，而且还能增加盈利机会。

（3）信用风险小。由于期货期权交易通常是在交易所进行的，交易的对方是交易所清算机构，因此信用风险小。

与现货期权相比，期货期权也有明显的缺点，其最大的缺点是由于是在交易所进行交易，上市的商品种类有限，协议价格、期限等方面的交易条件不能自由决定。

（五）认股权证

认股权证最早起源于美国。1911年，美国电灯和能源公司发行了全球第一个认股权证。1970年4月13日，权证开始在纽约证券市场交易。20世纪80年代，日本公司在欧洲发行了大量认股权证，掀起了全球认股权证的高潮。20世纪80年代后，认股权证开始在我国香港地区的股票市场流行。20世纪90年代中后期以来，认股权证市场取得了巨大的发展，在亚洲和欧洲市场，认股权证产品交易十分活跃。我国台湾地区也在1997年推出了个股型和组合型认股权证。

认股权证本质上是一种期权，它是发行人赋予权证持有者可于特定的到期日，以特定的价格，购入或卖出相关资产的一种权利。

按买卖的方向，权证可以分为认购权证和认沽权证。认购权证是指持有者在特定的日期，以事先约定的价格买入标的证券的一种权利；认沽权证是指持有者在特定的日期，以事先约定的价格卖出标的证券的一种权利。

按行权期限，权证可以分为欧式权证、美式权证和百慕大型权证。欧式权证的行权期限只有一天，美式权证的行权期限为自上市开始后所有的交易时间。而百慕大式权证的行权期限既不是每一天，也不是一天，而是一段时间，即权证投资者可以在一段时间内行使权证所赋予的这项权利。

按发行者的不同，权证可以分为股本型权证和备兑型权证。如果权证由上市公司自己发行，就称为股本认股权证。它授予持有人一项权利，在到期日前以行使价购买公司发行的新股或库藏的股票。它的特点一是期限比较长，可能长达数年；二是如果权证的执行是由公司发行新股来满足的，这样每股的权益会被摊薄；三是不一定都可以上市交易或自由转让，比如流行的给对公司做出贡献的人发的认股权，一般就是股本认股权证。

备兑权证是指在权证交易时间内，由交易所认可的证券公司、基金管理公司、保险公司等机构投资者（一般为证券公司）在提供相应证券或资金履约担保的情况下，以上市交易的特定权证为基础创设的权证。其主要目的不是为了筹集资金，而是视市场情况及时进行资产管理，事先控制证券投资风险，在本质上是投资风险的管理工具。当权证价格失衡的时候，发行人可以增加二级市场权证供给量，防止权证价格暴涨脱离合理价格区域。

二、商品期权

商品期权是期权交易中的一个重要分支，是当前资本市场最具活力的风险管理工具之一。商品期权指标的物为实物的期权，如农产品中的小麦大豆、金属中的铜等。基于农产品、金属、能源的商品期权合约虽然在交易量上远远小于金融期权合约，但对于农产品、金属、能源的国际价格决定起着重要作用。

第三节 期权合约的性质

一、期权合约的盈亏分布

期权合约的盈亏情况可以简单地用折线来表示，这里为了简单起见，只考虑欧式期权，并且不考虑时间价值和未来的利息。

看涨期权买方的盈亏情况如图7.2所示，纵轴表示期权合约的盈利，横轴表示标的资产的现货市场价格，X表示执行价格。在标的资产的市场价格S到达执行价格X

之前，期权合约不会被执行，此时损失了期权费，在图7.2中表示为横轴下方的平行线那一段。当标的资产的市场价格 S 到达并超过执行价格 X 时，期权被执行，买方的盈利为市场价格高于执行价格的部分 $S-X$，在图7.2中表示为斜线那一段。作为看涨期权的买方，其亏损是有限的，最多不超过期权费，而盈利是无限的，取决于市场价格和执行价格的差额。

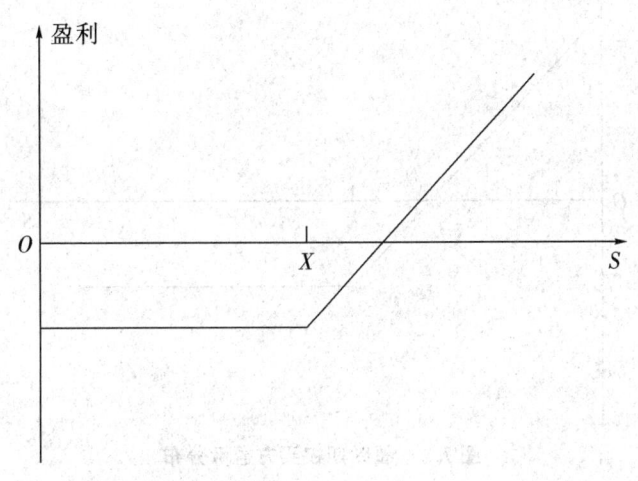

图7.2 看涨期权买方盈亏分布

看涨期权卖方的盈亏情况如图7.3所示。在标的资产的市场价格 S 到达执行价格 X 之前，期权合约不会被执行，所以卖方的盈利为买方支付的期权费，在图7.3中表示为横轴上方的平行线那一段。当标的资产的市场价格 S 到达并超过执行价格 X 时，期权被执行，卖方的亏损为市场价格高于执行价格的部分 $S-X$，在图7.3中表示为斜线那一段。作为看涨期权的卖方，其盈利是有限的，最多不超过期权费，而亏损是无限的，取决于市场价格和执行价格的差额。

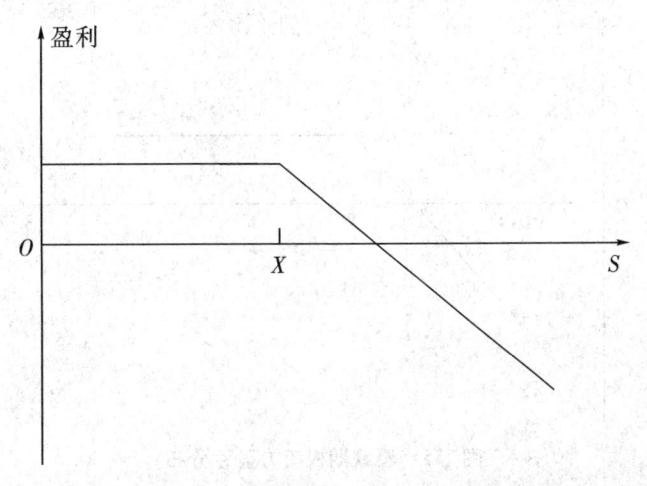

图7.3 看涨期权卖方盈亏分布

看跌期权买方的盈亏情况如图7.4所示。在标的资产的市场价格 S 小于执行价格 X 时，看跌期权的买方有权将标的资产按执行价格卖给看跌期权的卖方，买方的盈利为

$X-S$。在图7.4中表示为斜线那一段。当标的资产的市场价格 S 大于执行价格 X 时,期权不会被执行,买方支付的期权费是他的损失。在图7.4中表示为横轴下方平行线那一段。作为看跌期权的买方,其盈利有限,不超过执行价格。而亏损也是有限的,最多不超过期权费。

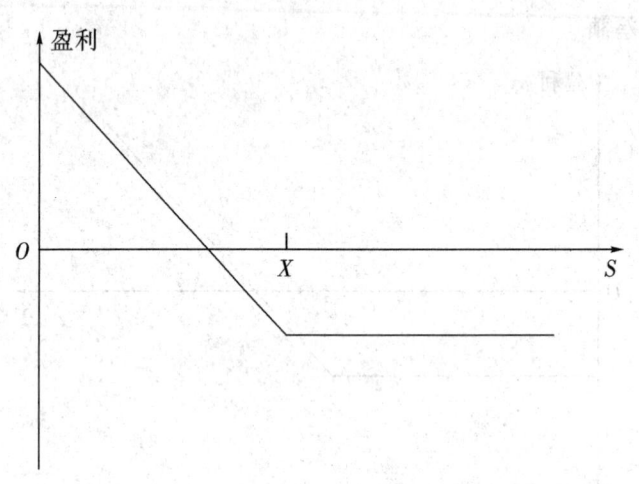

图7.4 看跌期权买方盈亏分布

看跌期权卖方的盈亏情况如图7.5所示。在标的资产的市场价格 S 小于执行价格 X 时,看跌期权的买方有权将标的资产按执行价格卖给看跌期权的卖方,卖方的亏损为 $X-S$。在图7.5中表示为斜线那一段。当标的资产的市场价格 S 大于执行价格 X 时,期权不会被执行,卖方收取的期权费是他的盈利。在图7.5中表示为横轴上方平行线那一段。作为看跌期权的卖方,其盈利有限,最多不超过期权费,而亏损也是有限的,不超过执行价格。

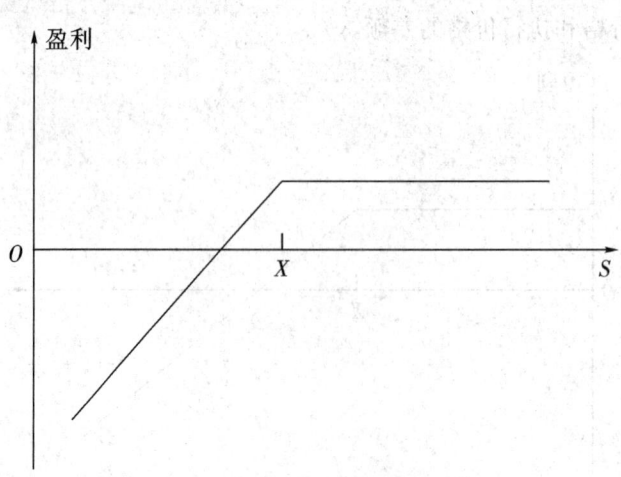

图7.5 看跌期权卖方盈亏分布

需要注意的是,在期权交易中,交易双方具有零和关系。就是说当标的资产的市场价格发生变动时,期权合约的买方和卖方必有一方盈利而另一方亏损,并且盈利和亏损的数量相等。因此,对同一看涨期权或看跌期权来说,买卖双方的盈亏图形总是对称的。

二、内在价值和时间价值

在前文中提过，期权可以分为实值、平价和虚值三类。一般情况下，只有当期权为实值时，期权的买方才要求执行期权，而当期权为虚值或平价时会放弃执行期权。然而我们发现，在期权合约到期前，尤其是在离到期日还有较长一段时间时，即使期权为平价甚至为虚值，其期权费也还是大于零。为什么人们会去购买一个处于虚值的期权呢？因为期权的价值由两部分构成：内在价值和时间价值。

（一）期权的内在价值

期权的内在价值是指期权买方行使期权时可以立即获得的收益的现值。定义当前时刻为 t，期权到期日时刻为 T，用 S 表示标的资产当前市价，S_T 表示期权合约到期时标的资产市价，X 表示期权合约的执行价格，r 为无风险年利率。

对于欧式看涨期权，由于只能在到期日执行，因此内在价值为到期时标的资产市价与执行价格的差额折现到现在时刻的现值，即 $(S_T - X)$ 的现值。

对于在期权有效期间没有收益的标的资产而言，S_T 的现值即为当前市价 S，把执行价格 X 按连续时间复利折现，则无收益资产欧式看涨期权的内在价值为 $S - Xe^{-r(T-t)}$。

对于在期权有效期内有现金收益的标的资产而言，如果用 D 表示该现金收益的现值，S_T 的现值即为 $S - D$，则有收益资产欧式看涨期权的内在价值为 $S - D - Xe^{-r(T-t)}$。

对于美式看涨期权，虽然期权可以在任意时刻执行，但我们可以证明，在到期日前执行无收益的标的资产的美式看涨期权是不明智的。因此，对于在期权有效期间没有收益的标的资产而言，其美式看涨期权的内在价值为 $S - Xe^{-r(T-t)}$。对于在期权有效期内有现金收益的标的资产而言，其美式看涨期权的内在价值为 $S - D - Xe^{-r(T-t)}$。

同样，对于欧式看跌期权，内在价值为 $(X - S_T)$ 的现值。无收益标的资产的欧式看跌期权的内在价值为 $Xe^{-r(T-t)} - S$，有收益标的资产的欧式看跌期权的内在价值为 $Xe^{-r(T-t)} - (S - D)$，即 $Xe^{-r(T-t)} + D - S$。

对于美式看跌期权，提前执行有可能是合理的，因此无收益标的资产的美式看跌期权的内在价值为 $X - S$，有收益标的资产的美式看跌期权的内在价值为 $X + D - S$。

当然，当期权为虚值时，期权权利方是不会行使期权的，此时内在价值为 0。因此期权的内在价值应大于等于 0。

（二）期权的时间价值

期权的时间价值是指在期权有效期内因标的资产价格波动为期权买方带来收益的可能性的价值。以一看涨期权为例，假设执行价格为 10 元，现在标的资产市价为 9 元，有效期还有 6 个月，在这 6 个月中，标的资产市价会波动，如果市价超过 10 元，则该看涨期权就有可能为买方带来收益，这种可能性在期权的价值中就是以时间价值的形式表现出来的。

有两个因素影响时间价值，第一个因素是标的资产价格的波动率，波动率越高，期权的时间价值越高。第二个因素是期权的价值状态。一是 X 与 S 的差距越大，时间价值越小；X 与 S 的差距越小，时间价值越大。二是期权处于极度实值或极度虚值时，时间价值总是趋于零。三是期权处于平价时，时间价值最大。

三、期权合约价格的影响因素

期权合约作为一种金融商品，其价格由内在价值和时间价值构成，凡影响内在价值和时间价值的因素都影响期权的价格。这些因素有标的资产的市场价格、期权的执行价格、标的资产的波动率、无风险利率、期权的有效期和期权有效期内标的资产派发的收益六种。下面我们考虑当这些因素之一发生变化而其他因素保持不变时期权价格的变化。

（一）标的资产的市场现价和期权合约的执行价格

对于看涨期权，执行时的收益等于标的资产当时的市价与合约的执行价格之差。因此，标的资产市价越高，执行价格越低，看涨期权的价格就越高。

对于看跌期权，执行时的收益等于合约的执行价格与标的资产当时的市价之差。因此，执行价格越高，标的资产市价越低，看跌期权的价格就越高。

（二）期权的有效期

对于美式期权而言，当期权的有效期增加，无论看涨还是看跌期权的价格都会增加。这是因为有效期长的期权包含了有效期短的期权的所有执行机会，因此有效期越长，期权价格越高。

对于欧式期权而言，随着期权有效期增加，期权的价格不一定必然增加。因为欧式期权只能在到期日执行，所以有效期长的期权不一定包含了有效期短的期权的执行机会。举例来说，假设同一股票的两种欧式看涨期权，一个有效期为 1 个月，另一个有效期为 2 个月。假定 5 周后股票会有大量红利支付，因为红利的影响，股票价格会下跌，在这种情况下，有效期短的期权的价格可能会高于有效期长的期权的价格。

（三）标的资产价格的波动率

波动率是用来衡量标的资产未来价格变动的不确定性。随着波动率的增加，标的资产价格上升或下跌的机会也会随之增加。从前面期权的盈亏分布中我们知道，期权买方的亏损是有限的，而盈利则取决于市场价格与执行价格的差额，因此波动率越大，对期权买方越有利，期权价格越高。

（四）无风险利率

无风险利率对期权价格的影响不是那么直接，当整个经济中的利率增加时，一方面标的资产价格的预期增长率也会增加，另一方面贴现率会上升导致期权买方收到的未来现金流的现值将减少。对于看跌期权来说，这两方面的影响都会减少看跌期权的价格。因此，随着无风险利率的增加，看跌期权的价格会降低。而对于看涨期权来说，前一方面的影响会增加其价格，而后一方面的影响会减少其价格，通常前者的影响更大，因此随着无风险利率的增加，看涨期权的价格会增加。当利率下降时，其影响导致的结果相反。

（五）标的资产的收益

标的资产分红付息等收益将减少标的资产的价格，因此在期权有效期内标的资产产生收益将使看涨期权价格下降，看跌期权价格上升。

第四节　期权交易制度

一、有组织的期权交易

有组织的期权交易是在交易所进行的。交易所是从事证券、期权和期货等交易的有形场所。交易所对其从事的交易商品提供交易设施并制定交易规则。芝加哥期权交易所（Chicago Board Options Exchange，CBOE）是第一个建立的有组织的期权交易所，并建立了使期权市场化的交易程序。CBOE 的建立也为美国交易所、费城交易所、太平洋交易所和纽约股票交易所的建立铺平了道路。下面我们讨论一下 CBOE 的有关期权合同的规定。

（一）上市要求

期权交易所对期权所依赖的基础资产是有规定的。例如，对于股票期权，交易所的上市要求规定了可交易期权的股票的标准。有一个时期，交易所只允许大公司的股票进行期权交易。后来这一要求放松了，一些规模较小的公司的股票也可以进行期权交易。交易所还对上市股票提出了最低限额的要求，只有达到这一要求，才能在此股票上进行期权交易。总之，交易所有权决定哪些股票可以进行期权交易和哪些股票不可以进行期权交易。

1993 年，CBOE 推出了 FLEX（Flexible 的缩写，意为灵活）期权。这是一种与标准期权有很大区别的新型期权，即交易所的期权交易商采用非标准期权合同。这些非标准期权合同条款包括与交易所通常规定有所不同的执行价格或者到期时间，也可以规定期权是欧式期权而不是美式期权。FLEX 期权的推出反映了期权交易所收复场外业务的意图。此外，交易所还规定了 FLEX 期权的最低交易量（如 100 个合同）。

（二）合约规模

交易所交易的一个标准的期权合约由 100 个期权构成。凡是在场内市场上交易的期权合约都是标准化的合约。合约的交易单位由交易所规定，各有不同。在美国，股票期权的交易单位是 100 股标的股票。因此，如果一个投资者购买了一个合约，它实际上代表可以购买 100 股股票的期权。但是，当公司宣布股票分割或支付股息时，这一规则就出现了例外情况。在这种情况下，标准合约代表的股票数量要进行调整来反映公司的资本变化。例如，如果公司支付了 15% 的股息，标准合约代表的股票数量就要从 100 调整到 115，而执行价格就要乘以 $1/1.15 = 0.8696$。如果支付红利或股票分割使得合约所代表的股票数是 100 的倍数，合约持有者就会被给予更多的合约。比如当股票由一股被拆分为两股时，交易所就会对每一个合约追加另一个合约，同时执行价格则会减半。

股票指数和一些其他金融工具的期权合约规模则由一个合约乘数决定。例如，S&P100 的乘数是 100，购买了一个合约的投资者实际上购买了 100 个期权。

（三）执行价格

在期权交易所，期权的执行价格也是标准化的。交易商必须接受交易所规定的执行价格。而场外期权市场的执行价格是由交易双方商议而定的。交易所对期权的执行价格进行标准化的目的是为了吸引更多的交易商。期权交易主要集中在标的资产的市场价格与期权执行价格相近的合约上。因此，在交易所上市的期权通常是标的资产价格与期权执行价格比较接近的。交易所要对标的资产价格与期权执行价格是否接近作出判断。如果标的资产价格上涨了或者下跌了，交易所就要增添新的接近标的资产价格的期权执行价格。

对于股票来讲，在确定执行价格时，交易所遵循的规则通常是股票价格低于 25 美元时，执行价格以 2.5 美元为间隔；当股票价格在 25~200 美元之间时，执行价格以 5 美元为间隔；当股票价格超过 200 美元时，执行价格以 10 美元为间隔。对于股票指数，期权执行价格是以 5 美元为间隔的。然而，当交易所认为必要时，也可以不按这一规则报价。

当股票支付红利时，股票价格就会在除息日减少与红利等量的价值。因为看涨期权的持有者不接收红利并在股票价格上涨时受益，而看跌期权持有者在股票价格下跌时受益，除息日股票价格的下跌会损害看涨期权持有者的利益，而看跌期权持有者因此受益。在过去的场外交易市场中，期权的价格是对红利进行保护的，即当公司支付了 1 美元的红利时期权的执行价格就下调 1 美元。由于场外交易市场期权并不上市交易，频繁发生的红利调整并没有造成问题。然而，对于在交易所上市的期权来说，红利调整便会产生一些非标准的执行价格。因此，交易所选择当发生红利支付时，并不调整执行价格的方式。目前的场外交易市场也是这样操作的。

（四）到期日

在场外交易市场，期权的到期日是由期权的买卖双方商议而定的。在期权交易所内，每一个期权都有一个特定的到期时间周期。到期时间周期有：1 月、4 月、7 月和 10 月；2 月、5 月、8 月和 11 月；3 月、6 月、9 月和 12 月。其分别称为 1 月份、2 月份和 3 月份循环周期。在每一个周期内，到期月份有当前月、下一个月及同周期内的下两个月。例如，在 1 月初，被指定为一月周期的 IBM 公司期权，在交易所交易的是到期月份为 1 月、2 月、4 月和 7 月的期权。当 1 月期权到期了，3 月期权将被加上；当 2 月期权到期了，4 月期权将被加上；当 3 月期权到期了，5 月期权将被加上。这样一直由当月、下一个月及一月周期里的下两个月到期的期权在进行交易。

一般股票期权的到期时间为 9 个月，很少有例外。建立在某些股票和指数上的长期期权 LEAPS（Long - Term Equity Anticipation Shares）最长的到期时间为 3 年。LEAPS

期权在 CBOE 的交易量很大，虽然 LEAPS 存在股票指数期权，推出 LEAPS 期权是建立在个股上的。

如前所述，股票和指数的 FLEX 期权允许投资者确定任意执行价格。FLEX 的有效期可以长达 5 年。

在期权交易所交易的期权的到期日是到期月份第三个星期五的下午 4 点 30 分（美国中部时间）。经纪人必须在第二天（星期六）的晚上 10 点 59 分完成相关工作。因为许多资产管理经理是在每个季度末被评审一次，因此有些股指期权是在每季度的最后一天到期。

（五）交易限制

美国证券交易委员会要求每个期权交易所执行头寸限制。头寸限制规定了某一投资者能够持有某一单边市场的最大期权数量。例如，由于采取牛市战略，一个多头看涨期权与一个空头看跌期权就是属于在市场的同一边。同理，一个空头看涨期权与一个多头看跌期权由于同样采取了熊市战略，也属于在市场的同一边。期权交易所还公布每一个股票的头寸限制。每个股票的头寸限制取决于股票的交易量和市场上的股票数量。股票指数的头寸限制数额大一些，而且做市商具有一定的头寸限制豁免权利。

执行限制类似于头寸限制。执行限制就是任何个人或者一组人可以在连续 5 个工作日执行期权的最大数量。执行限制的数量与头寸限制是一样的。

规定头寸限制和执行限制的目的是为了避免某一个人或者某一部分人承受过大的风险或对市场有过大的操纵能力。但是，这些限制又确确实实阻碍了一些大的投资者使用交易所的期权，并且减少了期权的流动性。这些限制很可能迫使一些大投资者进行场外期权交易，从而阻碍了期权交易所的发展。因此，这些限制是否有必要至今仍是一个有争议的话题。

二、期权交易商

在场外交易市场中，期权交易商主要是一些投资机构（如银行和股票经纪公司）。在期权交易所从事期权交易的有个人，也有公司。期权交易所的成员资格被称为席位。虽然各个交易所的组织结构有所不同，但一般一个席位只允许一个人去交易大厅交易。

（一）做市商

购买了 CBOE 席位的人可以申请成为做市商或交易大厅经纪人。做市商有义务满足公众对期权交易的需求。当有人要买（或卖）这个期权时，做市商就要完成这笔交易。因此，做市商为大众提供了立即进行期权交易的便利。

实质上，为了生存下去，做市商必须要以某一价格买进，而以更高的价格卖出期权，从中赚取利润。因此，期权价格被标为买价和卖价。买价是做市商愿意支付的最高期权价格。卖价是做市商愿意接受的最低期权价格，卖价比买价要高。交易所规定两者最大的差，即买价－卖价差。举例来说，期权价格低于两美元，期权买卖价差不得超过 0.25 美元；期权价格在 2 美元到 5 美元之间，期权买卖价差不得超过 3/8 美元；期权价格高于 20 美元，最高期权买卖价差就上升至 1 美元。

买价-卖价差就是通过做市商进行交易的必需的交易费用。而对于做市商而言，买价-卖价差是其为公众提供交易便利所得到的回报。做市商通常有不同的交易风格。有些被称为"抢帽子商"，他们是以买价买进，并在价格下跌之前或价格上涨一点之后以卖价卖出。"抢帽子商"通常只保留头寸几分钟。而"头寸商"则要在更长的时间内保持其头寸。很多其他期权交易商，包括一些"抢帽子商"和"头寸商"，被称为"差价商"，他们买进一种期权的同时卖出另一种期权，以较低的风险赚取利润。

（二）场内经纪人

场内经纪人是另外一种在期权交易所进行交易的商人。场内经纪人为其公众进行交易，他们仅代表他们的客户买卖期权，而没有为期权市场"做市"的义务。如果某人要买卖期权，此人首先要在经纪公司处建立账户。经纪公司则要么自己雇佣场内经纪人，要么与独立的场内经纪人或其他公司的经纪人签合同。场内经纪人的收入要么是固定工资，要么是赚取佣金。场内经纪人通常不用担心价格的涨落。但是，精明的经纪人会精心经营，为其客户取得最佳价格。

（三）指令登记员

指令登记员（Order Book Official，OBO）又称交易所经纪人（Board Broker），是交易所的雇员，协助场内经纪人工作以记录那些不能立即执行的限价指令，确保市场价格一旦达到限价，指令就会得到立即执行。

许多传递给场内经纪人的指令是限价指令，即其只能在特定的价格或更为有利的价格上执行指令。当场内经纪人收到限价指令与当时的市场价格不一致时，该指令不能立即执行，经纪人将该指令传递给指令登记员记录，后者会将该指令输入计算机，其记录向所有的交易者公开。如果条件发生了变化，至少有一个做市商愿意以限价指令或者更优的价格进行交易，指令登记员就会执行客户的指令。

（四）其他期权交易系统

CBOE和太平洋股票交易所（Pacific Stock Exchange）采用的是做市商竞争机制。美国交易所和费城股票交易所采用的体制略有不同，是专家负责买进和卖出期权。专家的工作是尽量满足公众的限价指令，但不把信息透露给其他人。而且，有些专家被称为注册期权交易商（Registered Option Traders，ROTs），他们为自己买卖期权，也做其他人的经纪人。与CBOE的做市商不同，ROTs并没有义务"造市"，这是专家的工作。在交易大厅工作的还有办事员、跑单者和交易官员。

（五）场外期权交易商

场外期权交易商是指在交易所外进行期权买卖的交易商。期权市场拥有众多的交易商，其中一些是代表公众进行交易的经纪公司。多数经纪公司雇佣经纪人进行期权交易。但是，一些专业的期权交易公司拥有专门的部门进行期权价格分析，一旦发现套利机会，便加以利用以赚取利润。许多大金融机构，如退休基金、信托公司和共同基金，都进行期权交易。现在进行期权交易的外国金融机构越来越多，而且很多个人也在从事期权交易。还有一些富有的投资者让专业投资经理来管理其资金，这样既可以参与期权之类的交易，本人又无须过多参与交易的具体过程。

（六）交易所会员的成本与盈利性

取得会员资格并缴纳足够的席位费后，即可取得证券交易席位，席位购买后只能转让，不能撤销，会员可以通过席位进行自营或代理期权交易。

交易商可以通过不同途径来购买交易所的席位。其中最简单的方法就是从现有的会员手中购买。当交易所席位的费用达到 50 万美元时，就会对大多数人具有限制作用。但是，还有其他方法得到交易所席位。一些席位拥有者将席位租给其他人，每月租金大约是其席位费用的 0.5%~0.75%。还有一些席位拥有者允许其他人使用其席位进行交易，并收取交易利润的一定比例。

交易所席位费用并非是期权交易的全部成本，交易商还需要准备金以支付损失，并且还要由其他公司作为其信用担保人，资金最少为 5 万美元。会员还必须参加培训并通过考试以证明会员了解交易规则和程序，并且要同意遵守交易所和证券交易委员会的所有规定。此外，还有起始成本和月费用。

确定交易席位的盈利性是十分困难的。有资料表明，做期权做市商是一个高风险的职业。但是，承担超常风险迅速致富是很有吸引力的。因为这一行业的巨大压力，所以期权交易者通常是二三十岁的年轻人。

三、保证金制度

期权交易也有保证金制度。与期货交易的保证金制度不同的是，只有期权的卖方需要缴纳保证金，而买方并不需要。因为缴纳保证金的目的是确保履约，而期权的买方并没有必须履约的义务。卖方可以用现金缴纳保证金，也可以将合约的标的资产作为履约的保证。

在场内期权交易中，交易者在最后交易日之前都可以通过反向操作即对冲来了结头寸平仓。如果没有平仓，那么期权的买方就有权要求卖方履约。一般来说，基于现货的期权在履约时以约定的执行价格进行实物交收，指数期权则根据市场价格与执行价格之差进行现金结算，期货期权则以执行价格将期权头寸转化为相应的期货头寸。

第五节 期权的功能

一、期权的特色与功能

同其他金融产品相比，期权有其自身的特色与功能。

（一）期权是减少信息不确定性的选择

期权概念所蕴含的内涵远远比这个定义从字面上表达的含义要深刻和广泛得多。从本质上讲，期权实际上赋予期权的购买者一段时间，使其能够进一步利用所获得的新信息，降低对未来的预期中不确定性的程度，进而作出更加合理的判断和决策。因此，期权的价格包含了一段时间中信息的价值，或者说期权的价值反映了不确定性的降低，决策更加科学合理所带来的收益的增加或损失的减少。

(二) 期权的价格行为依附于标的资产

期权的价格行为与其标的资产的价格行为有密切的关系。由于其权利与义务的不对称，期权所能带来的报酬形态无法简单地由标的资产来复制。例如，看涨期权的价格与其标的资产的价格会有同向变动的现象，但变动金额远远大于其标的资产价格变动的百分比。即使标的资产价格不变，期权的价格也会因其他因素而变动。理论上，某些标的资产和无风险证券的组合，加上连续的动态调整策略，的确可以创造出与期权一样的报酬形态，但其交易成本费高，比不上直接交易期权经济。期权的价格虽然与标的资产价格密切联系，但它们之间不是线性关系，而是非线性、不成比例和不对称的关系。

(三) 看涨期权隐含着低利率的融资行为

从某些角度而言，看涨期权隐含着融资购买标的资产的杠杆作用，并且融资的成本等于无风险利率，融资的比率也不受任何限制。相对来说，通过购买看涨期权来达到在将来某一时刻购买一定数量的标的资产，比现在通过融资来购买要容易，也方便和简单得多。

(四) 看跌期权隐含着融券行为

看跌期权在理论上犹如借进标的资产来出售，以取得现金，并且无保证金的限制，类似于证券市场的融券行为，但比融券方便的是，出售标的资产所得期权金的应用，也不受到任何限制。但是，既然是融券行为，就有返还标的资产的过程，因而有保证金的要求。

(五) 期权的交易策略具有极为灵活的避险功能

虽然期权只有看涨期权和看跌期权两种类型，但如果与期权价格、时间、交易方式、资产等组合起来，其交易策略与方法不但多样，而且极为灵活，可以满足多种不同的需求。如果对标的资产的价格走势有独到的分析与准确的判断能力，利用期权来交易将比直接在标的资产市场上交易获得更高的回报率。

期权除了可以用来规避标的资产价格变动的风险外，还可以用来规避标的资产价格波动性改变的风险，或股利改变的风险，这些功能是其他金融商品所无法实现的。

(六) 期权使资本市场更完善

在完善的市场上，人们可以利用市场上的证券，创造出任何损益的报酬形态，因而使整个资本市场达到帕罗托最优境界（Pareto Optimum）。期权的出现，正好扮演了这类角色，将资本市场变得较具帕罗托最优性（Pareto Superiority）。

在某些前提之下，我们可以证明市场投资组合，或是一个较具市场代表性的指数型共同基金，加上一组以该投资组合或该指数型共同基金为标的资产的看涨期权和看跌期权，便可创造出完善的资本市场。

（七）期权可能有较低的交易成本和税负

各国的交易手续费与税制不尽相同，在某些国家的制度下，交易期权的手续费比直接交易其标的资产的手续费更低，获利时应缴的税负也较低。

鉴于期权自身的特殊性质，期权市场才得以成长与成功。当然，期权市场的成长也得益于期权市场的制度性建设，它们在期权市场的成长中功不可没。

二、期权的用途

期权的用途主要体现在以下几个方面：

（一）风险性

期权最重要的特征是其风险的性质。期权持有者仅承担有限的风险。如果行使期权买入或卖出标的资产无利可图，期权持有者无须行使其权利，他最多损失期权金；然而期权卖出者承担的风险可能是无限的。

正因为如此，期权的利润和风险同时并存，投资者在未采取适当保护措施之前就卖出期权，风险可能极高，有时甚至远远超过该期权费收入。因此，在卖出期权时，应该采取适当的规避风险的措施。

（二）利润

无论投资者认为股票市场将会上升、下跌或盘整，运用期权都可为其提供获利良机。如果投资者预期某一股票价格上升，就可以买入看涨期权，即有权按预定价格买入该股票。如果他的预测正确，股票确实上升并超过执行价格，那么就可以行使期权，以低于市价的执行价格买入该股票。

如果投资者预期股票价格将下跌，就可以买入看跌期权，即有权按执行价格卖出该股票。一旦股价跌穿执行价格，他就可以行使期权，以高于市价的执行价格卖出该股票。

如果投资者预期到期日之前市场不会有太大波动，他就可以卖出看涨期权，或者卖出看跌期权，或者同时卖出两者，从中获利。

（三）保险

期权可为标的资产持有人提供保险。例如，某股票持有人计划在某一时期持有某种股票，却又担心该股票价格下跌而遭受巨大损失。该股票持有者可购买看跌期权，从而有权以特定价格卖出该股票。执行价格即为该股票的底价，无论该股票价格怎样下跌，它总可以按执行价格将其卖出。同时，在股票价格上升的情况下，他因持有该股票，可享有股价上升带来的利润。因此，他既避免了股价下跌的风险又有可能享有股价上升的利润。同理，投资者可以购买看涨期权来避免股票做空时因价格上升而造成的风险。

（四）增加收益

以现有资产为基础的期权可增加总体收益。一个持有股票投资组合的投资者可以卖出这些股票的看涨期权，即让买家有权买入该投资组合中的股票。如果该看涨期权未被执行,即可赚取期权费为额外利润。当然,一旦股价上升超过执行价格,看涨期权的多头就会执行期权,看涨期权的空头则必须以执行价格卖出标的股票,不能享有股价继续上升所带来的利润。

(五)杠杆效应

投资者可以利用期权的杠杆效应来达到投资的目的。以看涨期权为例,投资者付出期权费买入在未来某一时间按某一指定价格购买期权标的股票的权利。与买入股票所需的全部资金相比,期权费是很小的一部分。如果股价上升一定的百分比,大部分看涨期权上升的幅度都会超过这一百分比。虽然从期权中所赚取的利润可能低于直接投资该股票所赚取的利润,但其回报率却高得多;而且投入的资金较少,承受的风险也小得多。当然杠杆作用亦有其弊。如果股价大幅下挫,看涨期权成为"虚值期权"时,期权费下跌的百分比会高于股票下跌的百分比。但是这种亏损有限,至多损失期权费而已。如果从相对数来讲,期权费的损失率可能是百分之百,风险亦不可小视。

第六节　期权在我国的发展

我国的期权交易是从认股权证开始的。在20世纪90年代我国证券市场发展初期,为了保护老股东在配股中的权益,使不愿或无力认购配股的老股东能够有偿转让其配股权,深圳证券交易所和上海证券交易所曾推出配股权证。但是,由于定价和机制设计上的不合理以及投资者的认识不足,大多数权证市场反映较为平淡,没有再持续下去。2005年,认股权证交易又重新出现在中国的证券市场上,并且多为配合股权分置改革而发行的产品,引起了市场的强烈关注。2005年7月8日,深圳证券交易所和上海证券交易所分别推出了经中国证监会核准通过的《权证管理暂行办法》,标志着权证这一金融衍生产品在我国的推出进入了实质性阶段。2005年8月12日,宝钢股份临时股东大会通过引入权证进行股权分置改革的方案;8月22日,宝钢权证在上海证券交易所挂牌上市,宝钢股份成为我国第一家引入权证为对价方式的上市公司。随后,长江电力、新钢钒、武钢股份、万科等也借助权证的方式解决股权分置问题。根据上海证券交易所的统计,2007年,上海证券交易所和深圳证券交易所权证市场成交超过万亿元,在世界权证市场上的排名位居前三。2011年8月11日,随着长虹CWB1权证最后一个交易日的到来,权证再次退出我国市场。

我国商品期货市场近几年发展迅猛,仅2012—2015年,三大商品期货交易所就新增品种达20多种。与蓬勃增加的商品期货品种相比,我国商品期权显得较为落后,但是商品期权仿真交易在2013年已经启动。2015年2月,上海黄金交易所上线的黄金实物询价期权是我国首个商品现货期权。

2011年4月,人民币外汇期权在银行间市场启动。数据显示,2015年,银行间人民币外汇期权成交已达2 888亿美元;银行对客户交易已达到1 159亿美元。客户通过期权进行套期保值的交易日益增多。2015年以来,中国外汇交易中心积极推进标准化人民币外汇期权系统的建设，计划推出的标准化期权交易模块将在外汇交易中心的页面上呈现出常用的固定期限和固定到期日的期权产品的交易期限、起息日、交割日、报价、交易金额等交易要素。交易货币对为美元对人民币。

2015年2月9日，上海证券交易所正式挂牌上证50交易型开放式指数基金（ETF）期权合约，开启境内资本市场的期权时代。其上市以来，市场运行平稳有序，定价较为合理，流动性不断提升，投资者参与理性，保险、套利、方向性交易和增强收益四类交易行为分布较为均衡，未出现"爆炒"、过度投机等风险事件。特别是在2015年股票市场出现异常波动的情况下，股票期权市场运行平稳，经受住了市场的考验。随着投资者对期权产品日渐熟悉，投资者参与数量与交易量稳步增长，上市首月投资者账户数达4 316户，日均合约成交面值和交易量分别为5.45亿元、2.33万张。2015年12月，投资者账户数增加至81 557户，日均合约成交面值和交易量分别达到47.69亿元、19.81万张。随着市场规模的逐步扩大，期权市场经济功能开始得到初步发挥。一方面，为股票持有者提供有效的保险工具，投资进入立体化交易时代，灵活的期权交易策略能满足不同风险偏好的投资者需求；另一方面，对标的证券产生了积极的影响，在提高标的证券流动性和定价效率、降低波动性、提升标的证券规模等方面发挥了较好作用。此外，期权业务的推出也为证券、期货行业带来了新的业务发展机会，在拓展经纪业务范围、促进财富管理创新、培育行业人才队伍、提升行业国际竞争力等方面起到了积极作用。

从以上我国期权市场状况中可以看出我国期权市场具有以下特点：

第一，我国期权品种不完善，商品期权仅有黄金实物期权，金融期权中只有人民币兑外汇期权和上证ETF50期权。随着利率、汇率市场化程度加深，金融类期权市场将得到进一步发展。

第二，我国期权市场中场内市场和场外市场发展不协调，我国已推出的期权品种中除了上证ETF50期权在交易所场内交易外，人民币兑外汇期权交易在银行间外汇交易市场交易，黄金实物期权在上海黄金交易所交易，后两种均为场外交易，因此我国期权场内交易有待发展。

第三，我国期货市场的发展和期权市场的匹配性不强，期货与期权的发展是紧密相联的，国外期权市场的发展历程表明很多期货品种产生于相应的期权品种之前，我国除了黄金之外的商品期货品种都没有相应的期权市场，由此说明期货品种和期权品种缺乏连贯性。

第四，我国期权参与者门槛较高，国内人民币兑外汇期权的参与者必须有真实交易背景，并且交割方面只允许全额交割，原则上不进行差额交割。上证50ETF期权参与者需具备"双融"或金融期货交易经历，资产方面也有门槛限制。目前，黄金期权的参与者也只能是机构投资者。

本章小结

1. 期权是指赋予其买者在规定期限内按双方约定的价格买或卖一定数量某种资产的权利的合约。

2. 按期权购买者拥有的权利来分，期权分为看涨期权和看跌期权两大类，这两大类期权又有欧式期权和美式期权之分。期权买者只有权利没有义务，卖者只有义务没有权利，因此买者要向卖者支付期权费。

3. 按期权合约的标的资产来分，期权可以分为金融期权和商品期权。其中，金融期权是我们要重点讨论的，它又可以分为利率期权、货币期权（外汇期权）、股价指数期权、金融期货期权、认股权证。

4. 期权的内在价值是指期权买方行使期权时可以立即获得的收益的现值。

5. 期权的时间价值是指在期权有效期内因标的资产价格波动为期权买方带来收益的可能性的价值。期权时间价值在内在价值为零时最大，并随标的资产市价与执行价格之间差额的绝对值变大而递减。随着时间的延长，期权时间价值是递增的，但增幅是递减的。标的资产价格波动率越高，时间价值也越大。

6. 期权价值等于内在价值与时间价值之和。

7. 期权价格的影响因素有标的资产的市价、期权的执行价格、期权有效期、标的资产价格的波动率、无风险利率、标的资产的收益。

8. 期权交易的保证金制度。期权交易也有保证金制度，与期货交易的保证金制度不同的是，只有期权的卖方需要缴纳保证金，而买方并不需要缴纳保证金。

9. 期权的特色与功能包括期权可以减少信息不确定性、期权的价格依附于标的资产、看涨期权隐含着低利率的融资行为、看跌期权隐含融券行为、期权交易策略具有避险功能、期权使资本市场更完善、期权可能有较低的交易成本和税负。

思考与练习题

1. 简要回答一下期权与期货的异同。
2. 简要回答一下期权市场与期货市场的异同。
3. 什么是金融期权，它主要包括哪些种类的期权？
4. 期权的时间价值是什么，它受哪些因素的影响？
5. 期权的做市商制度指的是什么？
6. 有如下三种有价证券组合，画出简图说明投资者收益和损失随最终股票价格的变化情况。

（1）一份股票和一份看涨期权的空头。

（2）两份股票和一份看涨期权的空头。

（3）一份股票和两份看涨期权的空头。

在每种情况中，假设看涨期权的执行价格等于目前股票的价格。

7. 我国的期权发展历程有几个阶段？各有什么典型特征？
8. 与现货期权相比，期货期权有什么优缺点？
9. 期权市场存在的意义及作用。

第八章　金融期权交易

内容提要： 金融期权有许多不同的种类，本章主要按照期权合约的标的资产进行划分，金融期权可分为利率期权、货币期权（或称外汇期权）、股价指数期权、股票期权以及金融期货期权，而金融期货期权又可分为利率期货期权、外汇期货期权和股价指数期货期权三种。我们将依次介绍这些不同期权种类的特征、合约内容、交易惯例以及在风险配置中的应用。

期权是非常重要的衍生金融工具，它既是衍生金融工具的核心工具，也是构造其他复合衍生金融工具的基础工具。期权可以用于套期保值，也可以用于投资和投机，但是期权的核心作用在于配置风险。下面我们依期权标的资产的不同类型分别加以讨论。

第一节　外汇期权交易

外汇期权作为保值和投机工具已经得到越来越广泛的应用。跨国公司及金融机构为防范汇率变动风险已非常普遍地利用各类外汇期权品种，以适应不同的风险管理需求。美国的许多银行及世界上许多资本市场均可提供非常灵活方便的外汇期权交易。外汇期权的场外交易市场可为各类客户提供世界上主要币种、期限在一年以上的外汇期权交易，每笔交易达百万美元，甚至更多。外汇期权为防范汇率风险提供了除远期外汇及外汇期货合约之外的另一种有效的保值手段。

一、外汇期权交易概述

以往要在外汇市场上投资获利，只能靠外汇买卖或远期外汇交易，但时至今日，货币期权已成为投资者的新宠儿，无论在投资、套利或风险对冲活动中都占有很重要的地位。

1982 年 12 月，外汇期权在美国费城股票交易所首先进行，其后芝加哥商品交易所、阿姆斯特丹的欧洲期权交易所、加拿大的蒙特利尔交易所和伦敦国际金融期货交易所等都先后开办了外汇期权交易。目前，美国费城股票交易所和芝加哥期权交易所是世界上具有代表性的外汇期权市场，经营的外汇期权种类主要有英镑、欧元、瑞士法郎、日元、加拿大元等对美元的货币期权交易。

（一）定义

外汇期权交易是在一定的期限内，以某种外国货币或外汇期货合约为交易对象，以商定的价格和数量进行"购买权"或"出售权"的买卖交易。[①] 如果期权合约的标的物为某种外币本身，则称为外币现货期权（简称现货期权）；如果期权合约的标的物为某种外汇期货合约，则称为外汇期货期权。

外汇期权合约的买方或持有者有权利（但无义务）在期权合约到期之前或到期日以事先确定的价格（期权的协定价格或称执行价格）买进或卖出某一特定数量外汇（期权的标的资产）。

（二）交易场所

外汇期权市场可分为场内市场和场外市场。

场内市场是指买卖期限、金额以及货币种类都是固定的，以合约形式的标准化期权合约的交易市场。目前国际上最重要的场内市场有美国的费城股票交易所（Philadelphia Stock Exchange，PHLX）、芝加哥期权交易所（Chicago Board Options Exchange，CBOE）、芝加哥商品交易所（Chicago Mercantile Exchange，CME）、伦敦国际金融期货交易所（London International Financial Future Exchange，LIFFE）、伦敦股票交易所（London Stock Exchange）、荷兰阿姆斯特丹欧洲期权交易所（European Options Exchange）、澳大利亚悉尼期货交易所（Sydney Future Exchange）和新加坡国际货币交易所（Singapore International Monetary Exchange，SIMEX）等。

场外市场是指由众多商业银行、投资银行以及商人银行所组成的交易市场。场外市场通过电子交易系统直接买卖，交易双方可自行决定货币种类、协定汇率、期限以及金额等，弹性远比场内期权高。因此，目前大部分货币期权交易都在场外进行。其中，纽约和伦敦是最活跃的场外货币期权交易市场。

场外货币期权可以满足客户对合约金额及期权期限的不同要求。此外，场外货币期权还可提供特种期权交易，如回望期权（Look Back Option）、亚式期权（Asian Option）等。场外交易货币期权期限可长达1年以上。与交易所的货币期权交易相比，场外货币期权交易流动性也相当好。当然，场外交易货币期权买方需承担卖方的信用风险，而交易所内进行交易的卖方风险则由期权清算公司承担。

（三）外汇期权的优点

外汇期权交易是规避外汇汇率波动风险的有效工具，从某种意义上说，是外汇远期与期货交易的延伸，具有后两者没有的优点。外汇期权的优点如下：

（1）外汇期权买方的最大损失是可预知的，为购买期权所支付的期权费。

（2）外汇期权将权利和义务分离，买方没有必须履约的义务。

（3）外汇期权的灵活性很大，它提供了一系列的协定汇率，而远期外汇和期货交易只能以市场上的某个固定汇率成交。

---

① 张元萍. 金融衍生工具教程［M］. 北京：首都经济贸易大学出版社，2003：149.

(4) 外汇期权为投机和保值提供了更多的选择工具。

二、外汇期权合约

为使外汇期权交易的买卖双方以公开竞价的方式进行交易，并且活跃外汇期权的二级市场，交易所对外汇期权合约进行了标准化。除了期权费之外，对外汇期权合约的其他内容也进行了规范。下面我们以美国的交易所为例介绍外汇期权合约的相关内容。

（一）合约协定价格

外汇期权的协定价格也称执行价格，是在买卖期权合约时双方认可的，在执行合约时所使用的买卖相关货币的汇率。

（二）期权费

期权费又称期权价格权利金，是指买入外汇期权时买方支付给卖方的费用。通常买方以预先支付方式交付给卖方，卖方将此作为所缴纳保证金的一部分。外汇期权的价格按交易数量的百分数来表示。外汇期权的期权费是按每份期权合约总共多少美元报出的，通常以每单位某种货币需要多少美分来表示，一笔货币期权合约的期权费即等于期权费报价乘以合约规模。

例如，费城交易所报出的欧元期权合约的期权费为1.86，表示每欧元的期权费是1.86美分。因此，一份价值为€10 000的欧元期权合约的期权费等于 \$ 186（1.86 × \$ 0.01 × 10 000 = \$ 186）。

（三）到期月份及到期日

外汇期权的到期月份一般为3月、6月、9月和12月。芝加哥期权交易所的到期日为到期月份第三个星期三之前的星期六。此外，外汇期权还可进行两个近期月份的期权交易。例如，在10月，可进行到期月为10月、11月、12月、3月、6月和9月份的期权交易。外汇期权最长期限一般不超过1年。

芝加哥商品交易所国际货币市场分部的货币期货期权到期月一般为3月、6月、9月以及12月份，到期日为到期月第三个星期三之前的第二个星期五。

（四）保证金

交易所内进行的外汇期权交易，卖方履约义务或违约风险由交易所的清算公司承担，而清算公司将通过清算公司会员对具体卖方制定相应的保证金要求。同股票期权一样，外汇期权买方只需支付期权价格作为买方保证金，而卖方则有不同的保证金要求。

（五）交割方式

交易所进行的外汇期权交易由清算公司进行清算交割，不需要买卖双方直接接触。清算公司作为买方的卖方以及卖方的买方承担了买卖双方的信用风险，并确保卖方履行交割义务。以费城股票交易所外汇期权为例，若买方执行1手瑞士法郎期权合约，则买方通过与之相联系的清算公司会员在代理行银行账户上按协定价支付相应美元；同时，卖方通过与之相联系的清算公司会员经设在瑞士的代理行银行账户支付每手合约相应数量的瑞士法郎。

（六）头寸限制

为了防止大户操纵市场及过度投机，外汇期权交易所对买卖双方所持头寸数量加以一定控制。如美国费城股票交易所及芝加哥期权交易所外汇期权最大头寸持有数量为25 000手。

（七）交易数量

外汇期权合约明确规定了合约持有人有权买入或卖出标的外汇资产的数量。对于每种货币其规定各有不同。通常情况，几种主要货币每一合同交易单位分别为12 500英镑、62 500瑞士法郎、6 250 000日元、50 000加拿大元。

三、外汇期权管理风险

外汇期权是目前为止运用广泛的管理外汇风险的一种外汇衍生产品。尤其是对无法确定未来现金流的情形，外汇期权或外汇期权的期权的风险控制作用非常明显。当然，对于期权买方而言，外汇期权要支付期权费，买方承担最大的风险是有限的，也就是期权费的损失。好处在于可以充分利用汇率的有利变动获益，这是外汇期货及远期汇率合约所无法比拟的。外汇期权防范汇率风险主要包括下列策略：

（一）外汇看涨期权多头

外汇看涨期权价格随期权标的货币汇率上升而上涨，可以运用外汇看涨期权进行汇率风险保值或进行投机。

例8.1 某投资者买入1手欧式瑞士法郎看涨期权合约，每手合约金额为62 500瑞士法郎，期权执行价或协定价为0.83美元/瑞士法郎，期权的期限为6个月。期权价格为0.008美元/瑞士法郎，即每手瑞士法郎看涨期权买入成本为500美元。此处暂不考虑利息成本及佣金。如果在期权到期日瑞士法郎即期汇率大于期权协定价0.83美元/瑞士法郎，则执行看涨期权，即以汇率0.83美元/瑞士法郎买入瑞士法郎；看涨期权买方也可以用看涨期权空头头寸对冲抵消，即卖出升值的看涨期权获利。如果在期权到期日瑞士法郎即期汇率小于期权协定价0.83美元/瑞士法郎，则放弃执行看涨期权。该投资者的最大损失为买入该外汇看涨期权的期权费。

（二）外汇看涨期权空头

看涨期权空头策略需承担较大的风险，从理论上说可能是无限的。得到的收益是期权费，是有限的。这种策略主要适用于预计期权标的货币汇率基本不变或预计其将下跌的情形。如果近期内期权标的货币汇率果如所料并未上升，则买方将不会执行看涨期权，而直接在外币现货市场买入外币，期权卖方可净得期权费收入。

值得注意的是，对期权卖方而言，所预测期权标的货币汇率趋势与实际值的偏离程度对其损益影响甚大。如果期权标的货币市场价格因突发事件急剧波动，而所卖出期权恰好为美式期权，则期权买方可能利用获利良机执行期权，期权卖方则可能承受较大损失。即使在期权到期时外汇市场已趋回稳，但对美式期权而言，已经无济于事。因此，对于美式期权卖方，要求对期权标的货币汇率预测不至于偏差太大。如果市场相对平稳，卖方可以在期权市场以相当价格对卖方头寸进行对冲。

例 8.2 接例 8.1，欧式瑞士法郎看涨期权的期权执行价为 0.83 美元/瑞士法郎，期权期限为 6 个月，期权价格为 0.008 美元/瑞士法郎。

若期权到期时瑞士法郎即期汇率低于期权协定价 0.83 美元/瑞士法郎，则看涨期权价值为零，买方将放弃执行期权合约，卖方净得期权费收入 500 美元；当期权到期时瑞士法郎即期汇率大于期权协定价 0.83 美元/瑞士法郎，期权买方将执行期权，即卖方按协定价卖出标的货币 62 500 瑞士法郎，若卖方手中无瑞士法郎，则必须在即期市场以较高汇率买入瑞士法郎并交付买方，市场买入价与执行价格的差价是卖方不得不承受的损失。

到期日瑞士法郎即期汇率越高，则瑞士法郎看涨期权卖方损失越大。即使卖方实际持有相应数量的外币，也将承受机会成本的损失，即卖方损失了可将所持外币以高于看涨期权协定价的汇率卖出带来的收益。

（三）外汇看跌期权多头

若投资者预计近期期权标的货币汇率趋于下跌，则可以利用该货币看跌期权多头头寸防范汇率下跌风险，即当期权标的货币汇率下跌时，看跌期权价格上升。如果期权标的货币汇率上升，则看跌期权买方可以放弃所持期权合约，进而以较高现货汇率卖出标的货币。看跌期权多头收益有限，承受的风险也有限。其最大风险仅为买入看跌期权所支付的期权费。

与外汇看涨期权多头相反，外汇看跌期权多头在期权标的货币汇率低于期权协定价时将执行看跌期权。期权到期时标的货币即期汇率低于期权协定价越多，则买方收益越大。从理论上讲，在即期汇率为零时，其收益为最大。

（四）外汇看跌期权空头

看跌期权空头头寸策略需承担的风险是有限的，得到的收益也有限。这种策略主要适用于预计期权标的货币汇率近期将持平或预计略有上升的情形。

如果近期内期权标的货币汇率果如所料持平或略有上升，则买方将不执行看跌期权，卖方可获得期权费收入。对卖方而言，所预测期权标的货币汇率走势与实际情形的偏差应不至于有较大出入。尤其对美式期权，这一点尤其重要，因为买方有可能利用期权有效期内汇率短时间的有利变动执行期权，而使卖方承受损失，即使期权到期时相关货币汇率回稳也无法改变卖方损失的状况。

第二节 利率期权交易

1982年3月，澳大利亚悉尼期货交易所开始把期权交易运用到银行票据期货市场，成为世界上第一个在金融期货市场上尝试期权交易的交易所。最早在场外市场交易的利率期权是1985年推出的利率上限期权（即利率顶），当时银行向市场发行浮动利率票据，需要金融工具来规避利率风险。之后，世界上许多国家也纷纷建立金融期权市场，并开展利率期权交易，其中尤以美国期权交易发展最为迅速。利率期权逐渐成为交易最活跃、最有影响的金融期权之一。

一、利率期权交易概述

（一）定义

利率期权是一种与利率变化挂钩的期权，是指买方在支付了期权费后即取得在合约有效期内或到期时以一定的利率（价格）买入或卖出一定面额的利率工具的权利。卖方收取期权费，负有相应的责任。到期时以现金或者与利率相关的合约（如利率期货、利率远期或者政府债券）进行结算。利率期权合约通常以政府短期、中期、长期债券，欧洲美元债券、大面额可转让存单等利率工具为标的物。

由于利率水平的变动可导致固定息票债券价格的变动，我们可以利用固定息票债券的期货或期权合约来防范利率变动风险。这一点也是利率期权与货币期权、股票期权的不同之处，即利率风险防范需借助债务工具的使用，因此利率期权有时也称为债务工具期权，如国债期权等。

（二）交易场所

在美国，主要的利率期权交易所为美洲股票交易所（AMEX）、芝加哥期权交易所（CBOE）以及芝加哥期货交易所（CBOT）。其中，短期国库券（T-Bill）期权交易在美洲股票交易所进行，美洲股票交易所还推出了中期国债（T-Note）期权交易，芝加哥期权交易所则推出了长期国债（T-Bond）期权合约，芝加哥期货交易所可进行长期国债期货的期权交易。利率期权的场外交易主要指利率上限（利率顶）、利率下限（利率底）、利率双限（利率套）以及利率互换期权等。

二、利率期权合约

利率期权包括欧洲美元期权、90天国库券期权、5年中期国债期权、10年中期国债期权和30年长期国债期权等。利率期权合约对面值、合约期限、合约协定价格、交割方式、最小变动单位等都有一定的规定。

(一) 报价

欧洲美元期权和90天国库券期权的面值是1 000 000美元,最小变动单位为1基点[①](1基点=25美元);中长期国债期权的面值为100 000美元,最小变动单位为1/32点。

欧洲美元期权与美国短期国库券期权以点(1点=100基点)报价。一份报价为0.75的利率期权价值为1 875美元(0.75×100×25=1 875)。美国中长期国债期权以点数和一个点的六十四分之几报价。一份报价为3-14的中长期国债期权合约的价值为3 218.75美元[100 000×1%×(3+14/64)=3 218.75]。

(二) 合约期限

利率期权的合约期限一般都在一年以内。美国财政部发行的短期国库券期限包括13周、26周和52周。美洲股票交易所可进行13周短期国库券期权交易。

长期和短期国债(T-Bond和T-Bill)期权到期月周期是3个月间隔,到期日为到期月第三个星期五之后的星期六。虽然中期国债(T-Note)和长期国债(T-Bond)本身期限较长(中期国债为1~10年,长期国债为10~30年),但其相应期权期限一般只为6个月和9个月,最长者为15个月。通常情况下,美洲股票交易所和芝加哥期权交易所进行的短期、中期和长期国债期权交易只限于近期发行的国债品种。

(三) 合约协定价格

欧洲美元期权和美国短期国库券期权协定价以贴现率(或Libor)的"补足"值表示,即当贴现率(或Libor)为r时,期权合约的报价为$(100-r)$。

例如,13周(91天)短期国库券年贴率为7.54%,则期权协定价指数值为92.46,该短期国库券期权协定价可为91、92和93等。当13周短期国库券期权协定价为90时,则相应看涨期权买方有权以年贴现率10%买入相应债券,该债券买入价格约为面值的97.5%,设债券初始价格为X,则有$(100-X)/100×360/91=10\%$,由此可得出债券初始价格大约为97.5,即$X=97.5$。

美国中期国债(T-Note)和长期国债(T-Bond)期权协定价与美国中期国债和美国长期国债债券市场价格表示相同,即以面值的百分数表示。一般而言,当期权相关国债拍卖后不久,即可进行相应国债期权交易,假设美国中期国债和美国长期国债以面额发行,发行价为100,则相关债券期权协定价可定为98、100和102等。若相关美国中期国债和美国长期国债现货价格下降时,则新的期权协定价也将随之加以调整。例如,若美国中期国债现货价格下跌为96,相关期权协定价可定为94、96、100和102等。

(四) 交割方式

短期国库券期权的履约和交割不同于中期国债和长期国债期权的履约和交割。后

---

① 设n为期权的期限。当$n<1$年时,1基点=$n/360$×合约面值×0.01%;当$n≥1$年,1基点=合约面值×0.01%。欧洲美元的基点按照$n=90$天计算。

两者期权合约执行时，进行相应国债的实物交割。短期国库券期权交割时，则进行交割日所在星期发行的短期国库券的交割。

此外，中期国债期权和长期国债期权履约时交付的金额为期权协定价乘以面值加上所垫付的利息。例如，中期国债期权协定价为92，则清算价为92 × \$1 000 = \$92 000，此外还应加上这段期间买（卖）方所垫付的利息，相关国债看涨期权的买方及看跌期权的卖方应将垫付利息交付给对方。

三、利率期权与利率风险防范

利率期权合约买方既可以防范利率水平的不利变动带来的风险，同时还可以获得利率有利变动带来的好处。

利用利率期权，可使债券投资者对利率风险进行重新组合和分配。如果投资者投资的现货是国债或国库券，可以直接运用市场上的相应的期权进行风险管理。如果投资者投资的是公司债券，由于一般市场上不存在相应公司债券的期权，公司债券投资者可以观察所持公司债券价格与相应国债价格的相关性。若两者密切相关，即相关系数较大，则可以利用国债期权来对所持公司债券的利率风险加以保值。

（一）看涨期权多头的运用

若预计利率近期内将持续下跌，相关债券现货价格将随之上扬，投资者可买入利率看涨期权对利率风险保值。若市场利率走势恰如所料，则可以在期权市场获利。若近期市场利率不跌反升，相应债券价格将下跌，期权买方将放弃期权合约，并可按较低现货价格买入债券，保值成本仅为买入期权所支付的期权费。

例8.3　投资者王先生预计国内市场利率会在近期内下跌，若现在市场利率为3.6%，国债的价格为94元，王先生可以以94元为执行价格买入国债看涨期权进行投资。如果经过一段时间，市场利率如预期一样下跌至3.5%，国债价格为96元，王先生可以执行国债看涨期权，每单位获得两元的收益。如果一段时间以后，利率并没有如预期一般下降，而是上升至3.7%，国债的价格为93元。这时，王先生可以放弃执行期权，以较低的价格买入国债。王先生的损失为购买看涨期权的费用。

（二）看跌期权多头的运用

如果持有长期国债，为防止近期内市场利率上升使得所持债券价格下跌产生的风险，投资者可以买入国债看跌期权，从而规避利率上升使所持国债价格下跌产生的损失。如果近期内市场利率上升，所持国债价格将随之降低，但由于买入国债看跌期权，则期权市场盈利可抵补所持国债现货损失。如果近期内利率并未上涨，所持债券价格持平或上升，则放弃执行期权，买方期权保值的最大亏损为所买入看跌期权的费用。

例8.4　投资者李先生持有长期国债。通过对宏观经济的分析，他认为国内市场利率会在近期内上升，其持有的国债的价值可能会遭受损失。若现在市场利率为3.6%，国债的价格为94元，李先生可以以94元为执行价格买入国债看跌期权进行套期保值。如果经过一段时间，市场利率如预期一样上升，如上升至3.7%，国债价格为93元，李先生可以执行国债看跌期权，用期权的收益抵补持有国债的损失。如果一段时间以后，利率并没有如预期一般上升，而是下降至3.57%，国债的价格为96.5元。这时，李先生可以放弃执行看跌期权，其损失为购买看跌期权付出的费用。

（三）看涨期权空头的运用

若预计近期利率持平或略有上扬，则相关债券现货价格也将持平或略有下跌，投资者可以卖出利率看涨期权。这里同样有两种可能，一种情况是利率走势不出所料，则当利率水平持平时，国债期权的买方一般不会执行期权，则期权卖方可净得期权费收入。若近期利率水平仅小幅上涨，相关债券价格略有下跌，利率期权买方不会执行看涨期权，则卖方也可坐收期权费收入。另一种情况是投资者对近期利率走势预测失误，即利率大幅下跌，使得相应国债价格上涨，则看涨期权买方将按期权协定价买入期权相关债券，卖方将承受损失。卖方对利率走势预测与实际情形偏差程度越大，则卖方承受损失越大。总之，利率期权卖方最大收益仅为期权费，而承受损失有可能无限大。

例8.5 吴女士预计国内市场利率会在近期内持平或略有上扬，国债价格将走低，存在投机机会。若现在市场利率为2.8%，国债的价格为97元，期权费为0.3元。吴女士可以以97元为执行价格卖出国债看涨期权进行投资。如果经过一段时间，市场利率如预期一样持平或略有上扬，如上升至2.83%，国债价格为96.53元。此时，看涨期权买方将放弃执行期权，吴女士每单位获利为期权价格0.3元。如果一段时间以后，利率并没有如预期一般，而是下降至2.67%，国债价格为98.35元。这时，吴女士将承受每单位损失1.35元。

（四）看跌期权空头的运用

若预计近期利率走势有可能持平或略有下跌，则相应债券价格将持平或略有上涨，可以卖出看跌期权投机获利。如果近期内利率走势与所料不差，由于期权相关债券价格持平或略有上涨，则看跌期权买方将放弃执行期权，卖方可净得期权费收入。如果对利率走势预测失误，即利率反而上扬，由于相应债券现货价下跌，则利率看跌期权买方将执行看跌期权，期权卖方将承受损失。

例8.6 郑先生预计国内市场利率会在近期内持平或略有下跌，国债价格将上涨，存在投机机会。若现在市场利率为2.8%，国债的价格为97元，期权费为0.3元。郑先生可以以97元为执行价格卖出国债看跌期权进行投资。如果经过一段时间，市场利率如预期一样持平或略有下跌，如下降至2.75%，国债价格为97.53元。此时，看跌期权买方将放弃执行期权，郑先生每单位获利为期权价格0.3元。如果一段时间以后，利率并没有如预期一般，而是上升至2.9%，国债价格为96.12元。这时，郑先生将承受每单位损失0.88元。

总之，利用短期国库券期权及中长期国债期权对利率风险进行套期保值，可以有效地防范利率不利变动，同时较好地利用利率有利变动。对于利率期权投机者而言，不论是看涨期权或看跌期权，由于买方特有的执行或放弃期权合约的选择权利，则买方收益空间大，而最大损失仅为买入期权所支付的期权费。利率期权的卖方最大收益仅为卖出期权的期权费，若对利率走势判断失误，对利率预测偏差越大，卖方亏损会越大。

第三节 股票期权

股票期权是最早出现的场内期权合约。1973年，在芝加哥期权交易所交易的第一批期权合约即以16只个股为标的。随后美国其他交易所相继推出股票期权交易，许多种股票可以进行期权交易，每份合约的期权持有者有权按特定的价格买入或卖出100股股票。股票期权可用来对个别股票价格进行保值或投机。

一、股票期权概述

（一）股票期权的定义

股票期权交易是指以股票或股票组合作为标的物的期权交易，即期权交易的买方以向卖方支付一定的期权费为代价，取得一种在一定期限内按协定价格买入或卖出一定数量股票的权利，而不负有必须买进或卖出的义务。

（二）交易场所

股票期权交易主要活跃于美国。在美国，有数百种股票可进行期权交易，不同的股票活跃程度有所差异。美国主要的股票期权交易场所包括芝加哥期权交易所（CBOE）、美洲股票交易所（AMEX）、纽约股票交易所（NYSE）、费城股票交易所（FHLX）、太平洋股票交易所（PSE）。

二、股票期权分类

按照合约所赋予的权利的性质，股票期权可以分为看涨期权、看跌期权和特殊类型的股票期权。看涨期权与看跌期权及其他金融期权类似。特殊类型的股票期权有如下几种：

（一）认股权证（Warrants）

认股权证是授予认股权证持有人在指定时间内以协定价格买进该公司股票的权利凭证，实质上是一种看涨期权。它的产生与其他期权有很大不同。认股权证由公司或金融机构发行，有些还在交易所内挂牌交易，流通在外的认股权证的数量取决于初始发行的数量并且仅当期权执行或到期时其数量才发生变化。购买或出售认股权证与买卖股票类似，不需要期权清算公司的参与。执行认股权利时，初始发行人只需与认股权证持有人结算，即认股权证持有者有权利而无义务按确定的价格购买一定数量的股票。

（二）认股权（Rights）

认股权是按照公司的利益由公司发行给其股东的，它给予股东一种购买公司计划发行的、一定数额的新的普通股的权利。它与典型的期权和认股权证在原理上都是一致的，属于看涨期权的一种具体形式。持有认股权的股东既可以行使认购普通股的优惠权，又可以将这种权利出售。

（三）职工购股期权（Employee Stock Purchase Options）

职工购股期权是一种只售给本企业职工的看涨期权。在某些现代企业中，企业主为了使其职工与他们的利益保持一致性，会将看涨期权或认股权证售给本企业的职工。这种期权有另外两个特征：一是该期权通常规定在职工得到这一期权后的某段时间内是不能执行的；二是当职工离开企业后，这一期权也随之无效。因此，采用发放职工购股期权这一方式对增强企业的凝聚力、调动职工积极性具有重要作用。

（四）可转换债券（Convertible Bonds）

可转换债券是一种在债券上附加期权的新型债券，其持有者有权在将来特定时期内根据某个确定转换比例将可转换债券转换成该发行公司的股权，当可转换债券转换时，发行公司收回债券并向债券持有者发放股票。若假定利率不变，并且不考虑赎回条款，可转换债券可近似地看做一个普通债券加上一个看涨认股权。

（五）长期限股票期权（Long-term Equity Anticipation Securties，LEAPS）

长期限股票期权是指期限长于1年的股票期权。大多数普通股的股票期权期限不长于1年，但为了满足投资者对长期限投资的保值需求，美国几大股票期权交易所均推出LEAPS及交易。长期限股票期权已包括100种股票、S&P100股票指数、S&P500股票指数及主要市场指数（Major Market Index，MMI）。LEAPS买方可按预先确定的价格买入或卖出100股期权相关股票。一般而言，由于时间较长，时间价值较大，其价格大于短期限同类股票期权。

三、股票期权合约

（一）交易单位

股票期权合约与一般股票的交易单位相同，为100股普通股。因此，对投资者保值很方便。另外，现在美国进行的股票期权大多为美式期权，即期权买方可以在期权到期日或之前任何一天执行期权。

（二）股票期权的到期日

股票期权的到期月有三种循环方式，每一种循环方式间隔月份为3个月，即1月、4月、7月、10月为一组；2月、5月、8月、11月为一组；3月、6月、9月、12月为一组。如果投资者于2月份购买第一种循环月份股票期权，则可选择即期月份2月份，下一个连续月3月及4月、7月到期月份的股票期权。

在美国，股票期权到期日是到期月第三个星期五之后紧随的那个星期六的美国中部时间下午10:59。期权的最后交易日是到期月的第三个星期五。期权多头的持有者通常在这个星期五中部时间下午4:30之前给其经纪人发出执行期权的指示，经纪人在第二天中部时间下午10:59之前完成书面文件并报告交易所执行期权。

（三）股票期权的执行价格

股票期权的执行价格可高于或低于股票的市价。同一种股票，到期日相同的股票期权可以有一系列协定价。股票期权的执行价格,一般而言由交易所选定,具有这种执行价格的期权才可以进行交易。股票期权价格以 1 股为单位报价,实际价格为所报出价格乘以 100(即每手期权合约 100 股)。

股票期权的执行价格变动间隔有 2.5 美元、5 美元或 10 美元(股票分割或分红利时除外)。交易所通常规定:当股票价格低于 25 美元时,执行价格的变动间隔为 2.5 美元;当股票价格在 25 美元和 200 美元之间时,执行价格的变动为 5 美元;当股票价高于 200 美元时,执行价格变动间隔为 10 美元。

例 8.7 某股票的股价为 17 美元。因为股票的价格低于 25 美元,则在订立期权合约时,执行价格的变动间隔为 2.5 美元。以 25 美元为执行价格变动的起点,依次以 2.5 美元为变动间隔,便可以得到交易期权一系列执行价格,分别为 12.5 美元、15 美元、17.5 美元、20 美元和 22.5 美元等。

若引入新的到期日时,交易所通常选择最接近股票现价的那两个执行价格。若其中有一个很接近股票现价,交易所也可以另外选择最接近股票现价的第三个执行价格。如果股价的波动超过了最高执行价格和最低执行价格的范围,交易所通常引入新执行价格的期权。

例 8.8 假设股票期权刚开始交易时,股价为 53 美元,交易所最初提供的看涨期权和看跌期权的执行价格分别为 50 美元和 55 美元。若股价上升到 58 美元时,由于股价波动超过了 50 美元和 55 美元,又因为股票价格在 25 美元和 200 美元之间时,执行价格的变动间隔为 5 美元,交易所可以提供执行价格为 60 美元的期权;同样的道理,如果股价跌到 48 美元时,交易所可以提供执行价格为 45 美元的期权。

(四)股票期权保证金

股票期权买方由于获得选择的权利,需要支付期权费,但不需要另外再缴纳保证金。股票期权卖方由于在价格不利变动时需要承担较大、甚至是巨大风险,则必须向期权清算公司缴纳一定数量的保证金,以保证履约。股票期权卖方保证金的多少还与所持期权是否有相应的现货或现金抵补头寸相关。在出售单一期权投资策略中,股票期权卖方所应缴纳的保证金的计算公式为:

Max(期权费 + 期权标的股票现价的 10%,期权费 + 期权标的股票现价的 20% - 期权虚值状态的数额)

其中:对看涨期权和看跌期权,若为实值期权,则期权虚值状态的数额为 0;虚值期权要计算出虚值的数额。最后,取上述两计算结果之最大值作为保证金。

保证金须逐日计算,类似于期货保证金的逐日盯市制度,不足的应补足所需数额。此外,除了交易所清算公司的保证金要求,经纪人可能对客户提出更高的保证金要求。

(五)股票期权交割

股票期权买方若执行看涨期权,卖方必须在指定日期按协议价格交割相应股票;买方执行看跌股票期权,则卖方必须按协议价格买入相应股票。

四、分红与拆股

早期的场外交易的期权是受红利保护的，期权的协定价格要根据红利进行调整，如果公司派发一项现金红利，则在除权日后，公司的股票期权的协定价格应减去红利金额。而交易所上市的期权却不进行这种调整。由于支付股利通常会导致股价相应的下降，这似乎对买入期权的多头方是不公平的。但是，管理上的便捷和期权合约标准化的需求可以防止这种不公平的发生。同时，在实际操作中，股票除权日之前的期权合约的权利金通常比平时要低廉，这也可以缓解不公平带来的负面影响。

股票期权合约对拆股要进行相应的调整。所谓拆股，便是将现有的股票拆分成更多的股票。例如，投资者持有某公司的股票看涨期权合约一份，协定价格为每股90元，该公司新近宣布进行1拆3的拆股。1拆3就是现有的一股股票拆股后变成3股，或者说，用3股新股票代替1股老股票。那么期权的协定价格自动降至每股30元（90元/3＝30元）；同时，新合约给予了投资者购买300股（100股×3＝300股）的权利。由于拆股并不改变股份公司的资产和盈利能力，因此股东的财产并没有任何变化。当别的因素不变时，新股票的价值与老股票的价值相等。

股票期权合约对红股也进行相应的调整，红股是指公司免费向老股东以一定的比例发送的新股。与拆股一样，红股发送对公司的资产和盈利能力没有任何影响。例如，25%的红股方案意味着老股东每持有4股股票可以免费获得1股新股票，其效应与4拆5的拆股完全一样。因此，期权协定价格应降至原来的4/5，一份合约（100股）所包含的股数上升至125股。

五、股票期权与股价风险防范

（一）单独期权策略

单独持有期权也称为裸期权，是指进行股票期权交易时没有对期权的标的股票进行相应的买卖，属于一种投机行为。采用单独期权策略应注意期权买方与卖方风险/收益不对称性的特点。对卖方而言，一旦期权标的股票实际股价与预计价格的运动方向相反，则可能承受较大损失；如果实际股价运动与预计股价运动相符，最大收益仅为出售期权得到的期权费。对买方而言，如果期权标的股票价格实际运动方向与预测相反，则最大损失仅为买入期权所支付的期权费；如果实际股价运动与所预测的股价运动的方向一致，则可以出售所持期权获利或执行该期权获利。

（二）抵补保值策略

该策略是对现有的股票头寸利用股票期权进行风险保值，以避免或降低股价不利变动的影响，同时享有股价有利变动带来的好处。抵补保值有以下四种基本类型：

（1）股票多头和欧式看涨期权空头的组合，该策略也称为抵补看涨期权的出售（Writing a Covered Call）。该组合策略可以在股价下跌时部分或全部抵消由于所持有的股票贬值的风险。如果股价上涨，看涨期权被执行，由于组合中持有股票多头可以用于期权执行的交割，不至于在股价大幅上涨时由于持有看涨期权空头遭受重大损失。

该策略的损益状态如图8.1所示。

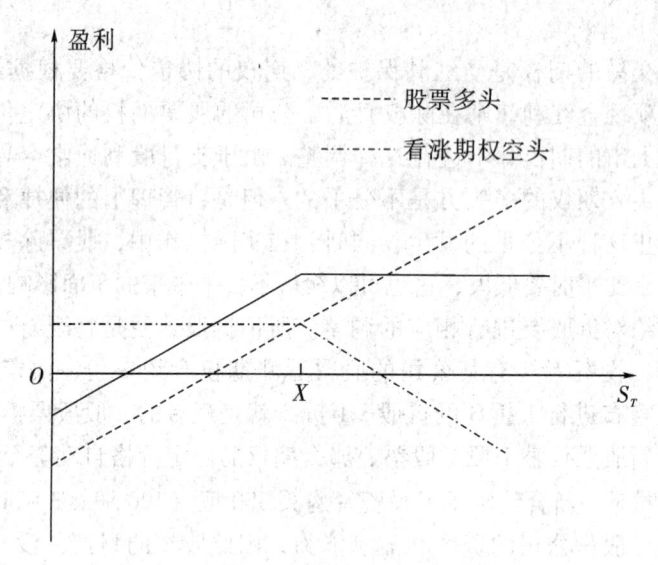

图8.1 股票多头和看涨期权空头的策略组合

（2）股票多头和股票看跌期权多头的组合，该策略也称为保护性看跌期权多头策略。采用这种组合策略可以锁定股价下跌时所持股票收益降低的风险，同时可以获得股价上升时所持股票收益上升的益处。一方面，在股价下跌时，利用看跌期权多头获得的收益来消除所持股票的损失；另一方面，在股价上升时，可使所持股票收益增加值只减少一恒定数值（即期权价格）。该策略的损益状态如图8.2所示。

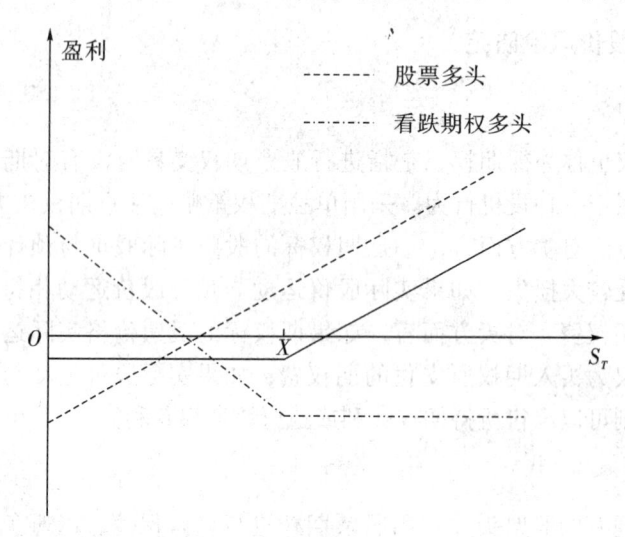

图8.2 股票多头和看跌期权多头的策略组合

（3）股票空头和看涨期权多头的组合。在进行股票空头交易时，投资者主要担心股价上升使股票空头头寸亏损。利用相应股票的看涨期权，则可以将股票看涨期权在股价上升时的获利抵补股票空头头寸的损失；同时，在股价下跌时，该期权多头头寸只承担有限损失，从而使所持股票空头头寸的收益不受保值工具头寸的过多不利影响，即可以有效地利用股价的有利变动（股价下跌使股票空头头寸获益）的好处，同时避免股价的不利变动（股价上升使股票空头头寸亏损）的损失。该策略的损益状态如图8.3所示。

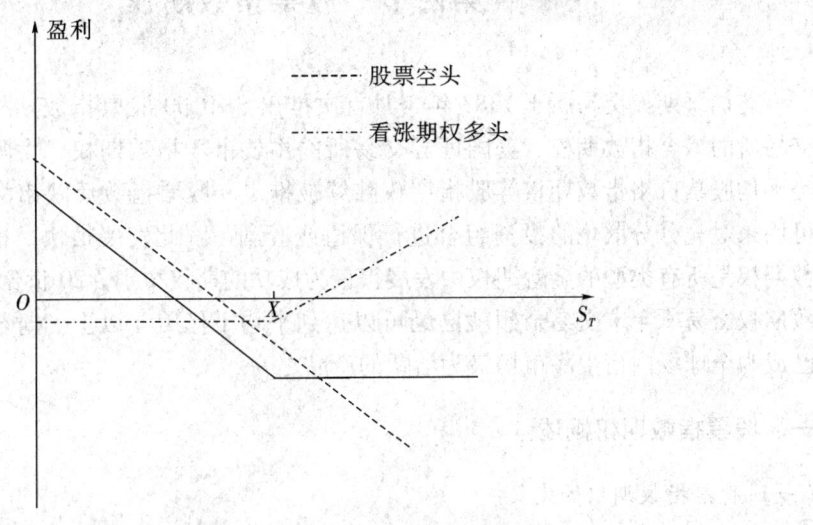

图8.3　股票空头和看涨期权多头的策略组合

（4）股票空头和看跌期权空头的组合。当股价出现不利变动，即股价上升股票空头亏损时，相关期权头寸获得的期权费只能提供有限保值，因而承受股价上升风险的能力有限。当股价下跌时，看跌期权获利并执行，看跌期权空头承担相应的损失，但这些损失可能部分或全部被股票空头的盈利所抵消。该策略的损益状态如图8.4所示。

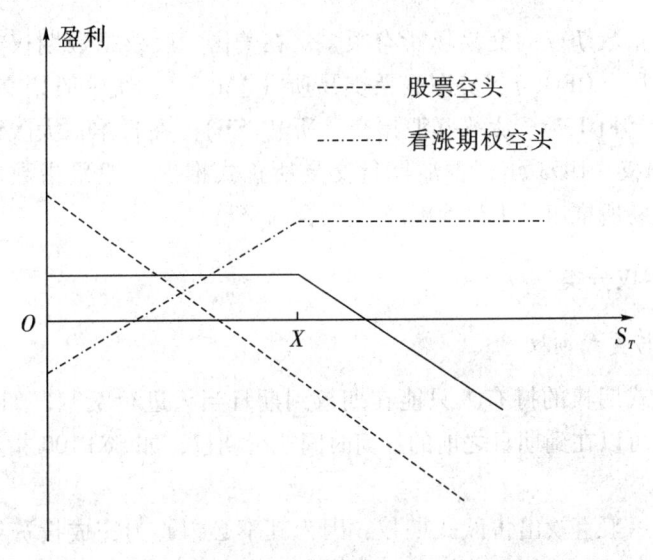

图8.4　股票空头和看跌期权空头的策略组合

第四节 股票指数期权

芝加哥期权交易所于1983年3月首次推出S&P100股票指数期权，随后纽约证券交易所的综合指数期权、美国证券交易所的主要市场指数期权、大阪证券交易所的日经平均股票价格指数期权等股指期权陆续被推出。股票指数反映市场的变化且其期权可用来对充分分散化的投资组合进行保值或套利，因此发展很快，推广迅速。股票指数期权是所有类型的金融期权中发展得最为成功的期权类别。20世纪90年代，股票指数期权交易所年末交易余额就已经可以达到平均千亿美元以上。时至今日，股指期权已成为全球场内衍生品市场最为活跃的产品之一。

一、股票指数期权概述

（一）股票指数期权的定义

股票指数期权交易中期权购买者付给期权的出售方一笔期权费，以取得在未来某个时间或该时间之前，以某种价格水平，即股指水平买进或卖出某种股票指数合约的选择权。股票指数期权以普通股股价指数作为标的，其价值决定于作为标的的股价指数的价值及其变化。

（二）交易场所

目前，股票指数期权的交易场所有很多。在美国，股票指数期权交易所主要包括芝加哥期权交易所（CBOE）、美洲股票交易所（AMEX）、纽约股票交易所（NYSE）、费城股票交易所（FHLX）、太平洋股票交易所（PSE）。在日本，大阪证券交易所可以交易股票指数期权。1993年，香港期货交易所正式推出了股票指数期权业务。2015年，上海证券交易所推出了上证50ETF期权合约交易。

二、股票指数期权分类

（一）欧式期权与美式期权

股票指数欧式期权的持有人只能在期权到期日当天进行交割，如S&P500指数期权；而美式期权可以在到期日之前的任何时间执行期权，如S&P100指数期权、主要市场指数期权等。

机构投资者一般喜欢出售欧式期权，因为其不必担心为完成投资目标而被提前执行已出售的期权。同时，机构投资者选择购买美式期权，因为根据市场变化状况随时可以放弃或执行期权合约。

（二）大盘行情和特定行业行情市场指数期权

按相关股票指数性质，股票指数期权可分为反映大盘行情的市场指数期权，或称宽组合指数（Broad Base Index）；特定行业行情的市场指数期权，或称为窄组合指数

（Narrow Base Index）。

（1）市场指数期权主要有芝加哥期权交易所的 S&P100、S&P500 股票指数期权，美洲股票交易所的 MMI 指数期权，纽约股票交易所的复合指数期权，以及费城股票交易所的价值线指数期权。其中，交易量最大的市场指数期权是芝加哥期权交易所（CBOE）的 S&P100 指数期权，约占市场指数期权整个交易量的一半以上。

美洲股票交易所的 MMI 指数由纽约股票交易所的 20 种绩优股以价格加权方式构成。纽约股票交易所的复合指数由纽约股票交易所所有股票以市值加权构成。S&P100 指数及 S&P500 则分别由 100 种股票及 500 种股票以市值加权方式构成。

市场指数期权中除 S&P500 股票指数期权及价值线指数期权为欧式期权外，其他均为美式期权。

（2）特定行业指数期权交易近年来发展也比较迅速。行业指数期权的标的指数主要包括美洲股票交易所推出的计算机技术指数（Computer Technology Index），由计算机行业的 30 种股票按市值加权构成。该指数期权在窄指数期权中交易比较活跃。美洲股票交易所也可以进行石油及天然气指数（Oil and Gas Index）期权交易。另外，芝加哥期权交易所也推出了 S&P 石油工业指数期权、计算机和商业设备工业指数期权，费城股票交易所推出了公用事业指数（Utilities Index）期权等。

（三）其他股票指数期权

1. 长期限股票指数期权（LEAPS）

美国五大期权交易所（CBOE、AMEX、NYSE、PSE 和 PHLX）还进行期限长达 2~3 年的股票指数期权交易，品种主要包括 S&P100、S&P500、MMI 等指数。股票指数的 LEAPS 合约大小为指数乘以 10，到期月份为每年 12 月份。

2. 带极限位的指数期权

美国最大的期权交易所——芝加哥期权交易所，于 1991 年推出带极限值的指数期权，目前只适用于 S&P100 及 S&P500 指数期权。对普通指数期权附加极限值的目的在于对买方获利区间设定极限，以限制买方的无限获利能力，同时防止卖方无限亏损的可能，换句话说，就是平衡买卖双方的风险分布。

三、股票指数期权合约

（一）合约金额

一份股票指数期权合约的金额 = 指数点 × 乘数。乘数即为每 1 点股票指数所代表的金额，由交易所制定。在设计股票指数期权的乘数时，需要综合考虑证券市场投资者的结构、行为方式以及对有关风险的监管控制等多种因素。纽约股票交易所（NYSE）的复合指数的乘数是 220 美元；芝加哥期权交易所（CBOE）的 S&P100 股票指数期权乘数是 100 美元；日本的 Nikkei225 股票指数期权的乘数为 5 美元；欧洲的 Top100 指数期权的乘数是 100 美元；等等。

（二）合约到期日

在美国，股票指数期权到期日为到期月份第三个星期五之后的星期六。股票指数期权到期月份一般为近期的 3 个月。S&P100 指数期权到期月份为近期的 4 个月。

(三) 合约交割方式

与股票期权的实物交割（即股票交割）方式不同，股票指数期权为现金交割。这是由股票指数的特点决定的，因为一种股票指数由几十种乃至数百种股票构成。在执行股票指数期权进行交割时，买卖双方只能以现金来进行清算，而不按股票指数所包含的股票进行实物交割。所交割金额为股票指数期权协定价与交割日相应股票指数现货收盘价之差额与乘数的乘积。

例如，假设 S&P100 指数期权协定价为 1 150 点，若到期日 S&P100 指数为 1 190 点，则 1 手 S&P100 看涨指数期权买方将获得(1 190 - 1 150) × \$ 100 = \$ 4 000 的现金收入，而该指数期权卖方将交付 4 000 美元现金给买方。

(四) 合约保证金

股票指数期权买方由于拥有的是权利，除所支付的期权价格之外，不需额外支付保证金。但卖方由于承受较大风险，则需向交易所或清算公司交付一定金额的保证金，以保证卖方履行交割义务，并防止卖方出现违约风险。

四、股票指数期权与风险防范

(一) 股票指数期权和套期保值

股票指数期权主要运用于对系统风险的管理，尤其适合对组合投资进行保值。股票指数期权交易中常见的保值交易目标有：保护资产不受价格波动的影响；在波动的市场中稳定收益；当股票价格下降幅度较小时起缓冲的作用。值得注意的是，单个股票的涨跌幅度一般不同步于股票指数的涨跌幅度，股票指数期权不一定能对投资者持有的股票组合进行完全的风险规避，除非完全按股票指数组合进行的投资。

下面我们举一个利用股票指数看跌期权进行套期保值的例子。

例 8.9 某证券公司与一家上市公司签订协议，3 个月内按每股 8 美元的价格包销 100 万股该公司股票，签约后该证券公司便买入 50 份 3 月期的某看跌股票指数期权合约，每份期权合约价格为 80 美元，合约执行价格为指数 1 000 点，若每一点代表 100 美元，则 50 份合约的总价值为 1 000 × \$ 100 × 50 = \$ 500 万。3 个月后，股票指数下跌到 900 点，该证券公司执行期权合约，获利(1 000 - 900) × \$ 100 × 50 - 50 × 80 = \$ 49.6 万。但是，受到股指下跌影响，股票只能以每股 7.50 美元发行，则该证券公司损失 50 万美元。由于采取了购买看跌期权的套期保值措施，该公司少损失 49.6 万美元，最终损失为 \$ 50 万 - \$ 49.6 万 = \$ 0.4 万。若在 3 个月后，股票指数上涨到 1 050 点，则放弃执行期权，但此时因指数上涨而导致公司股票发行价上升到 8.2 美元/股，则在股票上盈利 20 万美元，除掉购买期权的费用 50 × \$ 80 = \$ 4 000，最终净盈利为 19.6 万美元。

再看一个利用股票指数看涨期权进行套期保值的例子。

例 8.10 某投资者由于某种原因需要卖出 10 万股 A 公司股票，假定股票卖出价格为 10 美元/股。但该投资者预计日后股票市场会上涨，于是便买入 50 份 S&P100 股票指数的看涨期权，每份合约的购买费用为 40 美元，到期日为 6 月 1 日，执行价格为 500 点。若在期权的到期日，指数现货价格为 540 点，A 公司股票上涨到 12 美元/股。该投资者在股票上的相对损失为($12-$10)×100 000 = $20 万，但投资者执行期权合约，他在指数期权交易上盈利(540-500)×$100×50-50×$40 = $19.8 万，最终净损失为 2 000 美元。反之，若在到期日，股票指数下跌到 480 点，则该投资者放弃执行期权，损失期权购买成本 50×$40 = $2 000。而 A 公司股票跌到 9 美元/股，则在股票上相对盈利($10-$9)×100 000 = $10 万，最终该投资者净盈利为 9.8 万美元。

在以上看涨期权的套期保值例子中，假如该投资者采取股票指数期货的办法来进行套期保值。例如，他以执行价格 500 点买入 50 份 3 月期的 S&P100 股票指数期货，在 6 月 1 日的到期日，指数现货价格为 540 点，A 公司股票上涨到 12 美元/股，则该投资者的最终净损失为 0。但是，若在到期日，股票指数反而下跌到 480 点，A 公司股票价格跌到 9 美元/股，则投资者在股票上相对盈利($10-$9)×100 000 = $10 万，而在指数期货上亏损为(500-480)×$100×50 = $10 万，最终净盈利为 0。

因此，与股票指数期货套期保值策略相比，利用股票指数期权可以对有关的资产进行套期保值，锁住价格变动的风险，同时也可以获取价格有利变动中的收益。股票指数期权买方可以在股价有利变动时执行期权头寸，而在股价（或股票指数）不利变动的情形下放弃期权的执行，从而灵活地应对价格变动的风险，获得价格有利变动带来的益处，其代价仅为买入期权所支付的期权费。而利用股票指数期货来对同样的资产进行套期保值，也可以锁住价格变动产生的风险，但在该过程中投资者放弃了价格变动中获利的机会，即用价格有利变动的收益来换取对价格不利变动损失的风险防范。股票指数期货头寸不管价格如何变动，均不可放弃期货头寸，即使在期货交易亏损的情况下也必须以平仓方式承担相应期货头寸的损失。

（二）股票指数期权的投机

除了可以利用股票指数期权进行套期保值外，投资者还可以利用股票指数期权进行投机。与利用期货市场投机相比，股票指数期权可以使投资者的风险限制在一定的范围内。

例 8.11　某投资者预计 S&P500 股票指数将于近期上扬，则可以买入 S&P500 股票指数看涨期权。假定预测正确，随 S&P500 指数上涨，该指数看涨期权价格亦随之上涨。一般而言，股票指数上涨一个指数点，股票指数期权价格也相应上涨一个点左右。假设 S&P500 股票指数从 1 170 升至 1 200，相应股票指数看涨期权价格也将上涨约 30 个点左右，则该投资者将获利 30×$500 = $15 000。如果该投资者预测失误，近期股市不升反跌，则可以放弃执行期权，其最大损失仅为买入看涨期权支付的期权价格。

上述情形中，若预计近期股市不会大幅向下，该投资者还可以选择卖出 S&P500 股票指数看跌期权，假设预测正确（即近期 S&P500 指数平稳或向上抬升），则该股票指数看跌期权将成为虚值期权，看跌期权买方不可能执行期权，则卖方可净获期权费收入。但应当注意,这种卖方头寸可能承担巨大风险,若股市行情预测错误(即股票指数不升反跌),则 S&P500 股票指数看跌期权买方将执行看跌期权,该投资者将承受损失,损失为股票指数现价与股票指数看跌期权协定价之差额。看跌期权卖方收益有限而潜在损失则可能十分巨大。

第五节 期货期权

期货期权是继 20 世纪 70 年代金融期货之后,在 20 世纪 80 年代的又一次期货革命。1984 年 10 月,美国芝加哥期货交易所首次成功地将期权交易方式应用于政府长期国债期货合约的买卖,从此产生了期货期权。相对于商品期货为现货商提供规避风险的工具而言,期货期权交易则为期货商提供了规避风险的工具。目前,国际期货市场上的大部分期货交易品种都引进了期权交易。

一般来说,每个交易所都是根据本身最成功的期货合约推出期权,因此期货期权的涵盖范围一般不会超出期货合约。根据标的物的种类,金融期货期权可以分为利率期货期权、外汇期货期权和股票指数期货期权。本节以利率期货期权为主要介绍对象。

一、期货期权概述

(一) 期货期权的概念

期货期权交易是对期货合约买卖权的交易,包括商品期货期权和金融期货期权。一般所说的期权通常是指以现货为标的物的期权,而期货期权则是指"期货合约的期权",期货期权合约表示在到期日或之前,以协议价格购买或卖出一定数量的特定商品或资产期货的合同。

期货期权的基础是期货合同,期货期权合同实施时要求交易的不是期货合同所代表的商品或资产,而是期货合同本身。如果执行的是一份期货看涨期权,持有者将获得该期货合约的多头头寸外加一笔数额等于当前期货价格减去执行价格的现金。如果执行的是一份期货看跌期权,持有者将获得该期货合约的空头头寸外加一笔数额等于执行价格减去期货当前价格的现金。期货期权在结算时也很少交割期货合同,而是由期货期权交易双方收付期货合同与期权的协议价格之间的差额引起的结算金额。

例如,一份 12 月黄铜期货看涨期权,执行价格为每磅(1 磅约等于 0.454 千克,下同)90 美分,合约规模为 30 000 磅。目前 12 月到期的黄铜期货的价格为 95 美分。如果执行该期货期权,则期权持有者将获得一份 12 月 30 000 磅黄铜期货合约的多头头寸以及一笔数额等于 1 500 美元 [(0.95 − 0.90)×30 000] 的现金。

(二) 期货期权的基本类型

(1) 利率期货期权(Option On Interest Futures)是指期权相关资产为利率期货合约的期权,利率期货期权比较活跃的品种主要包括美国长期国债期货期权、中期国债期货期权、3 个月欧洲美元期货期权及短期国库券期货期权等。利率期货期权为场内交易工具。

(2) 外汇期货期权是以外汇期货为交易标的的期权交易。期权持有者执行期权时，就与期权义务方构成外汇期货买卖关系，由期权交易转为期货交易。与现汇期权不同的是，期货期权均为美式，即可以在到期日前任何时候执行。外汇期货期权交易主要在芝加哥商品交易所的分部——指数与期货市场、悉尼期货交易所和新加坡国际金融交易所。

(3) 股票指数期货期权是以某种股票指数期货合约作为标的物的期权。股票指数期货期权在履约时，交易双方将根据敲定价格把期权头寸转化为相应的期货头寸，并在期货合约到期前根据当时市场价格实现逐日结算，而于期货合约到期时再根据到期结算价格实行现金结算，以最后了结交易。

(三) 期货期权与现货期权的比较

与现货期权相比，期货期权具有以下优点：

(1) 资金使用效率高。由于交易商品是期货，因此在建立头寸时，是以差额支付保证金，在清算时是以差额结账。从这个意义上讲，期货期权可以用较少的资金完成交易，因而也就提高了资金的使用效率。

(2) 交易方便。由于期货期权交易的标的是已经标准化、统一化，具有较高流动性的期货合约，因此便于进行交易或平仓。

(3) 信用风险小。由于期货期权交易通常是在交易所进行的，交易的对方是交易所清算机构，因而信用风险小。

(4) 增加盈利机会。如果交易者在期货市场上做保值交易或投资交易时，配合使用期货期权交易，在降低期货市场的风险性的同时提高现货市场套期保值的成功率，从而获得额外的收益。

与现货期权相比，期货期权也有以下明显的缺点：

(1) 上市的商品种类有限。

(2) 由于是在交易所进行交易，因而协议价格、期限等方面的交易条件不能自由决定。

(3) 投机性强，期货期权可以用较小的资金签订金额很大的合约，这种高杠杆性使得期货期权具有很大的投机性。

二、利率期货期权

(一) 交易所

在美国，利率期货期权交易所主要是芝加哥期货交易所和芝加哥商品交易所的IMM（国际货币市场）。前者主要进行美国长期国债期货期权、中期国债期货期权的交易；后者主要进行欧洲美元期货期权交易、一个月LIBOR期货期权交易及短期国库券期货期权交易。此外，伦敦金融期货交易所（LIFFE）也进行欧洲美元期货期权及长期金边国债的期货期权交易。新加坡国际货币交易所（SIMEX）也可进行欧洲美元期货期权交易。

（二）利率期货期权与利率期权的比较

与相应利率期权相比，利率期货期权交易要比利率期权更为活跃，流动性更强。其主要原因如下：

（1）利率期货期权不需要支付利息，而利率期权，如美国长期国债期权，在买方执行期权时，看涨期权的卖方或看跌期权的卖方必须预付利息给买方。

（2）利率期货期权，如美国国债期货期权，在实物交割时不会发生挤兑情形，美国国债期货期权交割时可交割相同性质的债券，而国债期权交割时仅为特定品种的债券。对国债期货期权而言，一旦某种债券发生挤兑现象，可以选择其他同类债券进行交割。

（3）利率期货期权的标的物是利率期货合约，而利率期货合约是标准化的合约且在交易所交易，价格信息比较容易得到。

（三）利率期货期权与利率期货的比较

与利率期货合约相比，两者具有如下区别：

（1）风险分布不同。利率期货合约不论多头头寸或空头头寸均须承担无限风险。对利率期货期权而言，只有期权卖方可能承担巨大风险；而期权买方只承担有限的风险，其期权头寸最大可能损失仅为买入期权所支付的期权费，当买方所持期权为虚值期权时，将放弃执行期权。

（2）执行合约时的决定权不同。利率期货执行合约的决定权在期货卖方，期货卖方来决定期货相关债券的交割。而利率期货期权则由买方决定何时执行期权合约。

（3）协定价格的变化不同。利率期货期权协定价在买卖期权交易后至到期日保持不变，但期权费（期权价格）则每日发生变化。

（4）交割的标的物不同。当执行利率期货合约时，进行债券的实际交割；当执行利率期货期权合约时，买卖双方只进行期货合约交易，一方成为相应利率期货合约的多头，另一方则成为利率期货合约的空头。

（5）交割时间不同。利率期货合约只可在到期日进行交割，而利率期货期权合约可在到期日之前执行（对美式期权而言）。

三、利率期货期权合约

场内交易的利率期货期权包括欧洲美元定期存款期货期权、美国国库券期货期权、长期国债期货期权和中期国债期货期权。

（一）报价

欧洲美元定期存款期货期权和国库券期货期权的交易单位为 1 000 000 美元，最小变动单位为 1 基点；中长期国债的交易单位为 100 000 美元，最小变动单位为 1/64 点。利率期货期权以最小变动单位进行报价。

例如，某个3月份长期国债期货看涨期权合约的价格为 2-32 的，长期国债期货合约面值 100 000 美元，则 1 单位合约的价格为 $ 100 000 \times 1\% \times (2 + 32/64) = \$ 2 500$。

（二）合约的到期日

利率期货期权的到期月份为3月、6月、9月和12月标准月份。该到期月份与期权相关期货合约的到期月份相同。利率期货期权合约的到期日一般先于相关期货合约的到期日或者与其到期日相同。例如，芝加哥商品交易所的IMM交易的欧洲美元期货期权到期日比相应欧洲美元期货合约到期日早两个交易日；而芝加哥期货交易所交易的美国长期国债期货期权到期日比长期国债期货到期日提前更多。

（三）利率期货期权的协定价

协定价格是以点①表示，并以点的倍数为固定的间隔进行变动。例如，美国芝加哥期货交易所中长期国债期货期权的协定价格以2点为间隔变动，当期货合约价格为70点，则期货期权的协定价格可以为66、68、70、72、74等。

又如，欧洲美元期货期权的协定价间隔为0.25点，假定3个月欧洲美元利率LIBOR为8.41%，期货合约的价格为91.5点，则该欧洲美元期货期权协定价可为91.00、91.25、91.50、91.75、92.00等。

（四）利率期货期权的交割

对看涨利率期货期权而言，期权买方执行期权合约时成为相关利率期货合约的多头，期权卖方则成为该利率期货的空头，同时卖方向买方支付相关利率期货现价与期权协定价之间的差额。若利率期货现价低于协定价，则看涨期权买方放弃执行期权。

对看跌利率期货期权而言，期权买方执行期权合约时成为相关利率期货合约的空头，期权卖方相应成为该利率期货的多头，两者持有相关期货头寸，价格为期权的协定价。期权卖方同时向买方支付期权协定价与相关利率期货合约的现价之间的差值。若利率期货现价超出期权协定价，则看跌期权买方会放弃执行期权，并按较高市价出售相关利率期货。

例8.12 某投资者买入当年9月份的美国长期国债看涨期货期权，期权协定价为70，期权价格为1-20。到了9月份，假设相应货现价为78，而期权买方执行了看涨期权。由此，期权买方按协定价70得到该期货合约的多头头寸。期权卖方向买方支付期货现价与协定价之差值8，卖方损失为8。交易所将期权买卖方所持期货头寸调整为现价，期权买方持有期货多头价格为78（获利8），期权卖方持有期货空头价格为78（亏损8）。看涨期权买方既可以按市价78出售所持期货平仓，并实现所得利润，也可以继续持有该期货多头头寸。

（五）利率期货期权的结算

在利率期货期权最后交易日，由交易所自动结算，若利率期货期权为实值期权时，如看涨期货期权协定价小于相关期货合约价格，则其差额贷记到该期权买方在交易所的账户上；如看跌期权协定价大于期权相关期货合约市场价格，则其差额贷记到该看跌期权买方的账户上。若期货期权到期日，该期权为虚值期权，则该期权自动失效，

---

① 基点的定义和计算方法同利率期权一节中的基点的定义和计算方法。

期权价值为零。

四、利率期货期权与利率风险防范

若预计利率上升，为防止筹资成本增加的风险，可以买入看跌利率期货期权；若预计利率有下跌可能，则可以买入看涨利率期货期权，以防止利率下跌带来的风险。我们以看跌利率期货期权为例，分析利率期货期权如何防范利率风险。

例8.13 假定某年4月初，某公司预计于9月份需筹集2 000万美元用于购买大型设备，期限为3个月，目前LIBOR利率为9%。该公司财务主管预计近期内利率上升可能性较大。为规避因利率升高而使公司未来融资成本增加的风险，该公司财务主管决定利用欧洲美元期货期权合约对利率风险加以管理。由于每手欧洲美元期货期权合约金额为100万美元，该公司财务主管决定在LIFFE买入20手9月份到期的3个月期欧洲美元看跌期货期权。假定期权协定价为91.00，期权价格为0.36%，即36个基点。由于每一基点等于25美元（$1 000 000×0.01%×3/12=25$），则该公司保值成本等于$20×36×\$25=\$18 000$。

在9月份期权到期日，假设利率上升1%，即3个月LIBOR利率为10%。欧洲美元价格下降，此时3个月欧洲美元期货合约价格为90.00，则该公司在期权市场上获益为1%，即100个基本点，为50 000美元（$20×\$25×100$）。若不计手续费，扣除买入看跌期权成本，净获利润为$\$50 000-\$18 000=\$32 000$。

该公司在9月份按现行市场利率筹集3个月短期贷款，即按10%利率借入3个月期欧洲美元，由于在期权市场获利1%，净借款成本仍然为9%。

若9月份期权到期日，3个月欧洲美元期货合约价格为92.50，即3个月LIBOR为7.5%，则由于期权协定价小于相关期货价格，该公司放弃看跌期权合约，即按较低的市场利率筹集资金，加上买入期权成本0.36%，该公司9月份借款总成本为7.86%。

本章小结

1. 本章根据期权合约标的资产的不同对金融期权进行分类，将金融期权分为外汇期权、利率期权、股票期权、股票指数期权和金融期货期权。这些期权种类都是期权与基本金融工具结合而成的产物，其基本功能是给投资者提供套期保值、规避风险的工具。

2. 外汇期权是国际投资中管理资产常用的衍生金融工具。外汇期权满足了外汇投资者对汇率风险规避的要求，尤其是根据不同的投资者而制定的特殊外汇期权。外汇期权的选择取决于对未来汇率波动的预测。

3. 利率期权是期权市场中交易最活跃的，也是最有影响的金融期权。利率期权包括利率顶、利率底、利率套等多种工具。通过利率看涨期权和看跌期权的多空不同的组合，利率期权可以为国债和企业债券提供有效的套期保值。

4. 股票期权中的认股权证、可转换债券、职工购股期权等，在实践中应用非常广泛，股票期权本身也是一种投资工具。当需要进行套期保值和规避风险操作时，股票期权可以同股票现货头寸组合形成抵补保值策略，包括有保护的看涨期权和看跌期权等。

5. 股票指数期权是以股票指数为标的的期权。股票指数期权中既有 S&P100、S&P500 等著名股票指数的期权，也有一些特定行业指数的期权。由于股票指数的种类繁多，股票指数期权的品种很多，交易量也很大。

6. 期货期权是期货和期权两种衍生工具的有机结合，融合了两种衍生工具的特点。相对于现货期权，期货期权具有资金使用效益高、交易方便、信用风险小、盈利机会多等优势，是对现货期权的有效补充。期货期权还为期货合约提供了有效的保值和规避风险的工具。

思考与练习题

1. 外汇期权防范汇率风险主要包括哪些策略？
2. 美国一出口商于 5 月中旬出口一批货物至英国，预计一个月后将收到 125 000 英镑。此时外汇市场上的即期汇率为 £1 = $1.520 0，PHLX 期权市场上 6 月份到期的欧式看跌期权，执行价格为 £1 = $1.500 0，期权费为 0.24 美分/英镑，并已知每笔期权合约佣金为 16 美元，一月期美元年利率为 5%。如果美国出口商预期英镑将有所贬值，可能至 £1 = $1.500 0，美国出口商将怎样利用期权套期保值？
3. 某投资者在 6 月确信 3 个月后将收到 800 万美元，并打算将这笔资金投放于欧洲货币市场进行存款，6 月份欧洲美元存款利率为 10%。根据对欧洲宏观经济分析，预计欧洲货币市场的利率有下调的需求。假设欧洲美元期货合约的协定价格为 90，期权费为 0.2。该投资者可以通过利率期权来对其存款进行套期保值。该投资者可以选择哪些利率期权工具？并分析当 3 个月 LIBOR 下跌至 8.5% 时，或 3 个月的 LIBOR 上升至 11% 时，该投资者的套期保值状况。
4. 结合图形简述股票期权的单独期权策略和抵补保值策略。
5. 某投资者持有 5 万股 R&B 公司股票，假定股票买入价格为 5 美元/股。但该投资者预计日后股票市场会下跌，于是便买入 50 份 S&P100 股票指数的看跌期权，每份合约的购买费用为 40 美元，到期日为 10 月 1 日，执行价格为 480 点。若在期权到期日，股票指数下跌到 460 点，股票价格下跌至 3 美元/股，试分析投资者的损益状况。反之，若在期权的到期日，指数现货价格上升为 520 点，R&B 公司股票上涨到 8 美元/股，分析投资者的损益状况。
6. 试分析分红与拆股对股票期权的影响。
7. 试比较现货期权和期货期权。
8. 2010 年 6 月，LG 公司预计于 9 月份需筹集 3 000 万美元用于购买大型设备。假定期权协定价为 94.00，期权价格为 0.32%，每手欧洲美元期货期权合约金额为 100 万美元，期限为 6 个月，目前 LIBOR 利率为 8%。该公司财务主管预计近期内利率上升可能性较大。为规避因利率升高而使公司未来融资成本增加的风险，该公司财务主管应如何利用欧洲美元期货期权合约对利率风险加以管理，并分析到期时可能的保值情况。

9. 某投资者购买了 A 股票的双重期权，其中看涨期权费为每股 6 元，而看跌期权费为每股 4 元，当时约定的股票价格为每股 50 元，股票数量为 2 000 股。试分析：

(1) 在 A 股票处于何种价位时，该投资者就会获利？

(2) 该投资者的最大损失为多少？

(3) 当 A 股票上升到 64 元或下跌至 35 元时，该投资者的盈亏状况如何？

10. 试分析一个股票指数期权与单一标的股票的期权有什么差别？

第九章 奇异期权

内容提要：期权市场是世界上最具有活力和变化的市场之一，规避风险和追求盈利的需求不断推动各种结构特殊、性质各异的奇异期权的产生。本章我们将对这些奇异期权的性质、构造及运用作初步的探讨。

在第七章中，我们学习的主要是标准的欧式或美式期权，比这些常规期权更复杂的期权常常被叫做奇异期权（Exotic Options），它们的特点是没有标准的形式，如执行价格不是一个确定的数，而是一段时间内标的资产的平均价格；或是在有效期内，如果标的资产价格超过一定界限，期权就作废；等等。大多数的奇异期权都是在场外市场进行交易的，往往是金融机构根据客户的具体需求开发出来的，或者是嵌入结构性金融产品中以增加结构性产品的吸引力，其灵活性和多样性是常规期权所不能比拟的。但是相应地，正是由于其灵活性和多样性，奇异期权的定价和保值通常也更加困难。

由于奇异期权的多样性，要对它们进行完全的描述是不可能的。在此我们只能简要介绍一些常见的奇异期权。考虑到很多奇异期权的定价都需要很复杂的数学知识，我们的重点仅放在这些奇异期权的性质、构造以及运用上。

第一节 障碍期权

障碍期权（Barrier Options）是指期权的回报依赖于标的资产的价格在一段特定时间内是否达到了某个特定的水平[①]，即临界值，这个临界值就叫做"障碍"水平。

一、障碍期权的种类

通常有很多种不同的障碍期权在场外市场进行交易，它们一般可以分为两大类。

（一）敲出障碍期权（Knock - out Options）

当标的资产价格达到某个特定的障碍水平时，该期权作废（即被"敲出"）；如果在规定时间内资产价格并未触及障碍水平，则仍然是一个常规期权。

[①] 这里的"达到"分为两种情况。若标的资产初始价格小于障碍水平，为从下面向上达到；若标的资产初始价格大于障碍水平，为从上面向下达到。

(二) 敲入障碍期权 (Knock-in Options)

与敲出期权相反，只有标的资产价格在规定时间内达到障碍水平，该期权才得以存在（即"敲入"），其回报与相应的常规期权相同；反之该期权无效。

在此基础上，可以通过考察障碍水平与标的资产初始价格的相对位置，进一步为障碍期权分类。如果障碍水平低于初始价格，则把它叫做向下期权；如果障碍水平高于初始价格，则把它叫做向上期权。

将以上分类进行组合，我们可以得到向下敲出看涨期权（Down-and-out Call）、向下敲入看跌期权（Down-and-in Put）、向上敲出看涨期权（Up-and-out Call）和向上敲入看跌期权（Up-and-in Put）等障碍期权。

让我们来看一个例子。对于英镑的向下敲出看跌期权来说，如果在期权存续期内汇率下跌到特定水平，那么该期权就会作废。假如持有执行价格为1.9500美元的英镑看跌期权，而且该期权还具有1.8500美元的障碍水平，那么一旦汇率跌至1.8500美元以下，该期权就将作废。由于常规期权对于期权买方而言没有作废的风险，其获利空间比障碍期权的获利空间要大，所以向下敲出看跌期权总会比相应的常规期权更便宜一些。对那些相信障碍水平不会被触及的投资者而言，向下敲出看跌期权更具吸引力。

注意，当执行价格大于等于障碍水平时，向上敲出看涨期权是没有任何价值的。很容易明白这一点，敲出期权意味着若标的资产价格达到障碍水平，期权就作废；向上期权意味着一开始时，标的资产价格小于障碍水平（故也就小于执行价格）。因此，只有当标的资产价格上升并超过执行价格时，看涨期权才会具有正的回报，但在这之前标的资产价格会先达到障碍水平，期权已经作废了。运用同样的原理，可以得知，当执行价格小于障碍水平时，向下敲出看跌期权也没有任何价值。

二、障碍期权的特殊条款

障碍期权推出初期，交易量不大，很少有人能很熟练地为它们定价。但现在障碍期权的市场容量急剧扩大，金融工程师们根据市场的特殊需求对它们做了进一步的变形。如今，在基本的障碍期权合约中出现了许多新的特殊交易条款。这些条款包括：

(一) 障碍水平的时间依赖性

这是指障碍水平随时间不同将发生变化，比如障碍水平从某一水平开始，逐渐上升。通常来说，障碍水平会是一个时间的分段常数函数（即在一段时间之内维持一个固定的水平，之后发生变化再维持一个水平）。其中的极端例子是被保护或部分障碍期权。在这类期权中，障碍是间断性的，在经过一段特定的时间后，障碍会完全消失。

(二) 双重障碍

期权条款中包含一个障碍上限和障碍下限。上限高于标的资产现价，而下限则低于标的资产现价。在一个双重敲出期权中，如果任何一个障碍水平被触及，期权就作废。在一个双重敲入期权中，规定时间内价格至少要达到其中一个障碍水平，期权才有效。还可以设想其他的情况,即一个障碍水平是敲入,而另一个则是敲出。

(三) 多次触及障碍水平

双重障碍期权可以进一步变得更复杂,有一类期权要求在障碍条件被引发之前,两重障碍水平都要被触及。实际上当其中一个障碍水平第一次被触及之后,这个合约就变成了一个常规的障碍期权。

(四) 障碍水平的重新设定

这类期权叫做重设障碍期权。当触及障碍水平的时候,合约变成另一个不同障碍水平的障碍期权。由于如果在规定时间之内障碍被触及的话,我们就会得到一个新的障碍期权,而如果在一定时间之后未被触及,则仍然是常规期权,在此意义上,这类合约可以看做依赖于时间的。

和这类合约相关的一类期权是上卷期权(Roll-up)和下卷期权(Roll-down)。这类期权开始时是常规期权,但如果资产价格达到某一事先确定的水平,就变为一个障碍期权。例如,一个上卷看跌期权,如果上卷水平达到,合约就变成一个向上敲出看跌期权,上卷价格就是障碍看跌期权的执行价,相应的障碍水平则是事先确定好的。

(五) 外部障碍期权

外部障碍期权也称为彩虹障碍期权(Rainbow Barrier Option),其回报特征取决于第二种标的资产。这样这个期权中的障碍水平可能被一个资产价格的变动触发,而期权的回报则取决于另一种资产价格。例如,假设一份期权的支付是美元-日元汇率的函数,但是用于确定达到障碍水平的却是黄金价格。

(六) 提前执行的可能性

除了以上对障碍期权的多种创新之外,还可以在障碍期权中加入提前执行的条款,这时合约中一定要列明如果合约提前执行的话,期权回报将如何兑现。

(七) 折扣返还

有时障碍期权合约中会规定,如果触及障碍水平,可以部分退款(折扣返还)。这常常发生在敲出期权的情况下,这时这部分退款可以看做对失去的回报的缓冲,这部分退款一般在障碍被引发时或是到期时才支付。

三、障碍期权的性质

由于障碍期权的回报和价值都受到标的资产价格到期前遵循路径的影响,这称为路径依赖性质。例如,一个向下敲出看涨期权在到期时同样支付 $\max(S_T - X, 0)$,除非在此之前标的资产价格已经达到障碍水平 H。在这个例子中,如果资产价格达到障碍水平(显然是从上面向下达到),那么该期权作废。但障碍期权的路径依赖性质是较弱的,因为只需要知道这个障碍是否被触发,而并不需要知道关于路径的其他任何信息。

障碍期权受欢迎的主要原因在于它们通常比常规期权便宜,这对那些相信障碍水平不会(或会)被引发的投资者很有吸引力。而且购买者可以使用它们来为某些非常特定的具有类似性质的现金流保值。通常来说，购买者对于市场方向都有相当精确的观点，如果其相信标的资产价格的上升运动在到期之前会有一定的限制，希望获得看涨期权的回报，但并不想为所有上升的可能性付款，那么他就有可能去购买一份向上敲出看涨期权。由于上升运动受到限制，这个期权的价格就会比相应的普通看涨期权价格便宜。如果预测是对的，这个障碍水平并没有被引发，那么他就可以得到他所想要的回报。障碍距离资产价格现价越近，期权被敲出的可能性越大，合约就越便宜。

四、障碍期权的运用

下面举例说明几种障碍期权的运用。

（一）向上敲入期权

例9.1 假定一家美国公司在90天后会支付10 000 000英镑。该公司担心到期时英镑对美元升值造成其成本上升。然而，该公司发现近期英镑对美元一直呈现贬值态势，并预测这种趋势短期内很可能会持续下去。考虑到这一点，该公司可以买入向上敲入看涨期权。如果其预测正确，即英镑对美元继续贬值，则看涨期权将不会存在，与购买常规期权相比，该公司损失更少的保值成本；如果预测错误，英镑对美元升值，则看涨期权生效，该公司可以利用获得的看涨期权进行套期保值。

（二）向下敲入期权

例9.2 假定一家美国公司在58天后会收到5 000 000英镑。考虑到英国大选形势的不确定性，该公司担心到期时英镑贬值。一般的做法是该公司购买英镑的看跌期权，但是近期英镑相对于美元一直呈现升值态势，该公司预测这一趋势短期内很可能会继续延续。考虑到这一点，该公司可以购买向下敲入看跌期权。如果该公司预测正确，英镑对美元继续升值，则看跌期权将不会存在，与购买常规期权相比，该公司损失更少的保值成本；如果该公司预测错误，英镑对美元贬值，则看跌期权生效，该公司可以利用获得的看跌期权进行套期保值。

（三）向上敲出期权

例9.3 假定一家美国公司在30天后将支付800 000欧元，即期外汇市场上1欧元＝1.346 4美元。该公司认为即期汇率可以接受，担心到期时欧元升值。近期在外汇市场上欧元汇率波动很大，但是该公司预计到期时欧元汇率最高只能达到1欧元＝1.446 4美元。因此，该公司决定买入执行价格为1.346 4美元的向上敲出看涨期权，障碍水平为1欧元＝1.446 4美元。由于向上敲出看涨期权比相应的常规看涨期权便宜，因此该公司能节约一部分保值成本。只要障碍水平不达到，则该公司既完成了保值又节约了一部分成本。但其代价是，如果障碍水平达到，则看涨期权作废，该公司失去了保值的工具。

（四）向下敲出期权

例9.4 假定一家美国公司在40天后将收到1 000 000澳元，即期外汇市场上1澳

元 = 0.887 3 美元。该公司认为即期汇率可以接受，担心到期时澳元贬值。近期在外汇市场上澳元汇率波动不定，但是该公司预计到期时澳元汇率最低只能达到 1 澳元 = 0.881 3 美元。因此，该公司决定买入执行价格为 0.887 3 美元的向下敲出看跌期权，障碍水平为 1 澳元 = 0.881 3 美元。由于向下敲出看跌期权比相应的常规看跌期权便宜，因此该公司能节约一部分保值成本。只要障碍水平不达到，则该公司既完成了保值又节约了一部分保值成本。但其代价是，如果障碍水平达到，则看跌期权作废，该公司失去了保值的工具。

（五）双重障碍期权

例 9.5 假定一家美国公司在 35 天后将支付 100 000 欧元，即期外汇市场上 1 欧元 = 1.346 4 美元。该公司认为即期汇率可以接受，担心到期时欧元升值。近期在外汇市场上欧元汇率波动很大，但是该公司预计到期时欧元汇率最高只能达到 1 欧元 = 1.446 4 美元，最低只能达到 1 欧元 = 1.266 4 美元。因此，该公司决定买入执行价格为 1.346 4 美元的向上敲出看涨期权，障碍水平为 1 欧元 = 1.446 4 美元。由于向上敲出看涨期权比相应的常规看涨期权便宜，因此该公司能节约一部分保值成本。不过，为了进一步地减少期权费，该公司还可以同意再加上一个障碍水平为 1 欧元 = 1.266 4 美元的敲出条款。低障碍水平的加入意味着，一旦欧元汇率降到低障碍水平时，期权也会作废。此时，该公司因为承担了更多的风险而付出更少的期权费。

由于现实情况的复杂性，这里的例子不可能涵盖所有的情况。但有一点必须谨记，对于任何金融产品而言，好处和代价必是同时存在的。与常规期权相比，障碍期权会更便宜（好处），但同时也有作废（或不存在）的可能（代价）。

第二节 亚式期权

亚式期权（Asian Options）又称为均值期权（Average Options），是当今金融衍生品市场上交易最为活跃的奇异期权之一。亚式期权最早是由美国银行家信托公司（Bankers Trust）在日本东京推出的。一般来说，亚式期权只能在到期日那一天执行，而不能提前执行。亚式期权最大的特点在于它在到期日的支付依赖于标的资产在一段特定时间（整个期权有效期或其中部分时段）内的平均价格。

一、亚式期权的种类

亚式期权的分类主要可以从两方面进行考虑：执行价格与到期资产价格哪个值取平均值？如何取平均值？

首先，如果用平均值 I 取代到期资产价格 S_T，就得到平均资产价期权，因此平均资产价看涨期权到期的回报为 $\max(I-X,0)$，平均资产价看跌期权到期的回报为 $\max(X-I,0)$。如果用平均值 I 取代执行价格 X，就得到平均执行价期权，因此平均执行价看涨期权到期的回报为 $\max(S_T - I, 0)$，平均执行价看跌期权到期的回报为 $\max(I - S_T, 0)$。

其次，所使用的平均值主要可以分为两类：算术平均和几何平均。算术平均的一般形式可以表示如下：$I = \dfrac{1}{n}(S_1 + S_2 + \cdots + S_n)$，而几何平均一般可以用 $I = (S_1 S_2 \cdots S_n)^{\frac{1}{n}}$ 或 $\ln I = \dfrac{1}{n}(\ln S_1 + \ln S_2 + \cdots + \ln S_n)$ 来计算。除此之外，还有一种广泛使用的方法是指数加权平均，与算术平均或几何平均赋予每个价格相同权重不同，它赋予最近价格的权重大于以前价格的权重，并以指数形式下降。

事实上，在亚式期权中还有一个很重要的问题：在取平均值时是使用离散方法还是连续方法。如果我们在一个有限的时间内取时间上非常接近的价格相加，我们计算的平均价格就会变成在这段平均期内的资产价格（或是其某一函数）的积分值，这就给出了一个连续平均值。更一般的现实情况是，我们只取总体数据中的一部分可靠的数据点，一般取每天或确定日子的收盘价，这被称为离散平均。在前面的平均值公式中，我们采用的都是离散方法。由于离散形式更易观察和计算，因此在现实情况中也多采用离散平均值。

二、亚式期权的性质

可以看出，亚式期权和障碍期权类似，其回报和价值都要受到到期前标的资产价格所遵循路径的影响，但对于亚式期权而言，需要更多关于路径的信息，因此它的路径依赖性质比障碍期权更强。很容易明白这一点，障碍期权只需要知道障碍水平是否被触发，而亚式期权需要知道标的资产价格的平均数。

亚式期权受欢迎的一个重要原因在于平均值的采用减少了波动，因此亚式期权比一个类似的常规期权更便宜，而任何能降低期权合约前端费用的东西都会导致它们更受欢迎。另外，在许多时候，在市场上寻求套期保值的公司往往需要为其在未来一段时间内连续平稳的可预测现金流进行保值，这时持有一个合适的亚式期权可以对冲平均价格的风险。有时亚式期权所使用的是一段特定时期内的平均价格，往往可以满足投资者的特殊需求。例如，有一类亚式期权被称为尾部亚式期权，使用的是期权快到期之前一段时间内标的资产的平均价格，这对于那些到期时有固定现金流出的交易者（比如养老金账户）就很有意义，其可以避免到期前标的资产价格突然波动带来的风险。此外，亚式期权比常规期权更有效地降低了市场风险，具有很强的抵抗市场操纵的能力。显然，操纵某一商品在一段时间内的平均价格，尤其是在成交量大，交易活跃的金融市场，要比操纵它在某一天的价格困难得多。因此，亚式期权的交易比常规期权更有利于市场的稳定。

三、亚式期权的运用

下面举例说明亚式期权的运用。

例9.6 假设一家美国公司的财务主管预测在明年内将平稳地收到来自德国子公司

的一笔 1 亿欧元的现金流。他可能对一种能保证该年内平均汇率高于某一水平的期权感兴趣。显然，常规的看跌期权很难满足这一要求，因为若使用常规的看跌期权，则需要购买很多的合约，其不仅操作繁琐而且会增加保值成本。此时，购买一份平均资产价看跌期权就能很好地达到这一目的，既完成了保值又节约了保值费用。

例 9.7 假定一家美国进口公司的财务主管预测在未来 6 个月内将平稳地支付从日本进口货物的货款 2 亿日元。他可能对一种能保证这一段时期内平均汇率低于某一水平的期权感兴趣。显然，常规的看涨期权很难满足这一要求，因为若使用常规的看涨期权，则需要购买很多的合约，其不仅操作繁琐而且会增加保值成本。此时，购买一份平均资产价看涨期权就能很好地达到这一目的，既完成了保值又节约了保值费用。

以上两例为平均资产价期权的应用。对于平均执行价期权而言，平均执行价看涨期权可以保证购买在一段时间内频繁交易的资产所支付的价格不高于平均价格，平均执行价看跌期权可以保证出售在一段时间内频繁交易的资产所收取的价格不低于平均价格。

目前，亚式期权还应用于股票期权报酬，其主要有以下两个作用：

第一，避免人为炒作股票价格。

第二，减少公司员工进行内幕交易、损害公司利益的行为。

第三节　多期期权

多期期权（Multiple Periods Options）涉及两个以上的不同期限，有时其整个期限被分为若干个互不重叠但又紧密连接的独立子期限，不同的子期限内期权的性质（如执行价格、期限长度等）可能发生变化。简而言之，多期期权就是由若干个单期期权或子期权构成的组合。常见的多期期权主要有利率期权，如利率顶、利率底、利率套、互换期权与复式期权等。考虑到难度，这里我们仅对利率多期期权、互换期权进行介绍。

一、利率顶

利率顶是在 20 世纪 80 年代中期伴随着浮动利率票据的发行而设计出来的，目的在于防止在票据到期前由于利率上升给票据发行者（借款者）造成损失。

利率顶又称"利率上限"。交易双方达成一项协议，指定某一种市场参考利率，同时确定一个利率上限水平。利率顶的卖方向买方承诺：在规定的期限内，如果市场参考利率高于协定的利率上限，则卖方向买方支付市场利率高于协定利率上限的差额部分；如果市场利率低于或等于协定的利率上限，卖方无任何支付义务。同时，买方由于获得了上述权利，必须向卖方支付一定数额的期权费。

利率顶实际上可以看做一系列浮动利率欧式看涨期权的组合[①]，其可以锁定最大借

[①] 利率顶也可以看做一系列零息债券的欧式看跌期权的组合。

款成本。利率顶的购买方可以选择某个上限利率,从而将最大借款成本锁定在其希望的水平上,但利率顶的期权费随着选择的上限利率的不同而有所区别。

我们来看一个例子:

例9.8 假设某公司有尚未偿还的债务2 000万美元,该笔债务以3个月美元LIBOR+100个基点[①]的浮动利率计息,每3个月偿还一次利息,借款期限为4年。3个月LIBOR目前水平为6.6%。该公司担心未来4年内利率会上升从而增大借款成本,并且希望借款利率不超过8%。于是该公司购买了一份以3个月LIBOR为基准利率的利率顶,上限利率为7%[②]。该利率顶合约的具体条款如表9.1所示。

表9.1　　　　　　　　　该公司利率顶合约的具体条款

上限利率	7%
基准利率	3个月美元LIBOR
名义本金额	2 000万美元
期限	4年
利率重设日	每3个月一次
期权费	120个基点

在各利率重设日,如果3个月LIBOR高于7%,该公司将收到利率顶出售方(通常为银行)所支付的一笔补偿金额[③],金额数量等于以3个月LIBOR计息的未来3个月利息与以上限利率7%计息的未来3个月利息之间的差额。如果3个月LIBOR低于等于7%,则无补偿金额支付。

因此,该利率顶将该公司4年期借款的最大成本锁定为8%(利率顶上限利率7%加100个基点)。该公司不但不会承担因为利率上升而造成的损失,还可以从利率下降中受益。表9.2显示了当重设利率为如下水平时将发生的情况。

表9.2

利率重设日(月末)	3个月LIBOR(%)	补偿金额
第一年0时刻	6.6	
第一年3月	6.8	无
6月	6.5	无
9月	6	无
12月	7.25	无
第二年3月	7.5	有(0.25%)

[①] 1个基点=0.01%。

[②] 因为借款利率为3个月LIBOR+1%,基准利率为3个月LIBOR,所以上限利率应设定为7%,而不是8%。

[③] 补偿金额将在下一个利率重设日支付。

表9.2(续)

利率重设日（月末）	3个月LIBOR（%）	补偿金额
6月	7.25	有（0.5%）
9月	8	有（0.25%）
12月	7.8	有（1%）
第三年3月	7.9	有（0.8%）
6月	7.3	有（0.9%）
9月	7	有（0.3%）
12月	7	无
第四年3月	6.5	无
6月	6.4	无
9月	6.7	无
12月		无

（一）利率顶的内容

从上面这个例子我们可以看出，利率顶协议一般包括以下内容：

（1）上限利率。利率顶的上限利率为锁定的最高利率，是买卖双方基于依据利率行情对利率发展趋势的预测和交易期限等因素商定的利率水平，通常是以百分数表示的整数，如5%、6%、7%、8%、9%等。

（2）基准利率。基准利率是与上限利率相比较的参考利率。典型利率顶的基准利率为3个月或6个月的LIBOR，但也可用其他的参考利率，如1个月的LIBOR、国库券利率、商业票据利率等。

（3）名义本金额。名义本金额用于计算期权出售者向持有者支付的补偿金额。利率顶的本金额一般不会低于1 000万美元。在借款人逐渐偿还贷款的情况下，利率顶的名义本金额也会分期减少，以便与减少的贷款金额相匹配。

（4）期限。典型的利率顶期限为2~5年。

（5）利率重设日。这是对基准利率重新调整的日期，即将基准利率与上限利率相比较并由此确定利息差额的日期，一般在每3个月、6个月或1年调整一次。

（6）期权费。期权费是由利率顶买方向卖方支付的费用，是作为卖方承担利率封顶风险的补偿，合同期限越长，上限利率越低，则费用越高。期权费一般在利率顶出售时支付。期权费在名义本金的基础上以基点报价，通常为100~500个基点（名义本金的1%~5%）。

由于利率顶是场外交易的金融工具，因此合约的具体条款由银行与客户自行商定，如利率重设日可以根据客户的需要确定，以便与客户贷款的还款日相匹配，而基准利率也可以选择此类贷款的利率作为参考利率。

(二) 利率顶的利息差额

以 r_a 记上限利率，L 记名义本金额。每一段支付利息的时间间隔记为 τ（$\tau = \frac{\text{利率重设日之间间隔的天数}}{360（\text{或}365）}$，对如英镑等某些货币而言，分母取 365；对包括美元和欧元在内的大多数货币而言，分母取 360。但为了简便，在下面的例子中，我们都以月份数为单位进行计算），因此在时刻 $\tau, 2\tau, 3\tau, \cdots, n\tau$ 支付利息差额。利率顶的利息差额计算和支付方式是这样的：根据时刻 $k\tau$ 的基准利率 r_k 和上限利率 r_a 的差计算时间段 $[k\tau,(k+1)\tau]$ 的利息差额，在时刻 $(k+1)\tau$ 支付利息差额。因为在时刻 0 计算的利息差额一般为 0，所以在时刻 τ 没有利息差额支付，利息差额支付发生在时刻 $2\tau, 3\tau, \cdots, n\tau$。

于是，在时刻 $(k+1)\tau$ 利率顶卖方支付的利息差额为：

$$\tau L \max(r_k - r_a, 0)$$

我们来看两个例子：

例 9.9 某公司买入一个利率顶，其名义本金额为 3 000 万美元，基准利率为 3 个月 LIBOR，上限利率为 6%，利率重设日为每 3 个月一次。假设在某个利率重设日（6 月 1 日），3 个月 LIBOR 为 7%。

分析：由于在这个利率重设日，3 个月 LIBOR 大于 6%，因此利率顶出售者将支付一笔补偿金额，金额的大小如下：

$$0.25 \times 3\,000 \times (7\% - 6\%) = 7.5（万美元）$$

这笔补偿金额将在下个利率重设日（9 月 1 日）时支付给利率顶持有者。

例 9.10 某公司借入一笔 2 000 万英镑的浮动利率贷款，贷款期限为 2 年，每 6 个月偿还一次利息，本金在期末还清。贷款利率为 6 个月 LIBOR + 50 个基点。6 个月 LIBOR 目前水平为 6%。该公司希望将最大借款成本锁定在 7.5%。因此，该公司从银行购买了一份利率顶，合同条款如表 9.3 所示。

表 9.3　　　　　　　　　　合同条款

上限利率	7%
基准利率	6 个月 LIBOR
名义本金额	2 000 万英镑
期限	2 年
利率重设日	每 6 个月一次
期权费	100 个基点

分析：按照合同规定，在每个利率重设日，如果 LIBOR 高于 7%，利率顶卖方向买方支付一笔补偿金额；如果 LIBOR 低于 7%，则无须支付补偿金额。表 9.4 显示了当重设利率为如下水平时将发生的情况。

表9.4

利率重设日（月末）	6个月LIBOR（%）	补偿金额
第一年0时刻	6	
第一年6月	8.5	无
12月	6.5	有（1.5%）
第二年6月	8	无
12月		有（1%）

由于第一年6月和第二年6月的6个月LIBOR高于7%，因此该公司将会收到补偿金额，补偿金额分别为：

$0.5 \times 2\,000 \times (8.5\% - 7\%) = 15$（万英镑）

$0.5 \times 2\,000 \times (8\% - 7\%) = 10$（万英镑）

于是，购买利率顶后，该公司实际的借款利率为6.5%、7.5%、7%、7.5%。如果该公司没有购买利率顶，则实际的借款利率为6.5%、9%、7%、8.5%。因此，利率顶为该公司节约了125（$150 \times 0.5 + 100 \times 0.5 = 125$）①个基点，除去期权费100个基点，还有25个基点。

（三）利率顶的优缺点

利率顶的有利之处在于其设置了一个利率上限，锁定了最大借款成本，并让持有者可以从利率的降低中获益。因此，利率顶提供了一种极富吸引力的手段来对冲在中期浮动利率贷款中出现的利率风险暴露。

利率顶主要的不利之处是它较高的成本。在上面的例9.10中，若第一年6月时6个月LIBOR为7.5%，则利率顶就仅节约了75（$50 \times 0.5 + 100 \times 0.5 = 75$）个基点，考虑期权费后，该公司还亏损了25个基点。

（四）利率顶的运用

利率顶主要运用的情形是当利率行情呈上升趋势，资金需求方拟对利率上升风险进行套期保值，但同时又希望在利率下降时能获得低成本好处。

当某公司收购另一公司时，通常以浮动利率贷款为其收购行为融资，除非浮动利率贷款可以被固定利率融资（如债券）或权益融资所取代，否则利率上升的风险暴露是无法避免的。购买利率顶，公司只需支付期权费，就可以将收购融资的最大成本锁定在某一个水平上，并可根据需要维持多年。这样就有效地降低了利率风险。一些房地产公司以浮动利率贷款为发展项目融资，通过购买利率顶锁定项目的最大借款成本，保证了项目的盈利。

一般而言，利率顶的期权费与利率上限水平和协议期限有关。相对而言，利率上限水平越高，期权费率越低；期限越短，期权费率也越低。因此，在确定上限利率时

---

① 因为利率重设间隔为6个月，且利率是年利率，所以要乘以0.5。

必须将费用成本与将来利率变化趋势结合起来考虑。在贷款业务中附加利率顶时,应注意利率顶的各项内容必须与贷款条件相符合,以利于利率顶的顺利执行。

二、利率底

利率底又称"利率下限"。利率底是交易双方达成一项协议,指定某一种市场参考利率,同时确定一个利率下限水平。卖方向买方承诺:在规定的有效期内,如果市场参考利率低于协定的利率下限,则卖方向买方支付市场参考利率低于协定的利率下限的差额部分;若市场参考利率大于或等于协定的利率下限,则卖方没有任何支付义务。作为补偿,卖方向买方收取一定数额的期权费。

利率底的合约条款与利率顶基本相同,区别仅在于利率顶设定利率上限而利率底设定利率下限。利率底可以视为一系列浮动利率欧式看跌期权的组合[①]。

仍然使用前面的符号,在每个利率重设日 $k\tau$ 时刻,根据基准利率 r_k 和下限利率 r_b 计算下一个利率重设日 $(k+1)\tau$ 时刻支付的利息差额为:

$$\tau L \max(r_b - r_k, 0)$$

例9.11 某公司拟投资2 500万英镑于3年期浮动利率债券,该浮动利率债券以6个月 LIBOR +100个基点计息,每6个月计息一次。6个月 LIBOR 的现期水平是6.5%。由于该公司有部分资金是以7%的固定利率融资得来的,因此希望从浮动利率债券上获得的收益至少应弥补固定利息的支出,即该公司希望保证投资收益不会低于7%。

于是该公司购买了一份利率底,下限利率为6%[②],基准利率是6个月 LIBOR。该利率底合约的具体条款如表9.5所示。

表9.5 利率底合约的具体条款

下限利率	6%
基准利率	6个月 LIBOR
名义本金额	2 500万英镑
期限	3年
利率重设日	每6个月一次
期权费	170个基点

分析:利率底相当于出售方向持有者提供了一份保证,保证投资收益不会低于下限利率6%。在各利率重设日,当6个月 LIBOR 低于6%时,利率底卖方将向买方支付一笔补偿金额。表9.6显示了当重设利率为如下水平时将发生的情况。

[①] 利率底也可以看做一系列零息债券的欧式看涨期权的组合。

[②] 因为债券利率是6个月 LIBOR +1%,基准利率是6个月 LIBOR,所以下限利率应设定为6%,而不是7%。

表9.6

利率重设日（月末）	6个月LIBOR（%）	补偿金额
第一年0时刻	6.5	
第一年6月	7	无
12月	6	无
第二年6月	4.5	无
12月	5	有（1.5%）
第三年6月	5	有（1%）
12月	5	有（1%）

由于第二年6月、第二年12月和第三年6月的6个月LIBOR低于6%，因此该公司将会收到补偿金额，补偿金额分别为：

$0.5 \times 2500 \times (6\% - 4.5\%) = 18.75$（万英镑）

$0.5 \times 2500 \times (6\% - 5\%) = 12.5$（万英镑）

$0.5 \times 2500 \times (6\% - 5\%) = 12.5$（万英镑）

于是，购买利率底后，该公司实际的投资收益为7.5%、8%、7%、7%、7%、7%。如果该公司没有购买利率底，则实际的投资收益为7.5%、8%、7%、5.5%、6%、6%。因此，利率底使该公司获利了175（150×0.5 + 100×0.5 + 100×0.5 = 175）个基点，除去期权费170个基点，也还有5个基点。

利率底主要适用于市场利率水平呈下降趋势，资金运用方拟对利率下降风险进行套期保值，同时在利率上升时也希望能获得好处的情况。

一般而言，利率底是一种在资金运用中能确定最低收益率的金融产品，依据利率走势来运用利率底是较好的选择。但在使用利率底时，应注意利率底的各项内容要与资金运用条件一致。

三、利率套

利率套又称"利率上下限"，是将利率顶和利率底两种金融工具合成的产品，有两种基本类型。其一，购买一项利率套，就是在买进一项利率顶的同时，卖出一项利率底，以收入的期权费来部分抵消需要支出的期权费，达到既规避利率风险又降低费用成本的目的。其二，卖出一项利率套，就是在卖出一项利率顶的同时，买入一项利率底。当借款人预计市场利率会上涨时，可以考虑购买一项利率套。即：

一个利率套多头 = 一个利率顶多头 + 一个利率底空头

一个利率套空头 = 一个利率顶空头 + 一个利率底多头

购买一个利率套，它通过买进利率顶而避免筹资中利率上浮的风险，同时通过出售利率底所获得的期权费抵冲一部分买进利率顶的费用。这样既降低了实际保值成本，又可以将债务的利率锁定在上限、下限利率之间。例如，假设某公司有一笔尚未偿还的浮动利率贷款，其决定通过购买利率套来进行保值，于是买入了一个上限利率为6%

的利率顶，同时卖出了一个下限利率为3%的利率底。这样如果市场利率处于3%~6%之间，利率顶和利率底都不会被执行，该公司按实际的市场利率支付债务利率。如果市场利率下跌到3%以下（如2%），该公司以2%支付债务利率，同时按利率底协议的规定，向交易对手支付1%的利差，因此该公司支付的总利率成本为3%，也就是下限利率。如果市场利率上升到超过6%（如6.5%），该公司以6.5%支付债务利率，同时按利率顶协议的规定，从交易对手处收到0.5%的利差，因此该公司支付的总利率成本为6%，也就是上限利率。因此，无论市场利率如何变动，该公司支付的利率水平总在下限利率和上限利率之间，即3%~6%之间。

利率套的主要运用范围为借款人预测贷款利率呈上升趋势，需要对利率风险进行套期保值，同时降低套期保值成本。

四、互换期权

互换期权是建立在利率互换或货币互换基础上的期权。具体来说，在一项互换期权交易中，交易双方就一笔利率互换或货币互换交易的各项有关内容达成协议，期权购买方有权在未来某一日期或未来一段时间之内，决定上述协议是否需要执行。作为获得这一权利的代价，期权购买方需要向期权出售方支付一定金额的期权费。

例9.12 某公司现有金额为200万美元，期限为10年的债务，每半年以LIBOR浮动利率付息。该公司预期利率未来有可能上升，于是做了一笔利率互换交易，将浮动利率转化为5.96%的固定利率。但同时，该公司又担心未来利率可能下降，这时该公司可利用互换期权交易满足此需求。利用互换期权，该公司可以在支付一定费用的前提下，获得一项比较灵活的风险管理手段：当市场的利率高于5.96%，该公司执行期权，按互换协议事先约定的5.96%的利率支付利息，锁定风险；当市场利率低于5.96%，该公司可以选择不执行利率互换，而在市场上以更低的LIBOR利率支付利息。

第四节 其他奇异期权

一、回溯期权

回溯期权是这样一种期权：它给投资者提供一种能在价格最高点卖出，或在价格最低点买进的可能性。回溯期权的收益依附于标的资产在期权有效期（称为回溯时段）内达到的最大或最小价格（又称为回溯价）。就像亚式期权一样，根据是资产价格还是执行价格采用这个回溯价格，回溯期权可以分为以下两类。

（一）固定执行价期权（Fixed Strike）

除了收益中用回溯价替代资产价格 S_T 之外，其他地方都与相应的常规期权没有区别。因此，固定执行价看涨期权收益为 $\max(S_{max} - X, 0)$，这里 S_{max} 为期权有效期内达到的最大资产价格；固定执行价看跌期权回报为 $\max(X - S_{min}, 0)$，这里 S_{min} 为期权有效期内达到的最小资产价格。

（二）浮动执行价期权（Hoating Strike）

收益中回溯价替代的是执行价格 X 而非资产价格 S_T。例如，浮动执行价看涨期权收益为 $\max(S_T - S_{\min}, 0)$ ①。显然这里的回溯价应该是最小值 $S_{\min}$。试想一下，若取最大值 $S_{\max}$，则有 $S_{\max} \geq S_T$，这个期权一定不会被执行。在最小值的情况下，由于 $S_{\min}$ 必然小于 S_T，这个浮动执行价看涨期权的意义已经发生了一定的变化，因为它必然会被执行，只不过给了期权买方以最优回溯价执行的权利。

回溯期权，或者说回溯的特征，常常出现在市场上许多不同种类的金融产品中，尤其是固定收益类工具中。例如，其中的利息支付取决于在确定时间内利率到达的最高水平。总体来说，回溯期权很适合那些对资产价格波动幅度较有把握，但是对到期价格把握不大的投资者。它保证了持有者可以得到一段时期内的最优价格，因此与常规期权相比也相对昂贵。

二、两值期权

两值期权（Binary Options）是具有不连续收益的期权。两值期权中的一种是或有现金期权，包括或有现金看涨期权和或有现金看跌期权。或有现金看涨期权（Cash-or-Nothing Call），在到期日，如果标的资产价格低于执行价格，该期权没有价值；如果高于执行价格，则该期权支付一个固定的现金数额 Q。或有现金看跌期权（Cash-or-Nothing Put）的定义类似于或有现金看涨期权。在到期日，如果标的资产价格低于执行价格，该期权支付一个固定的现金数额 Q；如果高于执行价格，则该期权没有价值。

另一种两值期权是或有资产期权，包括或有资产看涨期权和或有资产看跌期权。或有资产看涨期权（Asset-or-Nothing Call），如果标的资产价格在到期日时低于执行价格，该期权没有价值；如果高于执行价格，则该期权支付一个等于资产价格本身的款额。或有资产看跌期权（Asset-or-Nothing Put）的定义类似于或有资产看涨期权。在到期日，如果标的资产价格低于执行价格，该期权支付一个等于资产价格本身的款额；如果高于执行价格，则该期权没有价值。

常规期权往往可以分解为两值期权的组合。例如，一个常规欧式看涨期权就等于一个或有资产看涨期权多头和一个或有现金看涨期权空头之和，其中或有现金看涨期权的现金支付数额等于执行价格。这是因为欧式看涨期权到期收益为 $\max(S_T - X, 0)$，而两值期权组合，即或有资产看涨期权多头 + 或有现金看涨期权空头。到期回报为：如果 $S_T > X(=Q)$，组合回报为 $S_T - Q = S_T - X$；如果 $S_T < X(=Q)$，组合回报为 $0 - 0 = 0$。显然，两值期权组合收益与欧式看涨期权收益是一样的。类似地，一个常规欧式看跌期权等于一个或有资产看跌期权空头和一个或有现金看跌期权多头之和，其中或有

---

① 浮动执行价看跌期权回报等于 $\max(S_{\max} - S_T, 0)$。

现金看跌期权的现金支付金额等于执行价格。这是因为欧式看跌期权到期回报为 $\max(X - S_T, 0)$，而两值期权组合，即或有资产看跌期权空头 + 或有现金看跌期权多头，到期回报为：如果 $S_T < X(= Q)$，组合回报为 $Q - S_T = X - S_T$；如果 $S_T > X(= Q)$，组合回报为 $0 - 0 = 0$。显然，两值期权组合回报与欧式看跌期权回报是一样的。

三、打包期权

打包期权（Packages）是指由标准的欧式看涨期权、标准的欧式看跌期权、远期合约、现金和标的资产本身等构成的证券组合。打包期权的经济意义在于可以利用这些金融工具之间的关系，组合成满足各种风险收益需要的投资工具。通常一个打包期权被交易者构建为具有零初始成本的期权。这类期权的种类繁多，典型的有如下组合：

（一）差价组合

持相同期限，不同执行价格的两个或多个同种期权头寸组合（同是看涨期权，或者同是看跌期权）。主要类型有牛市差价组合、熊市差价组合、蝶式差价组合等。

（二）期差组合

期差组合是由两份相同协议价格、不同期限的同种期权的不同头寸组成的组合。

（三）对角协议

对角协议是由两份协议价格不同、期限也不同的同种期权的不同头寸组成的组合。

（四）跨式期权

跨式期权是由具有相同执行价格、相同到期日、同种标的资产的看涨期权和看跌期权组成的组合。跨式期权主要有两类：底部跨式期权或买入跨式期权，由具有相同执行价格、相同到期日、同种标的资产的看涨期权和看跌期权的多头组成的组合；顶部跨式期权或卖出跨式期权，由具有相同执行价格、相同到期日、同种标的资产的看涨期权和看跌期权的空头组成的组合。

（五）条式组合

条式组合是由具有相同协议价格、相同期限的一份看涨期权和两份看跌期权组成的组合。

（六）带式组合

带式组合是由具有相同协议价格、相同期限的两份看涨期权和一份看跌期权组成的组合。

（七）范围远期合约

范围远期合约由具有相同期限，但协议价格不同的一个看涨期权多头和一个看跌期权空头，或者由一个看涨期权空头和一个看跌期权多头组成。其中，看涨期权的执行价格大于看跌期权的执行价格，并且选择的执行价格应使得看涨期权的价值等于看跌期权的价值。

（八）延迟支付期权

延迟支付期权在开始时不支付期权价格，到期时支付期权价格的终值。当执行价格等于相应资产的远期价格时，这类延迟支付期权又称为不完全远期、波士顿期权、可选退出的远期和可撤销远期。

例9.13 假定一家美国公司将在3个月后收到1 000 000英镑，目前3个月远期汇率为1英镑=1.920 0美元。该公司可以通过做空3个月期的英镑远期来锁定汇率，这将保证该公司收到1 920 000美元。

一种替代选择是买入一份执行价格为K_1的欧式看跌期权，同时卖出一份执行价格为K_2的欧式看涨期权，这里$K_1<1.920\ 0<K_2$。这被称为范围远期合约空头。如果3个月后汇率低于K_1，则看跌期权被执行，该公司以汇率K_1卖出1 000 000英镑。如果汇率位于K_1和K_2之间，两个期权都不会被执行，该公司以当时市场即期汇率卖出英镑。如果汇率高于K_2，则看涨期权被执行，该公司不得不以汇率K_2卖出英镑。因此，范围远期合约空头将该公司卖出英镑的汇率锁定在K_1和K_2之间。

如果该公司将在3个月后支付1 000 000英镑，则可以卖出一份执行价格为K_1的欧式看跌期权，同时买入一份执行价格为K_2的欧式看涨期权。这被称为范围远期合约多头。通过同样的分析可知，范围远期合约多头将该公司购买英镑的汇率锁定在K_1和K_2之间。

随着范围远期合约中看涨期权和看跌期权的执行价格越来越接近，范围远期合约将变成常规的远期合约。范围远期合约空头变成远期合约空头，而范围远期合约多头则变成远期合约多头。

四、非标准美式期权

标准美式期权在有效期内任何时间都可以执行且执行价格总是相同的，非标准美式期权则对其做了一些改动，场外市场进行交易的美式期权有时就会有一些非标准的特征。例如，只能在某些确定的日期提前执行，这种期权被称为百慕大期权（Bermudan Option）；只允许在期权有效期内某一段时间内提前执行；执行价格在期权有效期内发生变化。

由公司发行的基于其公司自己股票的认股权证有时会具有上面一些或全部特征。例如，一个7年期认股权证，有可能只能在第3年至第7年的特定日期执行，其中在第3年至第4年中执行价格为30美元，接下来两年内执行价格为32美元，最后一年执行价格为33美元。

五、远期开始期权

顾名思义，远期开始期权（Forward Start Options）是现在支付期权费而在未来某时刻才开始的期权。我们在时刻t_0购买了期权，但期权在时刻$t_1(t_1>t_0)$才启动，启动时执行价格为当时的资产价格 S_1[1]，而该期权将在时刻 t_2（$t_2 > t_1 > t_0$）到期。有时员工股票期权可视为远期开始期权。这是因为该公司（不明确地或明确地）向员工作出在将来时刻发放平价期权的承诺。

六、呐喊期权

呐喊期权（Shout Options）是一个常规欧式期权加上一个额外的特征，即在整个期权有效期内，持有者可以向空头方"呐喊"一次。在期权到期时，期权持有者可以选择以下两种损益中的一种：一个是常规欧式期权的回报；另一个是根据呐喊时刻期权的内在价值得到的回报。投资者当然选择其中较大者。

我们可以举一个看涨呐喊期权的例子来说明。假设一个看涨期权的执行价格是 50 美元，持有者在标的资产价格上升到 60 美元的时候呐喊了一次，如果到期时资产价格低于 60 美元，持有者就可以获得 10 美元[2]；如果到期资产价格高于 60 美元，持有者就可以按到期价格计算持有者的收益。

呐喊期权实际上和回溯期权有点类似，但由于呐喊次数有限，其价格相对要便宜一些。

七、复合期权和选择者期权

复合期权（Compounded Options）和选择者期权（Chooser Options）都是期权的期权，即二阶期权。

复合期权在 t_0 时刻给予持有者一个在特定时间 t_1（$t_1 > t_0$）以特定价格买卖另一个期权的权利，这个标的期权将在 t_2（$t_2 > t_1 > t_0$）时刻到期。复合期权是二阶期权，因为复合期权给了持有者对另一个期权的权利。

选择者期权类似于复合期权，其特征在于，在一段特定时间之后，持有者可以选择购买一个看涨期权或是购买一个看跌期权。假设作出选择的时刻为 t_1，则选择者期权在 t_1 时刻的价值为

$$\max(c, p)$$

其中，c 为选择者期权中标的看涨期权的价值，p 为选择者期权中标的看跌期权的价值。

八、多资产期权

多资产期权（Multi-asset Options）中往往包含两个或两个以上标的资产，这使得期权在多维世界里得到扩展，比如在两种标的资产的情况下是三维的，包括两种标的资产价格和时间因素。多资产期权主要有以下几种：

（一）彩虹期权

彩虹期权（Rainbow Options）又称为利差期权，是指标的资产有两种以上的期权，

---

[1] 这样，期权启动时是一个平价期权。
[2] 呐喊时，期权的内在价值等于 10 美元。

这种期权的到期支付额取决于两种或多种资产中的最高额与合同价格之差，或者就是两种资产价格之差。

（二）篮子期权

篮子期权（Basket Options）是多种标的资产的一个投资组合的期权，篮子期权的回报取决于一篮子资产的价值，这些资产包括单个股票、股票指数或是外汇等。这种期权在现代的结构化产品中非常多见。一篮子期权通常比单个资产期权的总价值便宜，这也是为什么一份一篮子期权要比一篮子单个期权在费用上更有效率的原因。随着投资者对其投资组合分散化要求的日益增长，人们对这种投资组合期权的需求也不断增加。

（三）资产交换期权

资产交换期权是又一种常见的多资产期权，它可以有多种形式，如对于一个美国投资者而言，用澳元购买日元的期权就是用一种外币资产交换另一种外币资产的期权，股权收购要约则可以看成用一个公司的股份换取另一个公司股份的期权。

九、奇异期权的发展

奇异期权是世界上最具有生命力的金融工具之一，它的内涵和外延无时不处在变化和拓展之中，没有人能够说出究竟有多少种奇异期权，也没有人能够精确地对它们进行分类和完全描述，上面介绍的只是最常见的一些奇异期权。只要市场需要，奇异期权就会不断延展不断衍生，过去或现在被称为奇异期权的东西，也正在成为进一步衍生的基础。下面可以看一些有趣的例子：

部分回溯期权：其回溯时段只是期权有效期的一部分，而不再是整个有效期，这样期权价格将会有所下降，对于那些认为资产价格只可能在一段时间内发生有利变化的投资者来说，这是很有吸引力的。

俄式期权：一种永远不会到期的美式回溯期权，期权持有者可以选择任意时刻执行期权，执行时收到资产价格的历史最大值或最小值（这时回溯时段是整个历史）。

回溯－亚式期权：这种期权的价值受到多个路径依赖变量的影响，是回溯期权和亚式期权的结合。

或有期权费期权：在这种期权中，期权费是在期权合约订立日确定的，但是只有当期权到期时处于实值状态时才会支付，如果期权在到期日处于虚值状态，那么期权的出售者就得不到任何东西。由于期权出售者有可能得不到任何费用，因此或有期权费期权的费用要高于常规期权的费用。

巴黎期权：一种障碍期权，但是其障碍特征只有在标的资产价格在障碍值之外保持了预先要求的时间长度之后，才会被触发。

阶梯期权：一种离散取样的回溯期权，但离散取样的是资产价格而非时间，假设设定的价格梯子是5美元、10美元……55美元、60美元……如果回溯期内资产价格的最大值是58美元，则使用所在阶梯中的下限55美元作为计算回报的最大值。

可见，奇异期权确实是无法尽述的，可以说，它的丰富多变就是金融工程的核心和魅力的体现。

第五节 奇异期权的主要性质

与常规期权相比,奇异期权主要具有以下一些性质和特征:分拆与组合、路径依赖、时间依赖、维数和阶数。需要注意的是,因为奇异期权变化很多,本节内容并不能包括奇异期权的所有特点。

一、分拆与组合

通常见到的奇异期权往往是对常规期权和其他一些金融资产的分拆和组合,其目的是得到我们所需要的损益,如利率多期期权、打包期权。

分拆与组合的思想还可以用在奇异期权的定价上,这一方法也是金融工程的核心之一。通过对奇异期权到期时的损益进行数学整理,常常可以把奇异期权分拆为常规期权和其他金融资产的组合,从而可以大大简化定价过程。

二、路径依赖

路径依赖(Path dependence)性质是指期权的价值会受到标的变量所遵循路径的影响,它又可以分为弱式路径依赖和强式路径依赖。例如,障碍期权是弱式路径依赖,而亚式期权和回溯期权则是强式路径依赖。

由于详细区分弱式路径依赖和强式路径依赖需要很专业的期权定价知识,故在此我们不作过多的论述。与弱式路径依赖相比,强式路径依赖的显著区别是期权到期时的损益需要更多的关于标的变量所遵循路径的信息。这一点反映在定价模型中,就是需要增加独立的变量。

三、时间依赖

奇异期权的一种变化形式是在常规期权中加入时间依赖(Time Dependence)的特性。比如说,百慕大期权可以看成美式期权只能在某些确定的日期提前执行。此外,敲出期权的障碍位置也可以随着时间的不同而不同,每个月都可以设定一个比上个月更高的水平;或者一个敲出期权其障碍只在每个月的最后一星期有效。这些变化使得期权合约更加丰富,也更符合客户和市场的特定需求。

四、维数

维数(Dimensions)指的是基本独立变量的个数。常规期权有两个独立变量 S 和 t,因此是二维的。弱式路径依赖期权合约的维数与那些除了路径依赖之外其他条件都完全相同的期权合约的维数相同。而强式路径依赖的期权合约,则会依赖更多的独立变量。

五、阶数

奇异期权最后的一个分类特征是期权的阶数，这不仅是一种分类特征，还引入了建模的问题。常规期权是一阶的，其损益仅直接取决于标的资产价格，其他的如路径依赖期权，如果路径变量直接影响期权价格的话，也是一阶的。若某个期权的损益和价值取决于另一个（些）期权的价值，就被称为高阶期权。典型的二阶期权的例子是复合期权和选择者期权。

本章小结

1. 比标准的欧式或美式期权更复杂的期权常常被叫做奇异期权，它们的特点是没有标准的形式。大多数的奇异期权都是在场外市场进行交易的，往往是金融机构根据客户的具体需求开发出来的，或是嵌入结构性金融产品中以增加结构性产品的吸引力，其灵活性和多样性是常规期权所不能比拟的。

2. 障碍期权是指期权的回报依赖于标的资产的价格在一段特定时间内是否达到了某个特定的水平，一般可以分为敲出期权、敲入期权、向上期权和向下期权。障碍期权属于弱式路径依赖期权。

3. 亚式期权最大的特点在于它在到期日的支付依赖于标的资产在一段特定时间内的平均价格，回溯期权的收益依附于标的资产在期权有效期内达到的最大或最小价格，它们都属于强式路径依赖期权。

4. 多期期权是由若干个单期期权或子期权构成的组合，其整个期限被分为若干个互不重叠但又紧密邻接的独立子期限。利率顶、利率底和利率套是在场外市场进行交易的利率多期期权。利率顶可视为一系列浮动利率欧式看涨期权的组合，利率顶的有利之处在于让其持有者为浮动利率资金设置了一个利率上限，锁定了最大借款成本，同时让持有者可以从利率的降低中获益。利率底可视为一系列浮动利率欧式看跌期权的组合，利率底的最大好处在于让其持有者为浮动利率投资设置了一个利率下限，锁定了最小投资收益，同时让持有者可以从利率的上升中获益。而利率套则是由利率顶和利率底构成的组合。

5. 其他的奇异期权还包括两值期权（或有现金期权、或有资产期权）、打包期权（由标准的欧式期权和其他金融资产组成的证券组合）、非标准美式期权（具有非标准的特征）、远期开始期权（现在支付期权费而在未来某时刻才开始的期权）、二阶期权（复合期权和选择者期权）、多资产期权（多个标的资产的期权）以及呐喊期权等。

6. 奇异期权主要具有以下一些性质和特征：分拆与组合、路径依赖、时间依赖、维数和阶数。

思考与练习题

1. 奇异期权的主要性质有哪些？
2. 分别为弱式路径依赖期权、强式路径依赖期权、高阶期权、多期期权举出几例。
3. 分析障碍期权的性质。
4. 解释为什么当执行价格小于障碍水平时，向下敲出看跌期权没有任何价值。
5. 为什么障碍期权会受欢迎？
6. 亚式期权受欢迎的原因是什么？
7. 分析利率顶、利率底的运用。
8. 解释远期开始期权与选择者期权的区别。
9. 基于某个资产价格的欧式向下敲出期权的价值与基于该资产期货价格的欧式向下敲出期权价值相等吗（该期货合约到期日与期权到期日相同）？

第十章 信用衍生产品

内容提要：本章主要介绍信用风险和信用衍生产品两部分内容。其中，信用风险部分主要介绍信用风险的含义、信用风险的影响以及信用风险管理的主要方法；信用衍生产品部分主要介绍信用衍生产品的定义、种类和应用。交易频繁的信用衍生产品——信用违约互换、总收益互换、信用期权、信用价差期权和信用关联票据的交易原理和运用是本章的重点和难点。

在20世纪90年代以前，市场中的各种衍生金融产品都是应人们管理各类市场风险的需要而设计和推出的。在管理各种市场风险方面，这些衍生金融产品确实是方便和有效的。但是，在20世纪90年代以后，金融风险又有了新的变化，信用风险越来越严重。从损失程度来看，信用风险可能造成的损失远大于各种市场风险可能造成的损失。例如，债券持有人利用传统的衍生金融产品可以管理其面临的利率风险，使其不会因为利率上升导致的债券价格下跌而蒙受损失。但是，如果他们将债券持有至到期，债券发行者（即债务人）因各种主客观原因不能履行还本付息的义务，则债券持有人将血本无归。

人们原来使用的与市场风险相关的衍生产品无法对信用风险进行管理。为了有效地管理信用风险，20世纪90年代初，各种信用衍生产品应运而生。虽然其存在的时间不长，但它的发展非常迅速，受到银行等金融机构的广泛欢迎。[①]

第一节 信用风险

一、信用风险概述

自20世纪90年代以来，在全球经济、政治、技术快速变化的背景下，信用产品也以指数形式增长着。居民个人的消费信贷，企业的应收、应付款项和企业债券，各国的政府债务都在不断大幅上升。

随着信用的迅速发展，信用风险也日益暴露出来，引起人们的广泛关注。从借款人不能按时还款，到银行呆账、坏账的增多，再到债务国不能偿还债务本息。这一切变得如此频繁，已经影响到了社会正常的经济秩序。

---

① 资料来源：英国银行家协会（BBA）和国际互换与衍生品协会（ISDA）的调查报告。

(一) 信用风险和信用事件

信用风险也称违约风险,是指交易对手未能履行约定契约中的义务而造成经济损失的风险,即受信人不能履行还本付息的责任而使授信人的预期收益与实际收益发生偏离的可能性。

信用风险主要有三个要素：未尝付风险、信用利差风险和信用级别下降风险。未尝付风险指债务人无法履行其承诺的义务。信用利差风险指由于信用利差上升导致的资产价格下跌的风险。（此处的信用利差指信用敏感性债券收益率与无信用风险债券收益率之间的利差,该利差的变动必定是由于信用敏感性债券的信用风险预期的变化所导致的。因此,该利差的变动只体现信用风险变动,与利率风险变动无关。）利差一般会随着宏观经济走势而变动,即当经济萧条时,利差会变宽;而当经济繁荣时,利差会变窄。信用级别下降风险是指债券被主要的信用评级机构评级下调后,债券的价格会下降,从而给投资者带来风险。

与这三种信用风险要素相对应,信用风险体现为具体的事件,我们称为信用事件。根据国际互换与衍生品协会的定义,信用事件有如下三类：

(1) 因破产或其他原因,债务人无力或不愿按期偿还债务；

(2) 因财务重组或债务重组等原因,标准普尔或穆迪等著名的信用评级机构对债务人的信用评级下降；

(3) 信用价差的变动。

由此可见,信用事件包括很多方面,但是这些信用事件最终都将导致债务人主观或客观的违约。因此,这些信用事件通常也被称为"信用违约事件"。

(二) 信用风险对债务双方及商业银行的影响

1. 对债券发行者的影响

企业的信用级别对债券发行者的融资成本影响很大。信用级别高的企业的信用风险低,金融机构或投资者对其融资的回报要求低,从而其融资成本低;而对于信用级别低的企业,则相反。可见,企业融资成本与其信用风险的正相关性使得企业受信用风险影响极大。

同时,企业的信用风险级别不仅受到本企业特殊事件的影响,而且还受到其他种种不可预料的风险因素影响。例如,平均违约率升高的消息会使银行增加对违约的担心,从而提高贷款的价格,使企业融资成本增加。可见,即使没有发生对企业有影响的特殊事件,经济萎缩也可能增加债务成本。

2. 对债券投资者的影响

对于某种证券来说,投资者是风险承担者。证券信用级别的变化会影响到证券的价值,进而影响到投资者的收益。例如,假设某共同基金持有的债券组合信用级别下降,进而导致该债券组合的价值下降,基金从该债券组合获得的平均收益率也将下降。

3. 对商业银行的影响

当借款人的银行贷款违约时,商业银行是信用风险的承担者,并且商业银行承担的信用风险相对较高。首先,银行的放款通常在地域上和行业上较为集中,这就限制了通过分散贷款来降低信用风险。其次，信用风险是贷款的主要风险。随着无风险利率的变化，大多数商业贷款都是设计成是浮动利率的。这样，无风险利率变动对商业银行基本上没有什么风险。而当贷款合约签订后，信用风险贴水则是固定的。如果信用风险贴水升高，则银行就会因为贷款收益不能弥补较高的风险而受到损失。

二、信用风险管理的方法

信用风险管理作为信用活动的重要内容，其方法在不断地改进和发展，目前对信用风险的管理大致有三种方式：通过信用风险模型管理、进行全面风险管理和通过信用衍生产品管理。

(一) 通过信用风险模型管理

1997年4月初，美国 J. P. 摩根财团与其他几个国际银行——德意志摩根建富、美国银行、瑞士银行、瑞士联合银行和 BZW 共同研究，推出了世界上第一个评估银行信贷风险模型——Credit Metrics。该模型以信用评级为基础，计算某项贷款或某组贷款违约的概率，然后计算上述贷款同时转变为坏账的概率。该模型覆盖了几乎所有的信贷产品，包括传统的商业贷款、信用证和承兑书、固定收益证券、商业合同（如贸易信贷和应收账款）以及由市场驱动的信贷产品（如掉期合同、期货合同和其他衍生产品等）。随后，很多投资银行都基于该模型研究自己的信用风险模型，对企业的信用风险进行预测和管理。

(二) 进行全面风险管理

1997年，亚洲金融危机的爆发促使人们更加重视市场风险与信用风险的综合模型以及操作风险的量化问题，即全面风险管理（对整个机构内各个层次的业务单位、各种类型风险的通盘管理）引起人们的高度重视。

全面风险管理要求将信用风险、市场风险、各种其他风险以及包含这些风险的各种金融资产与资产组合、承担这些风险的各个业务单位纳入统一的体系中，对各类风险再依据统一的标准进行测量并加总，进而依据全部业务的相关性对风险进行控制和管理。这种方法不仅是银行业务多元化后银行风险管理的一种需求，也是当今国际监管机构对各大金融机构提出的一种要求。

(三) 通过信用衍生产品管理

随着全球金融市场的迅猛发展，一种用于管理信用风险的新技术——信用衍生产品逐渐成为金融界关注的对象。信用衍生产品的出现，使得信用风险与其他风险相分离，可以单独买卖，使得投资者规避信用风险的愿望成为可能。其中，最常用的信用衍生工具包括以下几种：信用违约互换、总收益互换、信用价差互换、信用关联票据、贷款等资产证券化。

第二节 信用衍生产品概述

自 20 世纪 90 年代以来,信用衍生产品已日益受到企业、投资者和金融机构的重视,它们使市场参与者能够像对市场风险那样对信用风险进行交易和配置。传统上银行的主要业务是发放贷款,因此银行的信用风险暴露比较突出。20 世纪 90 年代末,银行开始大量利用衍生产品将自身贷款组合的信用风险转移给金融市场的其他参与者,以此来主动管理自己的信用风险。

一、信用衍生产品概况

(一)信用衍生产品的含义

信用衍生产品这一概念最初是在巴黎举行的国际互换与衍生品协会 1992 年年会上提出的,信用衍生产品是指为了减少或消除信用风险而设计的一类金融合约。交易双方通过签署有法律约束力的金融合约,使信用风险从依附于贷款、债券上的众多风险中独立出来,并从一方转移到另一方。其最大的特点就是把信用风险分离出来,并提供转移的机制。

对于银行等金融机构而言,其面临的主要风险是信用风险,而信用衍生产品的出现给银行提供了降低信用风险的手段。

例如,银行 A 向一家运输公司提供了 100 万美元的贷款,该运输公司的信用级别为 AA 级。同时,银行 B 向一家能源公司也提供了 100 万美元的贷款,该能源公司的信用级别也为 AA 级。为了分散风险,两家银行各拿出 50 万美元贷款进行互换。因为运输业和能源业同时发生危机比单独一个行业发生危机的可能性要小得多,从而该交易降低了两家公司因交易对手因违约可能产生的信用风险。

信用衍生品的出现不仅受到银行等金融机构的欢迎,也受到了许多投资者的欢迎。在低利率的环境中,收益的降低使得很多投资者想通过转向非传统市场来寻求更高的收益。信用衍生产品市场为这些投资者提供了机会。

(二)信用衍生产品的发展史

信用衍生产品市场起源于美国,最早出现的品种是信用违约互换,该产品于 20 世纪 90 年代初出现于美国的纽约。1993 年,信托银行(Bankers Trust)和瑞士信贷银行的金融产品部为了防止它们在日本的贷款遭受损失,出售了一种偿还价值取决于具体违约事件的互换合约。这种合约承诺,如果原生贷款不发生违约事件,银行如期收回贷款本息,则投资者可根据该合约的规定而获得一定的收益;但当贷款不能偿还,银行受到损失时,则投资者必须向银行支付一定的金额,以弥补银行的损失。

20 世纪 90 年代后,国际金融领域相继出现了一系列重大事件,使信用风险越来越严重。20 世纪 90 年代末和 2000 年年底,亚洲金融危机的发生和安然公司破产等事件使得企业信用违约概率上升,从而信用风险升级,导致人们对信用风险更加关注,信用衍生产品市场的参与者也发生了变化，从最初的银行扩展到固定收益投资者、保险公司、高收益市场基金以及非金融机构。同时，信用衍生产品交易也从北美扩展到欧洲，甚至在拉美和亚洲也形成市场。

随着时间的推移，监管机构和市场参与者逐步意识到在分散信用风险、提高流动性等方面，以 CDS 为代表的信用衍生工具对推动金融市场发展、服务实体经济有重要价值。自第一个信用衍生产品诞生以来，不仅信用衍生产品的交易规模日益上升，而且投资银行家们也不断创造新的信用衍生产品品种。例如，基本的信用违约互换的交易对象是一个单独的信用主体，如果基础资产发生违约，则互换卖方会发生很大的损失，这使得保守的投资者对该产品不太感兴趣。于是，投资银行家们又发展出"一篮子信用违约互换"，这大大降低了投资风险，从而吸引了许多保守的投资者。又如，1998 年 11 月，芝加哥商业交易所引入第一个场内交易的信用衍生产品，即季度破产指数期货，这打破了信用违约互换场外交易的历史。

根据国际清算银行的统计数据，截至 2015 年年底，全球金融衍生品市场总规模已达到 556.36 万亿美元。其中，场外市场续存名义本金 492.91 万亿美元，交易所市场续存名义本金 63.45 万亿美元。最重要的信用衍生产品 CDS 在场外衍生品市场中占比 2.49%，是全球场外衍生品市场的第三大品种。全球 CDS 的市场规模 2007 年年末达到了创纪录的 58.24 万亿美元，由于受到 2008 年金融危机的影响，再加之产品要素标准化和中央对手方清算机制的引入，CDS 市场规模告别了高速增长的态势，之后节节下滑——2008 年年中为 57.4 万亿美元，2008 年年末为 41.88 万亿美元，2009 年年中为 36.05 万亿美元，而 2009 年年末已下滑至 32.69 万亿美元，2015 年降至 12.29 万亿美元。

从市场参与者的构成角度看，根据国际清算银行的统计，国际 CDS 市场参与者主要包括商业银行、对冲基金、投资银行（券商）、投资公司、养老金、企业、政府机构等。其中，商业银行是最主要的市场参与者，占据了绝大部分的市场份额。随着市场的不断发展，投资银行、保险公司和对冲基金等机构也越来越多地参与信用衍生产品交易，并获得一定的市场份额（申报交易商为 BIS 的统计口径是指参与到 BIS 三年一度市场调查中的做市商，目前有 74 家，基本上包含了国际上的大型银行）。虽然 2008 年金融危机后对于信用衍生工具市场存在一些争议，但随着新监管制度的执行，国际掉期与衍生工具委员会（International Swaps and DerivativesAssociation，ISDA）和市场参与者对产品设计的不断完善，信用衍生工具继续为金融市场创造着价值，最新的巴塞尔协议也依然肯定和鼓励信用衍生工具对信用风险管理的意义和作用。

二、信用衍生产品的风险及作用

（一）信用衍生产品的风险

虽然信用衍生产品降低了信用风险，但同时也给其使用者带来了新的金融风险。与其他柜台交易产品一样，信用衍生品同样面临着操作风险、交易对手风险、流动性风险和法律风险。

1. 操作风险

信用衍生产品最大的风险是操作风险。操作风险指在缺乏内控的情况下，由于过度投机导致的风险。英国巴林银行的倒闭就是因为其内部控制出现漏洞，形成巨大的操作风险隐患，其交易员进行了不当的衍生产品交易而公司未发现，从而造成了严重后果。但操作风险也是较容易控制的一种风险。只要建立严格的内部控制程序并且坚决执行，就可以从根本上杜绝操作风险。

2. 交易对手违约风险

当合约价值变动对交易对手不利时，交易对手存在违约的风险，因此信用衍生产品并不能完全消除信用风险。但由于信用衍生产品的交易对手一般为一流的商业银行，或为信用等级为 AAA 级的投资银行，这两类机构的违约概率一般较小，因此信用衍生产品的交易对手违约风险一般较小。

3. 流动性风险

由于信用衍生品一般是场外交易，并且没有二级市场，因此其流动性风险较高，这大大降低了信用衍生品对投机者的吸引力。

4. 法律风险

信用衍生产品都是通过柜台交易进行的，其合约多是非标准合约，因此合约的条款不合法或是不规范等问题就给信用衍生产品的交易者带来了法律风险。

(二) 信用衍生产品的作用

信用衍生品的发展对商业银行等金融机构、投资者、信用风险市场的发展都有重要作用，具体如下：

1. 提供了新的转移和分散信用风险的手段

商业银行主要是通过发放贷款并提供相关的配套服务来获取利润。这一点使其不可避免地处于信用风险暴露的地位。传统的商业银行信用风险管理手段主要包括分散投资、防止授信集中化、加强对借款人的信用审查、要求借款人提供抵押或担保等，这些都需要大量人力物力的投入，并且这些措施在实践中有时很难执行。例如，地方性银行就很难通过跨区域信贷来分散风险。这些传统措施只能在一定程度上降低信用风险水平，而很难使银行完全摆脱信用风险，无法适应现代信用风险管理发展的需要。而近年来信用衍生产品的出现使得商业银行信用风险管理方式出现了新的飞跃，较好地解决了传统的信用风险管理问题。

2. 具有保密性

以前银行主要通过贷款出售来管理信用风险，但这往往是银行客户所不愿看到的事情。这种方法会对银行和客户的关系造成损害，银行可能会因此丧失以后对该客户的贷款机会以及其他一些业务，如获利颇丰的咨询业务等。而利用信用违约互换、信用价差互换等信用衍生产品则可以避免这种不利影响。银行通过这些信用衍生产品将贷款的信用风险剥离出来转让给外部投资者，并且不会改变其与原贷款客户的业务关系，因此可以在不必告知债务人的情况下达到降低违约风险的目的，避免了因出售贷款给客户关系带来的不利影响，大大增强了银行调节和管理信用风险的灵活性，从而在降低信用风险与维持客户关系之间取得较好的平衡。

3. 有利于信用风险市场定价的形成

信用衍生品成功地将信用风险从其他风险中剥离出来，使得信用风险可以单独交易。信用衍生产品市场交易价格实质上就是在既定信息条件下投资者对基础资产信用风险的直接定价，大大增加了信用风险定价的透明度和准确性。

4. 为一些投资者提供了进入新兴市场和贷款市场的便捷渠道

在新兴市场，投资者直接投资于新兴市场往往会受到各种复杂的监管因素和投资制度的制约，而通过参与信用衍生产品交易便可以轻松绕过有关障碍间接投资新兴市场。

5. 可以大大提高银行资本的报酬率

根据1988年《巴塞尔协议》的规定，一家银行的总资本不能低于风险资产总额的8%。银行信贷资产的资本要求为贷款本金×风险权重×8%，其中风险权重视交易对手而定。例如，经济合作与发展组织国家银行之间的贷款的风险权重为20%；银行持有的高风险资产，如对企业的贷款，其风险权重为100%。因此，通过信用衍生产品交易，银行就可以巧妙地实现交易对手的转换，利用风险权重的差异来节约资本金，从而提高资本收益率，获得显著的财务杠杆效应。

假设有A、B两家银行，A银行的信用等级较B银行高。A银行的资金成本是LIBOR－0.20%，B银行的资金成本是LIBOR＋0.25%。现在，A银行向企业发放利率为LIBOR＋0.375%的1 000万美元的贷款，它必须为该笔贷款保持80万美元的资本来满足8%的资本充足率要求。假设LIBOR为5.625%，则：

A银行净收益＝10 000 000×6%－(10 000 000－800 000)×5.425%＝100 900(美元)

A银行资本回报率＝100 900/800 000＝12.6%

如果A银行不愿意承担该笔贷款的风险，则与B银行签订一个信用互换协议，B银行每年从A银行收取37.5个基点的费用，同时在合同违约后承担向A银行赔偿损失的义务。这样，贷款违约的风险全部转移给B银行，A银行只承担B银行违约的风险。A银行1 000万美元贷款的风险权重变为20%，即A银行只要为该笔贷款维持160 000(1 000×20%×8%)美元的资本就能达到资本充足的要求。此时：

A银行净收益＝10 000 000×(6－0.375)%－(10 000 000－160 000)×5.425%
　　　　　＝28 680（美元）

A银行资本回报率＝28 680/160 000＝17.9%

从以上的分析中，我们可以看出，A银行通过签订信用互换协议不仅避免了该笔贷款的违约风险，同时还使其资本回报率增加了42%［(17.9%－12.6%)/12.6%］。

此外，值得注意的是，虽然信用衍生产品市场增长潜力巨大，但其存在的一些深层次矛盾也不容忽视。信用衍生产品交易过程中信息的严重不对称、对某些术语（如"信用事件"）理解的分歧、标准违约风险模型和定价公式的缺乏以及会计和税收方面的模糊性问题等，都成为当前信用衍生产品市场发展的隐忧。因此，如何加强对信用衍生产品的内部控制以及外部监管都是目前理论界和实务界亟待解决的问题。

第三节 信用衍生产品的类型及应用

作为一种新生事物，虽然信用衍生产品存在的时间还不长，但在信用衍生产品市场上，具体的产品却已开发出了很多。常见的信用衍生产品主要有五种：第一种是信用违约互换（Credit Default Swap，CDS），它是最简单，也是目前运用最广泛的一种信用衍生产品；第二种是总收益互换（Total Return Swap，TRS），它和信用违约互换的价值都主要取决于违约概率的期限结构；第三种是信用期权与信用价差期权（Credit Spread Option，CSO），它的价值取决于信用价差的波动性；第四种是资产担保债券和债务抵押债券（Asset-backed Security，ABS；Collateralized Debt Obligations，CDO）；第五种是信用关联票据（Credit-linked Notes，CLN），其价值主要取决于所约定的参考资产的信用状况。

一、信用违约互换及以信用违约互换为标的的衍生品

（一）信用违约互换

市场上最流行的信用衍生产品是信用违约互换，它已经成为管理信用风险的重要工具。这种合约给信用违约互换的买入方提供了信用保险。信用违约互换的购买者需要定期地向信用违约互换的出售者支付一定的费用。如果在信用违约互换期限内，发生信用事件，则信用违约互换的出售者将支付一定的金额给信用违约互换的购买者。而如果期间未发生信用事件，则信用违约互换的出售方不必支付。在这一交易过程中，信用违约互换的购买者被称为"信用保护的买方"，信用违约互换的出售者被称为"信用保护的卖方"，而债券的发行者被称为"信用主体"，由信用主体发行的债券被称为"参考资产"。

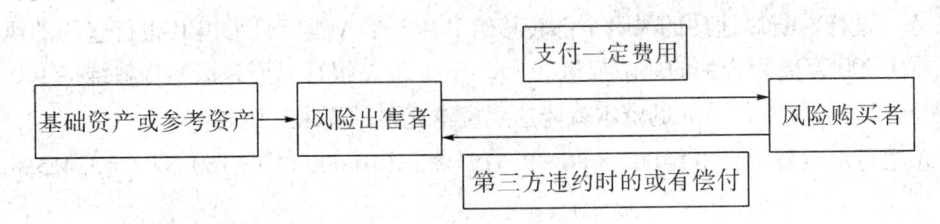

图10.1 信用违约互换示意图

信用违约互换与其说是一个互换产品，不如说更像一个期权，因为一旦没有发生约定的信用事件，买方是得不到偿付的，这更像是买入看跌期权来保护可能的信用损失。

我们通过下面的例子来具体说明信用违约互换的交易过程：假设信用违约互换的交易双方在2014年3月1日签署了一个基于A债券的名义本金为100万美元的5年期信用违约互换，合约约定的信用事件为：第一，参考资产的债务人破产或无力偿付；第二，在信用违约互换期限内，支付义务人不履行支付义务（包括利息和本金）。在合

约存续期购买方每年向出售方支付 90 个基点。如果没有发生信用事件，购买方不会收到出售方的支付，并且在 2015 年、2016 年、2017 年、2018 年以及 2019 年这几年中每一年的 3 月 1 日都要支付 9 000 美元给出售方。如果在这 5 年期间发生信用事件，假设在 2017 年 9 月 1 日发生信用事件，如果合约明确规定实物结算，则购买方有权将面值 100 万美元的参考债务以 100 万美元卖给出售方；如果合约需要现金结算，则定价代理机构将选举一些交易商，由他们来确定信用事件发生某些预先确定的天数后的标的债务的二级市场买卖中间价格。如果证实参考债务的价值是面值的 25%，即每 100 美元的面值对应的参考债务的价值是 25 美元，那么现金支付将是 75 万美元。在实物结算或现金结算的情形下，购买方将需要向出售方支付在 2017 年 3 月 1 日和 2017 年 9 月 1 日之间购买 CDS 合约在这一阶段中合理的费用（近似为 4 500 美元），此后将不需要支付费用给 CDS 的出售方。

一般，5 年期的 CDS 最普遍，但像 1 年、2 年、3 年、7 年和 10 年期的 CDS 也不少见，常见的合约到期日为 3 月 20 日、6 月 20 日、9 月 20 日和 12 月 20 日。CDS 的购买方的付款期限一般是 3 个月。另外，许多公司和国家已经成为 CDS 合约的参考实体。

信用违约互换不仅可以转移自己的信用风险，而且可以分散信用风险。表 10.1 是某年某月做市商对信用违约互换的报价。例如，对于 A 公司来说，做市商准备以每年 16 个基点购买 3 年期违约保护，并且以每年 24 个基点出售 3 年期违约保护；以每年 20 个基点购买 5 年期违约保护，并且以每年 30 个基点出售违约保护（其他数字含义类似）。假设在该时刻，某家银行持有 D 公司 1 亿美元的未偿还贷款且关注它的风险暴露，为了规避 D 公司的信用风险，该银行可以从做市商那里以每年 135 基点，即 135 万美元购买本金为 1 亿美元，参考资产为 D 公司贷款的 5 年期 CDS，从而银行将承担的 D 公司信用风险暴露转移到做市商那里。

然而除了"直接消除 D 公司的信用风险"这一方案，银行可能更希望与来自完全不同行业的 E 公司交换风险暴露。那么，银行可能以每年 125 万美元出售 E 公司 1 亿美元的 5 年期 CDS，同时购买 D 公司的 CDS，该策略的净成本将是 10 个基点，即每年 10 万美元。该策略表明信用违约互换可以用于分散信用风险。

表 10.1　　　　　　　　　　信用违约互换报价（基点）

公司	信用等级	到期期限			
		3 年	5 年	7 年	10 年
A 公司	AAA	16/24	20/30	26/37	32/53
B 公司	AA −	21/41	40/55	41/83	56/96
C 公司	A	59/80	85/100	95/136	118/159
D 公司	BBB +	105/125	115/135	117/158	182/233
E 公司	BB +	115/145	125/155	200/230	144/174

信用违约互换合约虽然降低和分散了信用风险，但不能完全消除信用风险，因为信用违约互换的对手有违约的可能性。因此，一份有效率的信用违约互换合约应该确

保标的资产的违约风险与互换合约卖方的违约风险具有较低的相关性。表 10.2 给出了标的资产为 5 年期 BBB 级债券不同信用级别互换对手在不同相关性下对信用互换合约的信用价差（信用价差指信用敏感性债券与无信用风险债券——如美国国库券收益率间的利差），其单位为基本点。一般来说，信用互换合约的信用价差越高，信用违约互换合约对标的资产的保护作用越大。从表 10.2 中可以看出，随着互换对手同标的资产对手之间的违约相关性的增加，互换合约对手的信用评级的下降，信用互换合约的信用价差在下降。

表 10.2　标的资产 BBB 级债券不同级互换交易对手的 CDS 信用价差

相关系数	AAA	AA	A	BBB
0	194	194	194	194
0.2	191	190	189	186
0.4	187	185	181	175
0.6	182	178	171	159
0.8	177	171	157	134

（二）信用违约互换溢价与债券收益率

为了买入信用保护，买入方支付的费用占本金的百分比称为信用违约互换溢价（CDS Spread）。信用违约互换可以用来对企业债券风险进行对冲。例如，某投资者买入一个 5 年期的企业债券，债券收益率为每年 8%，同时买入一个 5 年期信用违约互换，信用违约互换溢价为每年 4%。如果债券发行人不违约，投资者收益为每年 4%；如果债券发行人违约，则投资者可以从信用违约互换的卖方获得赔付，赔付后，买方的资金总额是债券的本金。投资者可以在收到本金后以无风险收益率进行投资。如果没有其他风险，两种状态下的回报应该是一样的，即无风险收益率应该为 4%。但是由于存在卖方违约的可能性，买方并没有完全消除信用风险，因此 n 年期信用违约互换溢价应该大于 n 年期的企业债券的收益率与 n 年期无风险债券收益率的差价。

（三）信用违约互换远期合约、期货和期权

信用违约互换远期合约与普通的远期合约一样，只是标的资产是信用违约互换，合约双方约定在未来某时刻 T 买入或卖出一定数量的参考实体的信用违约互换。但是，如果在 T 时刻前参考实体违约，那么该远期合约自动取消。

信用违约互换期权是以某信用违约互换为标的物的期权，可以分为信用违约互换看涨期权和信用违约互换看跌期权。例如，一个投资者买入一个信用违约互换看涨期权，合约约定投资者可以在 6 个月后买入一个 5 年期的惠普公司信用保护，买入这个保护每年需要付费 240 个基点。如果 6 个月后，惠普公司的 5 年信用违约互换溢价大于 240 个基点，期权将会执行，否则不会被执行。期权的费用在期权成交时付清。类似地，投资者可以买入信用违约互换看跌期权。例如，合约约定投资者可以在 6 个月后卖出一个 5 年期的惠普公司信用保护，卖出这个保护每年获取 240 个基点的收益。在

6个月后，如果惠普公司的5年信用违约互换溢价小于240个基点，期权会被执行，否则不会执行。与信用违约互换远期合约类似，如果在期权到期之前参考实体违约，则信用违约互换期权合约自动解除。

此外，除了针对个别资产违约风险的信用违约互换外，还有针对系统违约风险的违约指数期货。最早的违约指数期货是季度破产指数期货，产生于1998年11月的芝加哥商业交易所（CME），是第一个正式进入场内交易的信用衍生产品。该产品主要是基于CME季度破产指数（CME Quarterly Bankruptcy Index，CME QBI）设计的，指数值等于合约到期日之前三个月在美国新登记的破产数，合约规模则等于1 000美元乘以指数值，从而为银行和消费贷款机构，尤其是信用卡公司提供了一种有效防范因经济不景气而造成的破产比例上升的系统性违约风险，优化信贷资产组合的工具。

（四）一篮子信用违约互换

与以上信用违约互换不同，一篮子信用违约互换中通常存在许多参考主体，不同的一篮子信用违约互换其条款各有不同。附加一篮子信用违约互换约定篮子中每个参考主体都对应着一个违约互换，当此篮子中的任一参照主体发生违约事件的时候，信用违约互换的卖方都将对此信用事件提供补偿支付。因此，附加一篮子信用违约互换等价于单个资产信用违约互换的投资组合。首次信用违约互换仅仅对一篮子信用违约互换中的首个违约提供补偿。此后，该互换不产生进一步的支付，从而保障作用将不复存在。第二次信用违约互换仅对一篮子信用违约互换中的第二次违约提供补偿。以此类推，第k次信用违约互换仅对一篮子信用违约互换中的第k次违约提供补偿。

二、总收益互换

总收益互换是指投资者将自己所投资的一种资产的所有收益（包括利息收入以及在互换期限内资产的盈亏）调换成另一种资产的、较稳定的总收益的交易方式。在此交易中，互换的出售者将基础资产的全部收入支付给互换的购买者，而互换的购买者则支付给出售方以LIBOR为基础加减一定的息差的收益率。可见，互换的出售方是风险的出售方，互换的购买方是风险的购买方。

例如，某个3年期且名义本金为1 000万美元的总收益互换协议约定将息票率为5%的息票债券的总收益与LIBOR加上20个基点进行交换，如图10.2所示。如果在3年内，债券都没有发生违约，则共发生两种收益互换：第一，在每年息票支付日，总收益互换的支付方将把从投资1 000万美元的债券获得的息票利息支付给总收益互换的接收方，而总收益互换的接收方支付基于1 000万美元本金以LIBOR加上20个基点为利率支付的利息。与普通利率互换一样，LIBOR利率是在上一个息票日确定的。第二，在互换有效期结束时，总收益互换的双方将针对债券价值的变化再发生一次支付。例如，在互换有效期结束时，如果债券的价值增长10%，则总收益互换的支付方将需要在3年期末支付100万美元（1 000万美元的10%）给总收益互换的接受方。类似地，如果债券的价值下降13%，则总收益互换的接收方需要在3年期末支付130万美元（1 000万美元的13%）给总收益互换的支付方。而如果在总收益互换期限内，债券违约了，则总收益互换的接收方将支付一笔款项给互换的支付方，该支付等于债券面值1 000万美元和债券的市场价值之间的差值，并且互换终止。

```
                    债券总收益
        ┌─────────┐  ────────→  ┌─────────┐
        │总收益支付方│              │总收益接收方│
        └─────────┘  ←────────  └─────────┘
                  LIBOR+20个基点
```

图10.2 总收益互换

可见，总收益互换与一般的互换和信用违约互换有很大的不同。第一，与一般互换相比，总收益互换交易双方除了要交换在互换期内的所有现金流外，在基础资产（如贷款）到期或出现违约时，还要结算基础资产的价差，计算公式事先在签约时确定。也就是说，如果到期时，贷款或债券的市场价格出现升值，风险出售方将向风险购买者支付价差；反之，如果出现贬值，则由风险购买者向风险出售方支付价差。第二，与信用违约互换相比，总收益互换所要转移的不仅有信用风险，而且还有因市场价格的不确定变动而发生的市场风险。

总收益互换常常用于融资工具。例如，某企业希望能够从银行融资1 000万美元投资到某个参考债券上，而如果银行贷款给该企业，可能担心对该企业的贷款会成为不良贷款，造成重大损失。那么，为了获得该业务的收益，并降低银行的风险暴露，则银行可以进行以下操作：银行投资1 000万美元买下该参考债券，并作为总收益支付方，与该企业（作为总收益接受方）进行总收益互换，其互换结构如图10.2所示。这就相当于使得该企业可以按照LIBOR加上20个基点的利率借钱去购买该债券，获得相同头寸的债券。与其借资金给企业购买债券相比，银行在互换整个有效期内保持债券的所有权，将较少地暴露于企业的违约风险。而且总收益互换的有效期通常大大短于基础资产的有效期，如投资者可以购买一份15年期贷款的2年期的总收益互换。因此，通过这种方式，投资者只需筹措2年期的资金，就可以获得这份15年期贷款的当期全部收益；而银行也无须发生实际的贷款，就可以有效地获得贷款收益。

但是，与信用违约互换类似，总收益互换并不能消除所有的信用风险，互换的出售方可能会面临互换的购买方的违约风险。例如，银行A和银行B达成如图10.2所示的总收益互换，当标的资产价格下跌时，B银行不仅要向A银行支付LIBOR + 20个基点，而且还必须支付因标的资产跌价而产生的资本损失，这可能会使得标的资产跌价造成的损失超过利息等收益，此时B银行收到的总收益实际上是一个负数。在该情况下，B银行就很可能违约，而如果B银行违约，则A银行本来所面临的信用风险和市场风险就不能得到转移，此时由这些风险所造成的损失仍然由A银行自己承担。因此，投资者要通过总收益互换转移信用风险和市场风险，必须以交易对手切实履行承诺的支付义务为条件。在实际操作中，总收益支付方必须准确地估计违约的概率，从而计算出互换后的净信用风险，然后要求相对高的利差，以补偿其承担的总收益购买方可能违约的风险。因此，利差取决于总收益接收方的信誉、债券发行方的信誉以及总收益接收方和债券发行方两者之间违约的相关性。

然而在实际操作时,对于总收益的出售方而言,要准确地估计违约概率事实上是很困难的。同时,出售方还要对交易对手进行考察,有时交易对手可能不止一个,要对每一个交易对手加以考察也是不现实的。因此,在总收益互换产生后,该产品的交易不是很活跃,成交量自然也就不大。

三、信用期权与信用价差期权

期权类的信用衍生产品主要有两种:一种是以债券或票据的价格作为协定价格的期权,称为信用期权;另一种则是以信用价差作为协定价格的期权,称为信用价差期权。

(一)信用期权

信用期权之所以归为信用衍生产品,是因为其基础资产是信用敏感性资产,比如高收益率债券和新兴市场政府证券,信用期权的持有者有权利按照约定价格买入或卖出标的资产。因此,信用期权给予期权持有者一个规避信用风险的保障。与一般期权一样,信用期权也分为看涨期权与看跌期权两个类别。信用看涨期权的购买者可以在特定时间,以特定价格买进作为标的物的信用敏感性资产;而信用看跌期权则赋予期权购买者在特定时间,以特定价格卖出作为标的物的信用敏感性资产的权利。当标的资产的信用风险增加时,标的资产的价格会下降,信用看跌期权的持有者可以通过执行该期权来转移标的资产的信用风险;当标的资产的信用风险下降时,标的资产的价格会上升,信用看涨期权的持有者可以通过执行该期权来获取收益。因此,通过信用期权,投资者可以将自己面临的信用风险转移给交易对手。与一般期权类似,信用期权既可以用于套期保值,也可以用于套利,并且持有者可以是债券投资者,也可以是银行等金融机构。

(二)信用价差期权

信用价差期权是一种以信用价差,即信用敏感性债券与无信用风险债券(如美国国库券)收益率间的利差作为标的物,并以某一特定水平的价差作为协定价格的期权,是目前最为复杂的信用衍生产品之一。

当利率风险发生变化时,会影响所有的市场利率同方向变动,信用敏感性债券与无信用风险债券的收益率也同向变动。此时,信用敏感性债券收益率与无信用风险债券收益率之间的利差变动必定是由于信用敏感性债券的信用风险预期的变化导致的(表现为其信用等级的变化)。该利差的变动只体现信用风险变动,与利率风险变动无关。因此,信用价差期权的购买者通过支付一定的期权费就可以锁定标的资产与某一基准资产(政府债券或LIBOR)之间的信用价差,从而可以有效规避由于信用价差波动或评级变化所导致的风险。

与一般期权一样,信用价差期权也分为看涨期权和看跌期权。信用价差看涨期权的购买者有权以事先约定的信用价差购买资产,从而可以对冲由于信用价差变窄而导致的基础资产的价值损失。信用价差看跌期权的购买者有权以事先约定的信用价差出售资产,从而可以对冲由于信用价差变宽而导致的基础资产的价值损失。

对于看涨期权来说，当实际的价差超过期权合约所规定的价差（即协定价格）时，期权购买者即可执行其持有的期权，以获取利润。例如，某投资者预期某特定的信用价差将在未来6个月内扩大，他可买进6个月期的以该价差为标的物的看涨期权。在6个月后，如果该价差扩大，并高于协定价差，则该期权就有利可图，投资者执行该期权即可获利；而如果价差没有扩大，则投资者只损失其支付的期权费。

四、资产担保债券和债务抵押债券

（一）资产担保债券

资产担保债券（Asset-Backed Security，ABS）是由贷款组合、证券、信用卡应收款、住房抵押贷款、汽车贷款、飞机租赁以及其他金融资产所派生出的债券产品。例如，某银行持有金额为1 000万美元的个人住房按揭贷款，为了降低银行所承担的信用风险，银行可以作为资产证券化的发起人，将该资产卖给一个专门从事资产证券化业务的特殊目的机构（Special Purpose Vehicle，SPV）。SPV以资产支撑发行证券作为资产证券化交易过程的中心环节，由其进行一定的结构安排、分离和重组，通过资产的信用增级，并以此为支撑，发行可自由流通的证券，SPV将证券销售收入支付给资产证券化的发起人，作为受让资产的对价，以资产产生的现金流偿付投资者。SPV作为购买或承受发起人的资产并以此为基础设计、发行资产担保证券的机构，是资产信用的承载实体，对资产证券化能否获得成功具有决定性作用。

一般来说，信用风险常常被分配到不同的份额之中。如图10.3所示，一个基于总面值为100万美元的资产组合的资产担保债券，期限为5年，该资产担保债券被分为3个份额。第一个份额被称为股权份额（Equity Tranche），其面值占总面值的5%，其承诺的收益率为30%；第二个份额为中间份额（Mezzanine Tranche），其面值占总面值的20%，其承诺的收益率为10%；第三个份额称为高级份额（Senior Tranche），其面值占总面值的75%，收益率为6%。资产组合收到的现金流按照由最高级到最低级被分配到不同的份额中。资产组合收到资金流首先用于支付第三份额承诺的收益率6%；在满足第三份额收益的前提下，资产组合收到的资金流将被最大限度地用于支付第二份额承

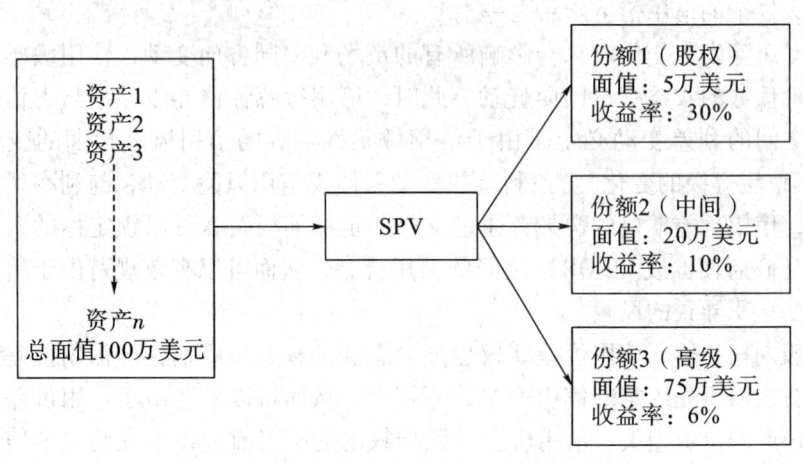

图10.3　资产担保债券

诺的收益率10%；剩余的资产组合收到的资金流用于支付第一份额承诺的收益率30%。当资产组合出现违约时，第一份额将首先受到影响，该份额的收益将低于承诺的收益率30%，而且可能会出现损失本金的情况。当违约损失大到一定程度时，第二份额将受到影响；当违约损失非常大时，第三份也得不到承诺的收益。

（二）债务抵押债券

债务抵押债券（Collateralized Debt Obligation，CDO）是一种非常流行的资产担保证券。与一般的ABS不同的是，CDO的抵押资产是企业和国家发行的债券。CDO的构造与图10.3相似，CDO的发行者首先要取得证券组合，然后将证券组合卖给SPV，SPV随后将证券的收入分为一系列不同的份额。债券组合的收入首先用于支付最高级的份额，然后再用于次高级的份额与股权份额。

五、信用关联票据

信用关联票据（Credit-Linked Note，CLN）是普通的固定收益证券与信用违约互换相结合的信用衍生产品，是由某金融机构或公司直接发行的附息证券，利息和本金的支付则取决于基础信用资产的信用状况。如果基础信用资产未发生违约事件，则投资者可定期收到高额利息，并在到期时以面值收回本金。但是，如果基础信用资产发生违约事件，则投资者可能收不到利息，甚至连本金也不能完全收回。

信用关联票据的发行者在发行这种附息证券的同时，必须做以该基础信用资产为标的资产的信用违约互换的空头方。如果基础信用资产未发生违约事件，则信用关联票据的发行者可以从信用违约互换的购买方获得定期支付，从而可以对信用关联票据的购买者支付高额利息。如果基础信用资产发生违约事件，则信用关联票据的发行者一方面需要对信用违约互换的购买方支付或有支付；另一方面，他对信用关联票据的投资者支付的金额为面值减去或有交付。显然，这一支付的金额实际上是由投资者承担的，如图10.4所示。

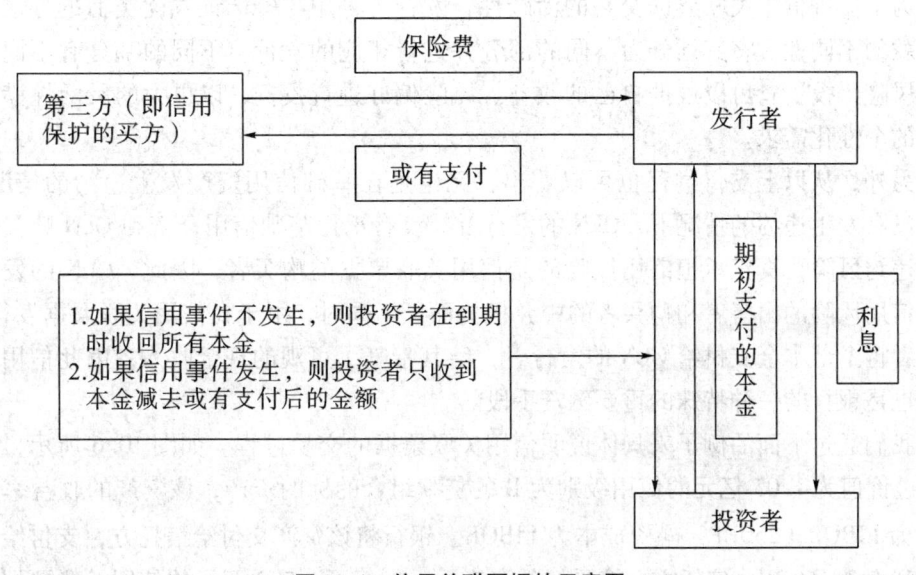

图10.4 信用关联票据的示意图

衍生金融工具

在实践中，信用关联票据一般是由基础信用资产的所有人委托信托方发行的附息证券，该证券的利率为 LIBOR + NBP，由信托方支付给信用关联票据的投资者；同时，基础信用资产的所有人需要向信托方按面值支付利息，其利率也是 LIBOR + NBP。另外，信托方卖出信用违约互换合约，可以获取 XBP 的额外收益。通过这样的方式，信用关联票据的投资者可以获得的总收益从 LIBOR + NBP 提高到 LIBOR + NBP + XBP，而其要承担的信用风险是在违约发生时部分或全部本金的损失。可见，信用关联票据并非单独的衍生产品，而是一种和某种信用风险相结合的附息债券，其目标是一般投资者通过承担一些额外的信用风险来提高其投资收益率，如图 10.5 所示。

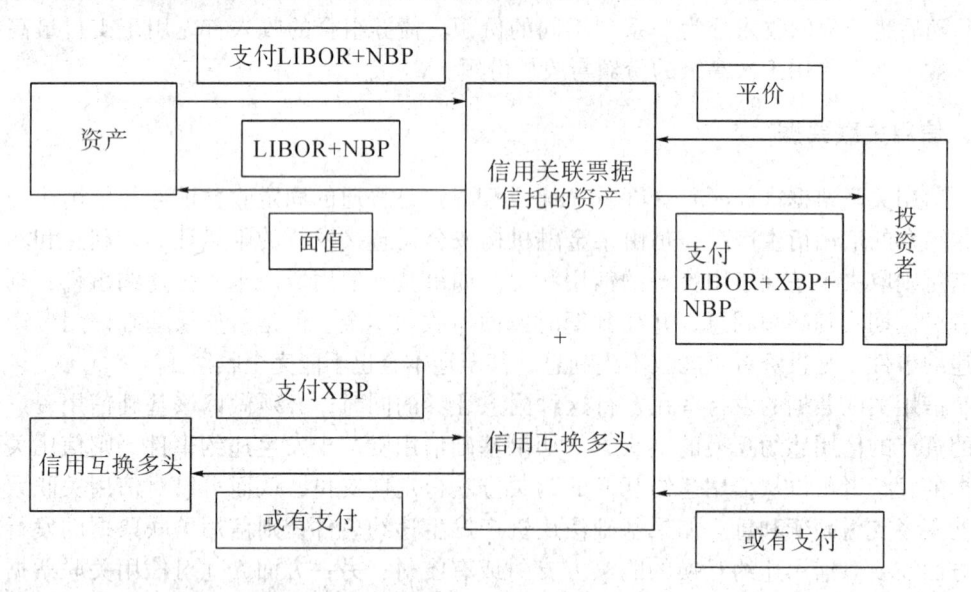

图 10.5 信托方发行的信用关联票据

为了促进信用关联票据交易的活跃性，发行者采用与资产证券化类似的办法，按照贷款的不同性质将其划分为不同的部分并进行相应的发行，不同的部分有不同的收益和风险，投资者可以根据自己的收益、风险偏好进行投资，以更大的灵活性满足投资者的个性化需求。

另外，从以上支付过程也可以看出，无论是在基础信用资产发生违约的情况下，还是没有发生违约的情况下，CLN 的发行者都没有承担基础信用资产和 CLN 购买者的信用违约风险，真正承担信用风险的是信用关联票据的购买者，因此，CLN 的发行者只是信用风险的出售者和购买者的中介机构而已。同时，由于在信用关联票据发行时，投资者将全部本金支付给 CLN 的发行者，给其带来了可观的现金收入，因此信用关联票据也是银行的一种特殊的重要融资手段。

我们通过下面的例子来具体说明信用关联票据的交易过程。如图 10.6 所示，银行 A 买进价值为 1.05 亿元的信用级别为 B 的贷款组合的标的资产，该资产的收益率（利率）为 LIBOR + 250BP，融资成本为 LIBOR。银行将该资产交付给信托方，支付给信托方的利率为 150BP。信托方在接受标的资产后，发行了 1 500 万元的信用关联票据；同时,用出售所得的1 500万元的资金投资于收益率为6.5%的国债。在这个例子中,投资者持有1 500万元的信用关联票据,其可获得的收益有:第一,1 500万元国债质押的收益6.5%;第二,银行对面值1.05亿元按150BP所支付的收益。由于投资者的投资为1 500万元(0.15亿元),因此其实际收益率为6.5% +(1.05/0.15)×150BP = 17%。如果借款方发生违约,投资者会蒙受损失,但其最大损失为其初始投资额1 500万元。如果贷款组合价值的损失超过1 500万元,银行将自行承担超出1 500万元的损失。对于银行来说,其从贷款组合中所获的收益为贷款面值的100BP,这包括从信托方获取的LIBOR +250BP,减去融资成本LIBOR,再减去支付给信托方的150BP。而银行所承担的风险只是超出1 500万元的部分。

从这个例子可以看出,银行利用信用关联票据,将贷款组合最终转移给了投资者,同时也将部分的信用风险转移给了投资者;而投资者利用信用关联票据提高了收益率,但也需要承担较高的信用违约风险。

另外,虽然CLN具有较高的收益,但由于CLN的购买者往往要同时承担基础资产的违约风险以及CLN发行者的信用风险。因此,CLN的购买者需要承担较大的风险,这极大地降低了保守投资者的兴趣。于是,投资银行家们又开发出了包含多个基础资产的一篮子信用关联票据。这种票据使得即便单个违约事件发生,也不会导致投资者完全失掉本金,因此吸引了不少较为保守的投资者。

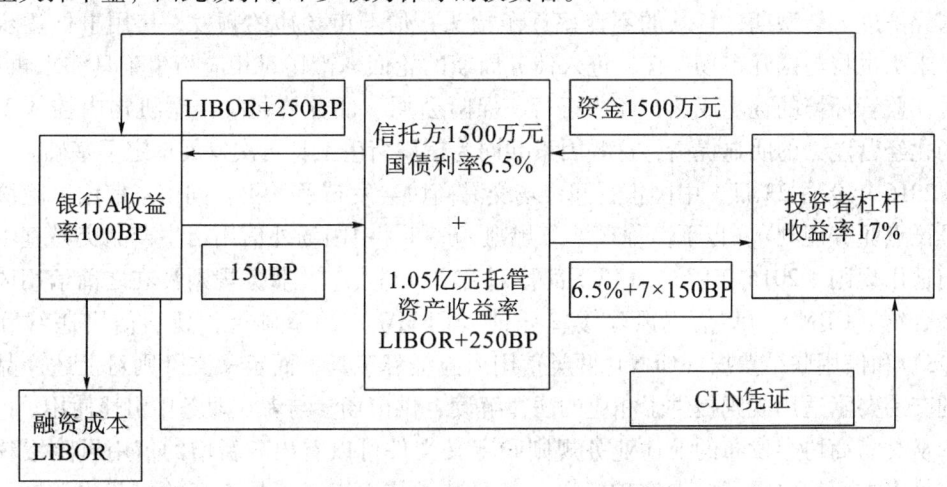

图10.6 信用关联票据的例子

第四节 我国信用衍生工具的发展

伴随着我国经济的腾飞,我国金融市场近年来也取得了较快的发展。截至2015年年底,中国金融业总资产(国泰君安证券的统计口径)达290.9万亿元,银行业总资产占比66.8%,余额为194.2万亿元,其中贷款余额94万亿元。中国债券市场余额48.5万亿元,股票市场余额53.1万亿元,占国内生产总值的比例分别为71.6%和

78.4%。可以看出，我国金融市场的市场参与者构成和市场规模体系已进入较为成熟的阶段，具备较大的存量。适度发展衍生工具市场、增加管理市场风险和信用风险的有效手段，对提高金融体系服务实体经济的能力具有重大的意义和价值。

2010年，我国首次推出信用衍生工具，即银行间市场交易商协会发布的信用风险缓释合约（Credit Risk Mitigation Agreement，CRMA）和信用风险缓释凭证（Credit Risk Mitigation Warrant，CRMW）两类产品。CRMA选用了较为直接的产品结构，即针对单一债务提供保护。CRMW是由独立于参考实体以外的第三方创设的，为凭证持有人就参考债务提供信用风险保护，是可在银行间市场交易流通的有价凭证。这对信用衍生工具在我国的应用做出了有意义的探索，对市场起到了重大的启蒙作用。遗憾的是，由于我国金融市场所处的历史发展阶段和产品特点等原因，信用衍生工具的需求较弱，市场发展实际上进入了停滞期。

信用风险缓释工具（CRM）推出后市场反应平淡，主要原因是债务资本市场存在的结构性问题。我国过去30多年来一直处于加速发展阶段，经济快速增长淡化了债务周期的影响。自2003年银行大规模处置不良贷款后，我国债务资本市场稳步发展，但也产生了所谓的"刚性兑付"和"政府隐性担保"的现象。在这样的背景下，对冲信用风险不是市场参与者的迫切考虑，信用违约互换的部分功能没有实际需求。然而，根据国际市场的历史经验，违约概率随经济环境的变化呈现明显的周期性特点，随着我国经济进入转型期，贷款的不良率逐步抬头，债券市场违约频发，信用事件逐步增多，未来也将与国际市场一样，进入债务周期的轮回。市场对相应衍生工具需求再起。同时，监管环境的逐步成熟，商业银行、保险公司、证券公司等金融机构内控体系和市场化经营能力的明显提高，这些因素共同为信用衍生工具再次发展奠定了基础。

2016年9月23日，中国银行间市场交易商协会发布了《银行间市场信用风险缓释工具试点业务规则》（以下简称《业务规则》）和《中国场外信用衍生产品交易基本术语与适用规则（2016年版）》（以下简称《定义文件》）。《业务规则》在之前信用风险缓释合约（CRMA）和信用风险缓释凭证（CRMW）的基础上，新增信用违约互换（CDS）和信用联结票据（CLN）两类信用风险缓释工具，而定义文件则对上述产品具体的交易要素适用规则提供了相应的法律解读，供市场参与者在业务中引述使用。

从交易商协会发布的上述业务规则和定义文件可以看出，新增的信用风险缓释工具在许多方面均取得了较大突破，进一步促进了信用衍生工具市场的规范化发展。在整体的产品设计方面，中国版CDS合约保护范围将由债务种类、债务特征和参考债务框出，理论上基本可以覆盖参考实体的主要债务，有助于更加充分地管理和对冲信用风险。同时，该版CDS也基本符合资本办法对合格信用衍生工具的认定，为金融机构使用信用衍生工具管理信用风险提供了初步的合规基础。在交易要素方面，中国版CDS在术语定义等方面基本与国际接轨，同时相关部门也在推进CDS合约进一步标准化的工作，在到期日、标准票息、倒推日、合约期限等要素可能会有一定的标准化设计，这将有助于提升信用衍生工具市场的流动性，为后续压缩交易的安排打下基础。在风险管理方面，中国版CDS的配套管理制度对市场参与者的适当性进行了明确约定，同时对杠杆比例提出具体要求，这将有助于信用衍生工具市场在风险可控的前提下稳健发展，更好地服务实体经济。

本章小结

1. 自 20 世纪 90 年代以来，在全球经济、政治、技术快速变化的背景下，信用也以指数形式增长着。但随着信用的迅速发展，各种信用风险也日益显现出来，越来越引起人们的注意。这一切已经影响到了社会的正常经济秩序，引起了企业对信用风险的关注和信用风险管理方法的研究。

2. 信用衍生产品的出现提供了新的信用风险管理办法，使信用风险独立于其他风险，可以单独交易，促进信用风险市场定价的形成，并且成为分散和转移信用风险的重要工具；为一些投资者提供了进入新兴市场和贷款市场的便捷渠道，还可以大大提高银行资本的报酬率，但也存在着一些深层次矛盾和发展的隐忧。

3. 市场上交易频繁的信用衍生品主要有信用违约互换、总收益互换、信用价差期权、资产抵押债券和信用联系票据。信用违约互换是最典型的信用衍生产品。通过信用违约互换，信用保护的买方支付一定的费用后，就可将自己面临的信用风险转移给信用保护的卖方。总收益互换虽然也可作为转移信用风险的工具，但其本身的信用风险较大，因而在产生后，其交易不是很活跃。信用期权与信用价差期权的价值取决于信用价差的波动性。信用关联票据的价值主要取决于约定的参考资产的信用状况，在一定程度上可解决总收益互换中的违约问题。

思考与练习题

1. 信用风险管理方式有哪些？
2. 信用事件主要有哪些？
3. 解释为什么一个总收益互换可以作为一种融资工具。
4. 某家公司进入某个总收益互换合约，在合约中这家公司的收入为某企业债券券息（5%），而同时需要付出的利率为 LIBOR，解释这一合约和一个固定利率为 5% 以及浮动利率为 LIBOR 的一般利率互换的区别。
5. 解释资产担保债券、债务抵押债券与信用关联票据之间的区别。
6. 什么是信用违约互换？
7. 信用违约互换的基本机制是怎样的？
8. 我国发展信用衍生产品的现状与问题是什么？
9. 有人认为美国次贷危机的起因是信用衍生产品的过度发展，请阐述你的观点。

第十一章 混合证券

内容提要：混合证券是最近30年来金融创新发展的典型代表，本章我们将从基本证券和混合证券的区别、混合证券发展历程及兴起原因的角度阐述混合证券的基本概念，然后将混合证券分为附加远期及互换合约的混合证券、附加期权的混合证券和跨市场证券三个大类分别进行介绍，尤其对附加期权的混合证券定价原理进行了重点讲解，最后说明如何利用不同市场上的各类金融衍生品，将普通公司债券改造成为各种个性十足的混合证券。

"混合证券"概念的提出，是相对"基本证券"而言的。作为一类新型投资工具，混合证券种类繁多，设计充满个性化，能够满足不同投资者多样化的投资需求。

第一节 混合证券概述

一、基本证券与混合证券

基本证券是指该类证券的投资收益仅取决于单一的市场因素。例如，普通公司债券就是一种基本证券，如果以面值购买并将其持有到期，则投资收益就是债券的票面利率。与此类似，期货合约也是基本证券，履约时，其投资收益取决于约定价格和市场价格的差价。而期权合约的情况与期货合约类似，故也可视为基本证券。对投资者而言，基本证券的风险容易预见和控制，也往往存在比较活跃的二级市场，能够提供着必要的流动性。对金融机构而言，基本证券的设计比较简单，一般都有现成的操作规范，是金融机构传统的业务领域和收入来源。

混合证券是指涉及两个或两个以上市场的证券。也就是说，混合证券是融合了两种或多种融资特点的"融资工具组合体"。从理论上讲，任意两类或两类以上市场的基本证券都可以相互整合，以形成新的混合证券；从实践上来看，混合证券主要是应用于债券市场、汇率市场、股票市场和商品市场上，表现为以上几大市场的基本证券的组合体。另外，由于每一个基本市场又可以细分，比如债券市场有以美元、日元、欧元等标价的债券，而商品市场有以黄金、铜、小麦等商品为标的，因此同一个基本市场内的两个小市场的组合也能够产生混合证券。

如何精确地定义混合证券，并不是一个非常重要的问题，相对而言，混合证券是如何从基本证券发展而来的过程更为重要。此外，理解混合证券在市场上扮演的角色也非常重要。混合证券产生的原因是什么？混合证券是如何构建起来的？混合证券的产生与应用来源于投资者或发行者哪方面的需求？本章对这些问题将进行一个较系统的介绍。

二、混合证券的发展

混合证券的发展可以划分为两个阶段。第一阶段是混合证券发展的早期阶段，时间为 19 世纪 40 年代至 20 世纪 30 年代。第二阶段是混合证券的兴盛阶段，这一阶段从 20 世纪 70 年代一直延续至今。

（一）早期的混合证券

早期的混合证券很多是与商品市场相联系，条款设计也往往比较简单。早在 19 世纪 40 年代，美国的艾瑞铁路（Erie Railroad）公司就发行了可转换债券。1863 年，美国南部联盟有些州发行的可转换债券甚至规定，债券持有者可以在一定条件下把债券转换为棉花。1911 年，美国光电公司（American Light & Power）发行了最早的附加认股权的债券。20 世纪 30 年代的金融危机之后，由于美国政府加强了金融监管，混合证券和其他一些金融业务都受到了限制，直到 1977 年荷尔蒙斯修正案（Helms Amendment）通过后才有所改观。

（二）1970 年以来的混合证券

1971 年布雷顿森林体系瓦解之后，利率、汇率和商品市场的波动性都显著地增大了，这给混合证券的发展带来了前所未有的机遇，也促成了新一轮混合证券潮的兴起。表 11.1 列出了在布雷顿森林体系瓦解后，一些有着里程碑意义的混合证券的发展序列。

表 11.1　　　　　　　　　　　混合证券的发展

年份	混合证券
1973	石油债券
1976	可售回债券
1979	可交换浮动利率债券
1980	白银指数债券
1981	以纽约证券交易所交易量为指数的债券
1982	利率可调整的可转换债券、可展期债券
1984	双重货币债券
1985	指数货币期权债券、流动收益率期权债券
1986	S&P500 指数债券、石油指数债券、附带黄金认股权证的债券、日经指数债券、反转浮动利率债券
1987	纽约证券交易所指数债券、附带外汇认股权证的债券、反转本金汇率联系证券、本金汇率联系证券
1988	铜利率指数债券、信用评级敏感性债券、通货膨胀指数债券
1991	反转石油利率指数直接转销、商品指数债券、以 S&P 500 药品指数为指数的债券
1999	清华同方与鲁颖电子采用股权交换的方式正式合并
2006	兴业银行混合资本债券
2013	中化集团成功完成海外首笔 6 亿美元永续混合债券发行

表 11.1 所列的混合证券是在复杂多变的宏观经济背景下，基于企业实际的经营情况，由金融工程师们创造出来的。它们满足了企业种种个性化需求，降低了企业的融资成本，改善了企业的风险状况，并彻底改变了人们对现代金融的理解。其后很多混合债券的发展也是在这些基础上不断演进，创造出更多条款以及更多特性的混合债券。

近年来，投资银行都在争相开发混合证券。自从信用评级机构穆迪（Moody）改变了对混合型证券的评级方式后，混合证券业务在欧洲和美国更是进入了加速发展阶段。有分析人士预言，新一代的混合证券必将实现爆炸性的增长，并成为投资银行一个潜在的获利来源（该市场的收费水平较目前传统债券发行高出一倍多）。美林（Merrill Lynch）证券更是大胆地预测，新型混合型证券将能够长久流行，而市场规模将能够很快与垃圾债券市场相匹敌。目前各大投资银行正争相在这个有利可图的市场确立领导地位。

三、混合证券兴起的原因

混合证券兴起的原因体现在以下几个方面：混合证券能降低投资者和发行者的成本；混合证券能合理避税；混合证券能使公司财务处于稳健状态；混合证券能缓和债权人与股东的利益冲突。

（一）降低成本

成本的降低体现在两方面：一是混合证券发行者筹资成本的降低，二是混合证券投资者交易成本的降低。

投资者在购买混合证券时，相当于在持有普通证券之外，还获得了一个投资机会。比如说，双重货币债券的投资者除了能获得普通债券的收益外，还间接持有一笔外汇期权。理论上说，预期额外收益的获得应该付出一定的费用，而这笔费用体现在混合证券的筹资成本上，就表现为比普通债券的筹资成本（债券票面利率）更低。此外，混合证券使原本分散的交易对手集中起来，也使得交易方式变得更加简单，进而节约成本——原本需要几个交易对手或几个交易市场的证券，现在只需通过一笔交易就能完成。例如，投资于双重货币债券的投资者，就不必另外去做一笔投资本金的套期保值交易。

另外，混合证券的期限都比较长，有的甚至长达 30 年，因此这些混合证券上附加的期货、期权等交易合约相应也具有较长的期限；但传统的期货、期权合约一般都没有这么长的持续期。因此，混合证券上附加的期货、期权等交易合约，使投资者不必在持有期内频繁地进行套期保值，也不必另行寻找长期限的交易对手，从而也可以节约交易成本。

（二）合理避税

合理避税是推进混合证券发展的另一个重要动因，可调整利率的可转换债券就是典型的例子。根据美国税法的规定，零息债券可以看做一种推迟支付利息的债券，而这部分推迟支付的利息费用可以提前到当期来抵扣公司的应税收入。这项规定使利用可调整利率的可转换债券的筹资者获得了财务上的好处。

（三）保持财务稳健

保持稳健的财务状况不仅有利于降低筹资成本等财务费用，也与企业日常生产经营状况密切相关。一些产品市场价格波动不易预测的企业，如石油企业，则可以发行基于石油指数的混合证券来融资，以抵消产品价格变动的影响。由于债券涉及的商品多为企业的经营资产，而企业的经营状况与债券的偿付状况互补，从而混合证券的发行维持了企业的财务稳健。

（四）缓和债权人与股东的利益冲突

公司债权人和股东之间经常会出现一些利益冲突：一是公司出于反收购的考虑而大量发行债务，而这些债务在偿还等级上可能会优于原有的债务，从而威胁到原债务人的利益；二是公司通过财务杠杆比率提高，投资于风险项目，实现财富由债权人向股东转移，即所谓的财富转移效应；三是当公司状况发生较大波动时，在收入减少的情况下，若仍要支付固定利息的债券，股东利益将无法得到保障。

混合证券可以解决公司债权人和股东之间的这些问题。例如，针对第一个问题，即由于债务过多而使债务人利益受到损失，债务人可以购买具有可售回权利的债券。针对财富转移问题，投资者可购买可转换债券，在出现财富转移现象时，债权人可以选择把债券换成普通股。针对公司效益波动的情况，公司可选择发行指数化证券来消除这方面的不利影响。

四、混合证券的分类

从附加工具种类的角度入手，混合证券可分为附加远期的混合证券、附加互换的混合证券、附加期权的混合证券。通过附加一种或多种金融衍生品，普通债券或普通股就被改造成了混合证券。

从涉及市场种类的角度入手，基本的市场种类有商品市场、货币市场、外汇市场和权益市场；而混合证券往往同时涉及两个或两个以上的市场，其中跨市场（即涉及两个市场）的混合证券最为常见。

第二节　附加远期或互换合约的混合证券

一、附加远期合约的混合证券

这类证券的特点是在普通债券的基础上附加一份远期合约，也就是说，投资者除了投资普通债券外，还投资了与普通股相关的远期交易。典型的有石油债券和双重货币债券。

（一）石油债券

石油债券首先由墨西哥国家石油公司（PEMEX）于1973年发行，债券票面利率固定，而其本金的偿还与原油价格挂钩。若到期日原油价格低于发行日价格，投资者收回本金就相应地扣除这部分差价；反之，若到期日原油价格高于发行日价格，投资者除收回票面本金外，还可获得相应的差价；若两个时期油价持平，投资者就收回原先投入的本金部分。

可以看出，石油债券涉及货币市场和商品市场两个单一市场，这里的子市场为美元债券市场和石油市场，通过远期交易方式联系起来。若把其中的子市场加以调换，则可以组成同一类型的其他混合证券，如黄金债券、小麦债券等。

（二）双重货币债券

该类债券涉及货币和外汇两个市场，通过在普通债券的基础上附加一份外汇远期合约，利息和本金就将分别用两种不同的货币支付，以避免对外投资的汇率风险。

1985年9月，菲利浦公司发行了一种债券，投资者以瑞士法郎购买总额为12 300万瑞士法郎的8年期债券，1993年到期时公司以美元偿还本金，总额为5 781万美元，而利息以瑞士法郎按年度支付，利息率为7.25%。

这种双重货币债券，实际上约定了到期日的还款汇率为1美元＝2.145 0瑞士法郎。通过所约定的远期汇率，投资者避免了到期日美元贬值的本金风险。反之，若到期日美元升值，高于还款汇率，投资者还可从中获利。对发行者而言，因为双重货币债券给予投资者在普通债券之外进行远期外汇投资的机会，所以发行成本可能会降低。

双重货币债券有如下两种形式：PERLS 和 Reverse PERLS。

（1）PERLS。这种债券的本金与汇率相联系。债券的利息部分以外币支付，本金部分以本币偿还。当然，本外币是相对债券发行者而言的。PERLS的期限一般较长，实际上是在普通债券的基础上，附加了一份长期的外汇远期合约，因此筹资成本可能得到降低。比如说，1987年，西屋电气发行了一笔PERIS，其利息部分以新西兰元支付，到期向投资者支付一笔价值为7 013万新西兰元的美元本金。

（2）Reverse PERLS。这种债券与PERLS相反，利息部分以本币支付，本金部分以外币支付。比如说，1987年12月，福特公司通过摩根士丹利成功发行了一笔双重货币债券，总额达1亿美元，票面利率为11%，利息以美元支付，债券于1992年5月到期，本金以日元偿还。

二、附加互换合约的混合证券

这类混合证券的特点是在普通证券的基础上附加一份互换合约，其中典型的有反向浮动利率票据以及可调整利率的可转换债券等。

（一）反向浮动利率票据

在反向浮动利率票据中，浮动利率票据的本金与互换交易的本金数额之比为1∶2。假设浮动利率票据本金部分为P，各期支付利息为R_i。互换的名义本金为$2P$，为固定利率与浮动利率之间的互换，固定利息各期支出为$2\bar{R}_i$，浮动利息收入为$2R_i$，则整个反向浮动利率票据每期的净利息支出为$2\bar{R}_i - R_i$。可见当市场利息率上升时，混合票据的利息支出会下降，反之会增多。因此，反向浮动利率票据也被称为收益率曲线票据。

如果浮动票据的本金部分与互换交易的名义本金部分相等，在上例中，混合票据每期的净利息支出则变为 $\bar{R}_i$。这样，通过对浮动票据与互换交易的组合，最终形成的是一张固定利率的混合票据。

（二）可调整利率的可转换债券

可转换债券本身就是一种混合证券，在这里视为一种较高层次的基本证券。可调整利率的可转换债券是由普通可转换债券附加一笔利率互换合约组成的。假设可转换债券的本金部分为 P，每期支付固定利息，互换交易的名义本金也是 P，为固定利率与浮动利率之间的互换，该浮动利率可能是市场利率，也可能是参照发行企业当期股息率而制定的利息率，而组合的结果是形成浮动利息的可转换债券。

第三节 附加期权合约的混合证券

附加期权合约混合证券的特点是这种金融工具中除了包含债券或权益类证券的基本特征外，还含有一个或多个期权性条款。常见的附加期权合约混合证券主要有可转换证券、可赎回证券、可转换可赎回证券、可回售证券、利息指数化混合债券、本金指数化混合债券以及附加特别期权的混合证券等。

一、可转换证券

从广义上来说，可转换证券是这样一种证券，其持有人有权将该证券转换成另一种证券，如期权、认股权证等都可以称为可转换证券。从狭义上来看，可转换证券主要指可转换公司债券和可转换优先股。本节讨论的可转换证券属于狭义的可转换证券。

可转换公司债券是一种公司债券，它赋予持有人在发债后一定时间内，可依据持有人的自由意志，选择是否依约定的条件将持有的债券转换为发行公司的股票或者另外一家公司股票的权利。因此，可转换证券是在普通债券的基础上附加一个股票期权构成的。可转换公司债券的持有人可以选择持有债券一直到期，并要求公司还本付息；也可以选择在约定的时间内将债券转换成股票，享受股利分配或资本增值。

可转换优先股虽然与可转换公司债券一样可以转换成普通股股票，但可转换优先股是股票，固定所得不是债息，而是股票红利；可转换优先股的价格也随着公司权益价值的增加而增加，随着红利的派现而下跌；可转换优先股破产时对企业财产的求偿次序排在普通债权人之后。

因此，可转换优先股与可转换公司债券之间存在着一定差异，但由于可转换优先股具有很强的债券性质，因此以下的讨论主要针对可转换公司债券进行分析。

可转换债券具备普通公司债券的一般特征，它需要定期支付利息并偿还本金，有票面面值、票面利率、价格、偿还期限等要素。此外，可转换债券还有以下一些典型特征：

第一，可转换债券具有债务和股权两种性质，两者密不可分。一般来说，可转换债券都可以转换成公司的普通股,因而可转换债券具有转换前属债券、转换后属股票的二阶段特征。对投资者来说,转换前为债权人,获得利息收益;转换后为股东,获得红利或资本收益。对发行人来说,转换前属债务,转换后属股权资本。

第二,可转换债券的利息较普通公司债券的利息低。可转换债券的票面利率通常低于一般公司债券的利率,有时甚至低于同期银行存款利率。这是因为债券的投资收益中,除了债券的利息收益外,还附加了股票看涨期权的预期收益。一个设计合理的可转换债券在大多数情况下,其股票看涨期权的预期收益足以弥补债券利息收益的差额。

第三,可转换债券是在一定条件下,可以转换为发行公司股票的特殊债券,转换条款本质上属于一种股票期权,而期权是一种既可用于保值又可用于投资的金融工具。可转换债券持有者既可以获得可转换债券本金和利息的安全承诺,又可以在发行公司股价攀升时,将债券转化为股票,获得股票价差收益的好处。

第四,可转换债券具有较低的信用等级和有限避税权利。可转换债券是一种仅凭发行人的信用而发行的债券,所评定等级一般比公司发行的不可转换公司债券要低。当公司破产时,可转换债券对资产的索赔权一般在其他债券之后,仅优于公司优先股。可转换债券在转换成公司普通股以前,公司所支付的债息可作为固定开支,计入企业成本,避免缴纳企业所得税。

可转换债券的发行对于投资者和发行者都很有吸引力。可转换债券作为兼有债券和股票两种特性的证券投资品种,对稳健的股本投资者具有很大的吸引力。该类债券不但提供了一般债券所能提供的稳定利息收入和本金偿还保证,还提供了股本增值所带来的可能收益,并规避了普通股票投资下跌的风险。

对投资者而言,可转换公司债券包含的选择权,使债券兼具投资和避险的双重功能,投资人处在一种"进可攻、退可守"的有利位置。当股市上涨时,可转换债券的价格也随之上涨,超出投资者购买的成本价时,可以考虑卖出,获取资本利得;而当股市低迷时,可转换债券和发行公司的股票价格双双下跌,卖出可转换债券或将其转换为股票都不合适时,就继续持有并可获得固定的债券利息;当股市由弱转强或发行公司的基本面转好,其股票价格预计会有较大提高时,投资者可选择将债券按照发行公司规定的转换价格转换为股票,以享受较好的红利或公司股价上涨所带来的收益。因此,可转换公司债券吸引了那些既想得到稳定收益,又不希望错过由股票升值带来的收益的投资者。

而对于发行者,发行可转换债券可以实现增资扩股,并可以调节股权债权比,还可以避免股票发行后股本迅速扩张、股权稀释等问题。对于股本比重较大、资产负债率较低的公司而言尤其重要。如果公司增发新股,将会迅速稀释公司的股本,降低每股的盈利,给公司和经营者造成很大的压力。而发行可转换公司债券,由于其属于债务融资,不会稀释公司的股本,只有在转换为公司股份后,才会逐渐地稀释公司的股本;而在转股之前,融资所产生的经营效益也会提高每股盈利的水平,因此减缓了公司股本短期内急剧扩张的压力。发行可转换债券对于公司而言,资金成本也比较低,这是对发行人而言可转换债券的最大优点。

可转换债券还可以低成本地筹资，这主要表现在它的票面利率通常比一般的公司债券的票面利率低。在一些发达资本市场，可转换债券的利率可以比普通债券的利率低 20% 左右，从而较大程度地降低了发行公司的筹资成本。因为可转换债券的投资价值由两部分组成：债券价值和公司股票的买入期权价值，后者是公司股票上涨的潜在价值。由于可转换债券给投资者提供了在未来特定条件下，转换股票并获得资本利得的机会，因此未来的盈利预期补偿了可转换债券低利率的不足。同时，与增发新股、配股相比，可转换公司债券还能使发行公司在同等条件下筹集到更多的低成本资金。在我国，可转换公司债券转股价格的确定，以公司公布募集说明书前 30 个交易日公司股票的平均收盘价格为基础，并上浮一定的幅度，而增发新股、配股则要在此价格基础上给予一定的折扣，因此就同等股本扩张来讲，发行可转换公司债券比直接增发新股，为发行公司筹得了更多的资金。

1843 年，美国艾瑞铁路（Erie Railroad）公司发行了世界上第一张可转换公司债券，但此后 100 多年，可转换公司债券在证券市场中一直处于非常不清晰的地位，并没有得到市场的认同和重视，直到 20 世纪 70 年代，由于美国经济的极度通货膨胀，迫使债券投资人开始寻找新的投资工具，由此可转换公司债券进入人们的视野，并在此后 30 年迅速发展了起来。

在发达的证券市场上，在上市公司发行的企业债券中，可转换债券占据了绝大部分。2000 年在东京债券交易所上市的 1 305 种企业债券中，可转换债券为 1 052 种，占总数的 80.6%；同期在大阪交易所上市的 1 022 种债券中，可转换债券有 833 种，占总数的 81.5%。1996—2003 年，虽然其间出现了以东南亚金融危机为代表的国际金融市场剧烈震荡，但全球转债市场的规模仍稳步提高。据统计，从 1996 年的 4 070 亿美元，增加到 2000 年 4 590 亿美元，2003 年市场规模继续扩大，达到了 6 100 亿美元。

在我国，可转换公司债券正在经历一个逐步壮大的过程。据统计，1998—2001 年，沪、深两市只有 4 家上市公司发行可转换债券，发债总额为 43.5 亿元，可转换债券这种融资工具并没有被公司看好。而可转换债券真正受到上市公司重视，是在 2001 年 4 月中国证监会颁布了《上市公司发行可转换公司债券实施办法》以后，特别是在 2003 年，当年上市公司再融资总额 366.05 亿元中，有 180.6 亿元是通过发行可转换债券实现融资的。而在 2004 年，41 家上市公司 504.8 亿元的再融资中，有 12 家公司通过发行可转债融资，融资额达 209.03 亿元，占全部再融资额的 41.40%。截至 2016 年 5 月初，可转换债券市场规模接近 500 亿元人民币。转债融资比例日渐上升，以至于可转换债券融资总额相当于同期增发和配股的融资总和，成为上市公司再融资的主要工具之一。

例 11.1 "吴江丝绸"发行的"丝绸转债"。

吴江丝绸股份公司于 1998 年发行 200 万张、每张面值为 100 元的可转换债券，总发行规模为 2 亿元人民币，期限 5 年，从 1998 年 8 月 28 日起到 2003 年 8 月 27 日止。"吴江丝绸" 1.05 亿人民币普通股票于 2000 年 5 月 29 日在深交所挂牌上市。

根据《可转换公司债券管理暂行办法》《深圳证券交易所可转换公司债券上市规则》的有关规定和《吴江丝绸股份有限公司可转换公司债券募集说明书》的有关条款，

该公司于 1998 年 8 月 28 日发行的 2 亿元"丝绸转债"（代码：125301），在发行的"丝绸股份"（代码：000301）上市之日起，即可转换为该公司的股票。该公司转股价格为初始转股价格，初始转股价格为股票发行价 4.18 元/股的 98%，即 4.10 元/股。"丝绸转债"的自愿转换期为该公司股票上市日 2000 年 5 月 29 日至"丝绸转债"到期日 2003 年 8 月 27 日之间的交易日。但与一般可转换债券不同的是，"丝绸转债"规定了到期的无条件强制性转股，即在到期日即 2003 年 8 月 27 日前未转换为股票的"丝绸转债"，将于到期日强制转换为该公司股票。

二、可赎回证券

可赎回证券主要包括可赎回债券和可赎回优先股。可赎回债券是指该债券的发行人被允许在债券到期日前，以事先确定的价格，按照债券招募说明书中所规定的方式发出赎回通知，赎回已发行的部分或全部债券。可赎回优先股是指在发行后一定时期内，可按特定的赎买价格由发行公司赎回的优先股。

发行可赎回证券的主要优势有：第一，市场利率下调后，可转换债券发行人可以更低成本筹资。在市场利率下降或贴现率下调幅度较大时，对发行人来说，赎回已发行的可转换公司债券，再组织新的融资显得十分合算。第二，促使可转换公司债券转换为股票。可转换公司债券上市后，其市场价格同股票价格保持着密切的相关关系；而且，可转换公司债券的市场价格所对应的实际转股价格，同市场股票价格一般保持着一定的溢价水平。也就是说，在实际交易中，当时购买的可转换公司债券立即转股不可能即刻获利。在这种情形下，可转换公司债券的持有人没有必要也没有理由把可转换公司债券转换成股票，转股的目的就难以实现。为此，发行人通过设计可赎回条款促使转债持有人转股，以减轻发行人到期兑付可转债本息的压力。

以可赎回的可转换债券为例，当股票市场价格在一段时间内持续高于某一价格达到某一幅度时，公司往往会启动赎回计划——按事先约定的价格买回尚未转换的债券。国际上通常把市场正股价达到或超过转股价格 100%~150% 作为涨幅界限，并要求该涨幅持续 30 个交易日作为赎回条件。赎回价格一般规定为可转换债券面值的 103%~106%，越接近转债到期日，赎回价格越低。例如，中国纺织机械股份有限公司 1992 年发行的瑞士可转换公司债券，期限为 5 年（1993—1998 年），它的赎回条款规定如下："如果股票价格上涨超过转股价的 150% 并持续 30 天，那么 1994 年 12 月 31 日赎回日的赎回价格为 104%，以后赎回价格每年递减一个百分点。"

证券一般有四种偿还方法：到期偿还、到期前偿还、赎回条件下偿还和回售条件下偿还。赎回是到期前强制性偿还的一种方法，赎回条款是绝对有利于发行人的条款，赎回条款赋予了发行人赎回期权，限制了可转换公司债券持有人的潜在收益。发行人在股价大幅高于换股价的情况下可以行使赎回权，以迫使投资者将债券转换为股票。

三、可回售证券

可回售证券类似于可赎回证券，但区别在于"可赎回"是指该债券的发行人被允许赎回已经发行的证券，但"可回售"是指债券持有人要求债券发行方以事先确定的价格,按照债券招募说明书中所规定的方式赎回部分或全部债券。也就是说,可赎回证券是赋予发行人一个买回已发行证券的权利,而可回售证券是赋予证券投资者一个可以向发行人回售该证券的权利。

以附加可回售条款的可转换债券为例,其回售条款往往设置为:当公司股票市价在一段时间内连续低于某一幅度的转股价格后,债券持有者有权向债券发行者以预先设定的价格回售。当然,在符合相关法律的条件下,触发回售条件的设置可以是多样化的,并完全取决于公司和投资者的要求。例如,要求公司股票在未来时间要达到上市目标,一旦达不到,则触发回售条款。一般来说,赎回条款的设置是有利于发行人,而回售条款的设置则有利于投资人利益,增加证券吸引力,从而使证券可以顺利地发行。

回售还有以下特征:回售是一种到期前的偿还方法,可以是自愿的,也可以是强制的;如果订立回售条款,票面利率则可以定得更低;回售权的行使使投资人得到额外保护,使证券具有更大的吸引力。

四、附加特别期权的混合证券

(一) 不定收益期权票据

不定收益期权票据(Liquid Yield Option Notes,LYONs)是一种典型的多元混合证券,兼有贴现债券、可转换债券、可售回债券和可赎回债券的特点。

1985年,美林公司发售了一笔总价值为7.5亿美元的LYONs,债券票面值为1 000美元,以贴现方式出售,发售价为250美元,并不另行支付利息,于2001年到期,因此该债券是贴现债券。在没有被发行公司赎回的情况下,债券持有者可在债券有效期内将原债券转换为公司的普通股,普通股面值为1美元,转换比率为每张债券兑换4.36股普通股。如果公司中途发生股份变动,上述转换比率应进行相应调整,因此该债券还是一种可转换债券。另外,从1988年6月30日开始到债券到期日为止,每年的6月30日,债券的持有者有权将手中的债券按事先约定的价格售回给发行公司,因此该债券也是一种可售回债券。债券条款还规定,1987年6月30日之前,如果出现一些约定的特殊事项,公司有权赎回这批债券,而此期限之后,发行公司的该项权利则不受任何限制,因此该债券又是可赎回债券。

LYONs的持有者如果将票据转换为普通股或是售回给发行者,或是发行公司直接赎回债券,投资者都将不再继续持有该票据。由于上述交易行为的发生时间和履行价格是不确定的,投资者的持有期收益也是不确定的。

(二) 信用评级敏感型票据

信用评级敏感型票据(Credit Rating-Sensitive Notes)的收益与发行公司的信用评级状况密切相关。当发行公司信用评级级别下降时,投资者有权获得额外的补偿。1988年,哈那威公司发售了这种债券:约定当公司的信用评级每下降一个级别时,公司将额外支付给投资者一部分利息。通过这种设计方式,投资者在一定程度上防范了债券的信用风险。

但这种设计方式的弊病是显而易见的。哈那威公司信用级别的降低往往是其财务状况恶化的反映，此时公司再增加利息支出虽然满足了投资者需求，但对公司的长远发展来说是非常不利的，并导致原本趋于恶化的财务状况雪上加霜，而如果财务状况进一步恶化，则势必威胁到投资者本金的安全。

因此，1990年，大通曼哈顿银行在为化工类企业Sonatrach公司设计信用评级敏感型票据时，便做了相应改进，并产生了一种新的混合证券：当公司的信用评级降低时，大通曼哈顿银行将从该公司获得一笔为期两年的原油看涨期权，并卖出为期两年的原油看跌期权。这样一来，如果原油价格下跌导致该公司信用状况下降，投资者要求执行看跌期权以获取额外收益，而这部分额外收益由大通曼哈顿银行支付。当原油价格上涨，大通曼哈顿银行则可执行看涨期权获利，此时原油价格上升促使发行公司财务状况好转，支付能力也提高了。通过这种方式，尽可能地减小发行信用评级敏感型票据对公司发展的影响，而又保留了信用评级敏感型票据对投资者的吸引力。

五、附加期权合约混合证券的定价原理

附加期权合约混合证券的特点就是这种金融工具中除了包含债券或权益类的基础证券外，还含有一个或多个期权性条款。因此，对附加期权合约混合证券进行定价时，需要考虑混合证券各部分的价值。以下以可转换债券为例来说明附加期权合约混合证券的定价原理。

从可转债的各个条款内容上看，每个条款就相当于一个期权合约。例如，转股条款就相当于给持有人一个股票的看涨期权，而回售条款则是赋予持有人一个看跌期权。另外，赎回条款是给发行人的一个看涨期权，对持有人来说则是卖出一个看涨期权。转股条款要更复杂一些，它是赋予发行人一个可修正执行价格的期权。

出于简便，下面我们只考虑一个有转股条款，而没有回售条款、赎回条款、向下修正转股价格条款等其他条款的可转换债券的定价问题。这时候，可转换债券的价值包括了债券本身的价值、转换价值以及期权价值三个方面。下面以鞍钢可转换债券为例来说明这三方面的价值计算。

鞍钢新轧钢股份有限公司（鞍钢股份有限公司的前身）是一家生产及销售钢坯、线材、厚板、冷轧薄板、大型钢材等产品的钢铁企业。鞍钢公司于2000年3月14日发行了5年期可转换债券，票面年利率为1.2%，每年支付利息1次，每张面值100元，总规模一共为15亿元人民币。债券持有人可以在债券发行后9个月至到期日的转换期内，把债券转换成股票。初始转股价为3.30元/股，相当于1张债券可转换成股票30.3股。

（一）债券本身的价值

债券本身的价值是指可转换债券在未转换成股票之前、被持有人当做债券持有情况下的价值。债券价值与债券票面利率、市场利率以及违约风险程度等因素有关。

首先，计算鞍钢转换债券发行9个月后的价值。假设其不存在违约风险，以现有的4年期国债年利率2.87%贴现，则发行时（2000年3月14日）的债券价格为：

$$P_0 = \sum_{i=1}^{5} \frac{100 \times 1.2\%}{(1+2.87\%)^i} + \frac{100}{(1+2.87\%)^5} = 92.32(元)$$

上式的前半部分表示每年利息（一共 5 年）的贴现值，而后一部分则表示第 5 年偿还的本金（100 元）的贴现值。则 9 个月后的债券价格为：

$$P = P_0(1+2.87\%)^{0.75} = 94.30(元)$$

所以说，在经过 9 个月（0.75 年）后的 2000 年 12 月 14 日，鞍钢可转换债券作为债券本身的价格为 94.30 元，而可转换债券的价格至少要高于 94.30 元。

(二) 转换价值

转换价值是指当可转换债券以转股价格转换成股票时所能取得的价值。只要将每份可转换债券所能转换成的股票股数乘以股票的当前市场价格（假设股票已在二级市场流通交易），即可得到这一数值。

鞍钢可转换债券的转股价格为 3.30 元每股，而当前 2000 年 12 月 14 日的鞍钢新轧每股的市场价格为 4.33 元，因此可转换债券的转换价值为：

$$P = (100/3.30) \times 4.33 = 131.21(元)$$

如果当前市场上的一份可转换债券的价格低于 131.21 元，那么只要以低于 131.21 元的价格购入可转换债券，并马上转换成股票，则能获得无风险利润。因此，可转换债券的价格也必定大于转换价值。另外，当市场价格低于转股价格时，可转换债券的持有人就不会把可转换债券转换成股票，而是继续持有可转换债券。

可转换债券的价值至少要比它的债券价值大，也要比它的转换价值大，否则就存在无风险套利机会。但在现实市场中，可转换债券的价值一般都要大于转换价值和债券价值，那是因为可转换债券还存在期权价值。

(三) 期权价值

当持有可转换债券时，投资者没有必要马上转换成股票，因为这只是其一项权利。这个权利使得投资者可以等待将来可能发生的股票上涨机会，然后把可转换债券转换成股票而获得更大的价值，这个权利的价值称为期权价值。

可转换债券市场价格减去债券价值和转换价值两者中的最大者，即是可转换债券的期权价值。当股票价格比较低的时候（即低于转股价格时），可转换债券的价值主要受到其债券价值的影响。反之，当股票价格比较高的时候（高于转股价格时），可转换债券的价值主要由转换价值决定。

因此，可转换债券的价值等于其债券价值和转换价值中的最大者与其期权价值之和：

可转换债券价值 = max(债券价值, 转换价值) + 期权价值

而期权价值的计算可按照二叉树定价方法或者 Black-Scholes 定价公式进行计算。

当然，上面的分析是仅仅考虑了可转换债券赋予持有人一个基本的转换期权，而没有其他期权的情况。如果还考虑持有人的回售权和发行人的赎回权等多项期权时，可转换债券的定价就会变得很复杂。当存在多项期权时，期权的价值就不是分别单独计算这些期权，然后再把它们进行相加减而得出的值。因为这些期权是作为一个整体

存在于可转换债券中而不是单独分开的,所以计算时直接把它们的期权值相加减会存在一定的问题。例如,当执行了转换权时,持有人的回售权就不存在了,发行人的赎回权也消失了。反过来,当发行人执行赎回权时,持有人的期权就都没有了。

第四节 跨市场混合证券

为了满足投资者同时投资于多个市场的需求,跨市场混合证券应运而生。跨市场混合证券主要有以下三类:利率－汇率混合证券、利率－权益混合证券以及货币－商品混合证券。它们共同的特点是证券的收益特征由两个市场共同决定。这样做不仅可以满足投资者同时投资于多个市场的需求,也可以为已经投资多个市场的投资者提供风险管理的工具,当然也可以作为套利或投机的工具。

一、利率－汇率混合证券

有些进口商或出口商希望回避货币风险,而有些投资者希望利用汇率市场的波动进行投机。尽管使用传统的外汇工具取得确定的头寸可以达到这些目的,但可能会存在制度或成本方面的约束,这时合适的利率－汇率混合证券就是不错的选择。

(一) 双货币票据/债券

如果投资者预期某一外币 X 可能会升值,但又不愿意拿本金冒险,那么他可以选择买入双货币票据。这种工具将以投资者的本币偿还本金,但以外币 X 支付利息。而如果投资者确定某一外币 Y 应该会升值,那么他可以买入双货币债券。这种工具将以投资者的本金支付利息,但以外币 Y 偿还本金。以双货币债券为例,一位澳大利亚的投资者可以考虑购买以澳元支付年利息、以美元偿还本金的 5 年期双货币债券。其息票利率为 12%,到期日偿还的本金额相当于 1 197.60 澳元(AUD)的美元,而在发行时这笔澳元相当于 1 000 美元(USD)。表 11.2 给出了到期日不同的 USD/AUD 汇率下投资者的损益状况。

表 11.2　　　　　　　　双货币债券的总损益状况

到期日的 USD/AUD	USD 计值的偿还额价值	内部收益率(%)
0.60	718.56	7.12
0.70	838.32	9.32
0.80	958.08	11.33
0.90	1 077.84	13.20
1.00	1 197.60	14.93
1.20	1 437.13	18.10

(二) 跨币种可转换债券

这个工具提供给了投资者将以货币 X 标价的债券转换为以货币 Y 标价的债券的权利。例如，某 7 年期"法国法郎－美元"可转换债券约定：债券存续期前两年为息票率为 9.45%、总额为 5 亿法国法郎债券，在第三年，投资者可将债券转换为息票率为 8.25% 的 1 亿美元 5 年期债券。这样的债券条款显然对投资者是有吸引力的，因为如果自发行日起美元走强，它将给投资者提供获利机会，但如果市场不是这样运动，又允许投资者保留法郎。

(三) 货币指数中期票据

货币指数中期票据的构造是将到期的本金联系在一种货币汇率上，但又不像双货币债券。它往往通过嵌入一个期权，对不利的货币变动提供保护。比如说，一年期票据将被构造来满足一个美国投资者投资需求——他想利用意大利里拉和瑞士法郎利率之间的巨大差距。里拉是欧洲汇率机制（ERM）的一部分，那个投资者不认为里拉对瑞士法郎贬值会有多大的可能性，而且他认为瑞士的通货膨胀问题将使瑞士法郎对瑞士法郎走弱，换句话说，投资者认为意大利里拉将相对瑞士法郎出现升值的可能。于是他可以投资如下中期票据：该票据以美元偿付本金及支付利息，息票率为 8.27%，低于市场利率 125 个基点，这相当于买入一个看涨里拉的货币期权。如果汇率保持绝对地稳定，期权不被执行，以票面面值和利率支付。如果里拉坚挺或者瑞士法郎疲软，清偿价格将相应上升。例如，如果里拉对瑞士法郎升值 5%，这一票据提供的年回报率为 13.27%，而货币期权的存在建立了一个回报为 8.27% 的下限。

二、利率－权益混合证券

利率－权益混合证券在证券的整体收益中结合了利率要素和权益要素。考虑一项以美元为面额的 3 年期债券，固定年利率为 10%，按年付息，到期日偿还的价值与股指挂钩。例如，偿还价值可与到期日的主要市场指数价值（MMI）挂钩，如下所示：

$$R = \$1\,000 + \left(1\,000 \times \frac{MMI_m - MMI_0}{MMI_0}\right)$$

其中：

R 为到期日的偿还价值（美元）；

MMI_0 为发行日的价值；

MMI_m 为到期日的价值。

以上与权益相联系的指数公式可加以修改，并创造出各种可能的变形。第一种变形：当指数上升时总收益减少，下降时总收益增加，即 $R = \$1\,000 + \left(1\,000 \times \frac{MMI_0 - MMI_m}{MMI_0}\right)$。

第二种变形：也许希望从市场上涨中获益，又不愿接受市场下跌的损失，那么则需要一个权益市场上的复合买权。这样的证券的偿还公式，利用最大化函数，可以表示如下：$R = \text{MAX}\left[\$1\,000, R = \$1\,000 + \left(1\,000 \times \frac{MMI_m - MMI_0}{MMI_0}\right)\right]$。

当其他条件不变时，两种变形的证券收益必然不会相同。原因很简单，期权成分（复合买权）提供了附加价值：在市场上涨时可获得与第一种变形相同的收益，但在市场下跌时不会遭受同样多的损失。不付出成本，则无法获得价值，而这一付出的成本，最大的可能是采取降低息票利率的形式。

在这一问题中，还可能有几种进一步的变形。例如，投资者可能愿意放弃在指数上涨时所获得的收益。这时，偿还价值公式可由下面给出，这里的最小化函数是与最大化函数相反的函数。

$$R = \$1\,000 - \left(1\,000 \times \frac{MMI_m - MMI_0}{MMI_0}\right)$$

$$R = \text{MIN}\left[\$1\,000, R = \$1\,000 - \left(1\,000 \times \frac{MMI_m - MMI_0}{MMI_0}\right)\right]$$

而这种票据的息票利率将比第一种证券10%的息票利率要高，因为投资者可被看做出售了一个复合买权，所以理应得到补偿。

三、货币-商品混合证券

货币-商品混合证券的总收益是某一汇率上的基本收益和某一商品（如原油）价格的函数。例如，考虑一个2年期证券，其固定息票的年利率为9%。按年以美元支付，偿还的本金价值则如下式：

$$R = \$1\,000 + \left(1\,000 \times \frac{P_m - P_0}{P_0}\right)$$

其中：

P_m 为到期日一桶原油的日元价格；

P_0 为发行日一桶原油的日元价格。

（假设 $P_0 = (\$35 \times 132.00\text{JPY/USD}) = \text{JPY}4\,620$）

表11.3 描述了当JPY/USD汇率和原油价格在到期日变化时的总损益状况。

表11.3　　　　　　　　货币-商品混合证券的总收益回报

JPY/USD	每桶原油的美元价格（美元）	每桶原油的日元价格（日元）	偿还公式值（美元）	内部收益率（%）
100.00	10.00	1 000	216.45	(39.96)
120.00	30.00	3 600	779.22	(2.16)
140.00	50.00	7 000	1 515.15	31.27
160.00	10.00	1 600	346.32	(29.29)
180.00	30.00	5 400	1 168.83	16.79
200.00	50.00	10 000	2 146.50	54.72

第五节 混合证券的构造——以改造普通公司债券为例

在前几节对混合证券基本情况进行介绍的基础上,本节旨在说明如何利用不同市场上的各类金融衍生品,将普通公司债券改造成为各种个性十足的混合证券,以满足融资者和投资者的各种需求。

一、利息指数化混合债券

利息指数化混合债券的特点是债券各期支付的利息为浮动利率,并往往与某一指数挂钩。实质上,这类混合证券附加了一系列到期日与付息日相同的期权,即在每次付息日都有一笔期权到期,而期权的标的物就是某一资产价格指数。通过这种安排,投资者在获得保底利息收入的前提下,在行情有利时,还能通过期权的执行增加利息收入。典型形式有以下三类:

(一) 商品类利息指数化债券

这类债券支付利息时,利息与某种大宗商品的价格挂钩。一般而言,这些作为参照的大宗商品多为债券发行公司的某类重要产品或是原料。

1988年11月,麦格麦铜业公司发行了一笔与黄铜价格挂钩的利息指数化债券,总额为2.1亿美元,期限10年,每3个月付息一次,共有40次付息,每次利息都与黄铜价格相关联。具体规定如表11.4所示。

表11.4　　　　　　　　商品类利息指数化债券收益率

黄铜市场价格（美元）	债券所支付利率（%）
2 以上	21
1.80	20
1.60	19
1.40	18
1.30	17
1.20	16
1.10	15
1.00	14
0.90	13
0.80 以下	12

假设1990年2月黄铜价格为1.50美元,则债券在当期所支付的年利率则为18%,依此类推。当黄铜价格上涨时,麦格麦铜业公司支付的利息率也在上升,看似遭受了损失,但由于黄铜本身是该公司的一项产品,故这一部分增加的财务费用能被铜价上涨带来的销售收入增加抵消。当然,当铜价突破2美元上限时,公司销售收入增加,

但支付的利息却固定不变，此时公司处于有利地位；反之，当铜价跌破了 0.80 美元时，公司则要受到损失。而对于投资者，由于拥有了这样一种"封顶保底"的期权，其最低投资收益水平有了保障，而在铜价上涨时还能获取额外收益，因而投资者也乐于进行此类债券投资。

正是因为商品类利息指数化债券具有上述优点，使其成为资本市场上的一个热门券种。1989 年，普雷西迪奥（Presidio）石油公司发行了一笔与天然气价格相联系的利息指数化债券。1991 年，澳大利亚的联合铝业（VAW）公司发行了一笔与铝价格相联系的利息指数化债券，因为铝是该公司的主要产品。

如果某项商品不是发行公司的资产，而是作为公司所需对外采购的原料，公司也能发行利息指数化债券，只是期权履约规定上与前述债券条款刚好相反，这样的债券也可称为反向的商品类利息指数化债券。例如，1991 年，日本的石化企业（Shin Estu 公司）发行了一笔私募债券，该债券的各次付息都附加了一笔期权，只是利息的支付与原油价格呈反向变化关系。

（二）保底浮动利率债券

保底浮动利率债券由浮动利率债券附加一系列看跌的利率期权构成，这些期权都是欧式期权，到期日分别与各次付息日对应，债券的持有者为期权买方。保底浮动利率债券的设计目的是，一方面，使投资者获得有最低限度保证的利息收入；另一方面，当付息日市场利率跌到期权执行利率之下时，投资者通过执行看跌期权也可以获得保底的利息收入，而当付息日利率上涨时，投资者则享受了高利率带来的额外收益。

例如，河南高速公路发展有限责任公司于 2004 年 12 月公开发行的 10 年期公司债券，就是典型的附保底条款的浮动利率企业债券。在每个利息支付日，如果基准利率（当期一年期定期存款利率）小于 2.33% 时，当期债券利息率设定为 5.05%；而当基准利率高于 2.33% 时，期利息率为基准利率与基本利差（2.72%）之和。

（三）通货膨胀率利息指数化债券

这种债券的利息上附加了一系列基于通货膨胀率的看涨期权。当付息日通货膨胀率为正数时，则投资者除了获得票面利息率外，还可获得相当于通货膨胀率的利息率补贴。由于此时的债券收益率可被视为真实利率，这种债券也被称为真实利率债券。

发行通货膨胀率利息指数化债券可以在高通胀时期解决债券真实收益率为负的问题，并缓解债券价格下跌的压力。比如说，我国财政部 1989 年发行的保值公债就是典型的通货膨胀率利息指数化债券。该债券偿还期限为 3 年，年利率随中国人民银行规定的三年期定期储蓄存款利率浮动，加保值贴补率，并外加一个百分点。而保值贴补率即是同期物价上涨率和同期储蓄存款利率的差额。

二、本金指数化混合债券

与利息指数化债券恰恰相反，本金指数化混合债券的投资者，每期获取利息收入是固定的，而最终得到偿付的本金却是浮动的，并与某一指数挂钩。本金指数化债券的种类较多，最常见的是股票指数本金指数化债券及商品价格本金指数化债券，此外还有汇率本金指数化债券以及利率本金指数化债券等。

(一) 股票指数本金指数化债券

这类混合证券通过期权合约把债券市场和股票市场有效地结合起来。由于单只股票的价格波动较大，该类混合证券一般都会挂钩主要的股票市场指数，如道·琼斯指数、标准普尔500指数以及日经指数等。

假设美国A公司发售一种美元标价债券，票面面值为1 000美元，票面利率为10%，每年年末以美元付息一次，有效期10年，期末本金以美元偿还。为了吸引投资者，A公司在债券上附加了一个股票指数期权，债券本金偿还与市场指数相关。具体规定可用下式表示：

$$R_1 = \$1\,000 + (1\,000 \times \frac{MI_m - MI_0}{MI_0})$$

$$R_2 = \max[\,\$1\,000, R_1\,]$$

其中，MI_0 表示债券发行日的股票市场指数，MI_m 表示到期日的市场指数，R_2 表示期末实际还本金额，R_1 是一个中间变量。

当期末股票市场指数 MI_m 高于发行日市场指数 MI_0 时，即 R_1 值高于1 000美元，这时还本金额 R_2 就等于 R_1，投资者就获得了股票指数上升而带来的额外投资收益。而当 MI_m 低于 MI_0 时，即 R_1 低于1 000美元，但由于期权条款的规定，此时投资者仍能获得保本的本金数额1 000美元，从而避免了投资本金的损失。因此，A公司发行的实际上是附加了保底期权的本金指数化债券。

自1986年以来，这种股票指数本金指数化债券发展较快。所罗门兄弟公司率先发行了"SPINs"，即与标准普尔500指数相联系的本金指数化票据，投资者除了定期获得固定利息收入外，还获得标的物为标准普尔500指数的看涨期权，由此可以分享随着股指上涨带来的收益。随后高盛公司也发行了"SIGNs"，即股票指数增长型票据，这种票据类似于SPINs，也是以标准普尔500指数为设计依据，但它以贴现形式发行，而持有期内不另行支付利息。1991年，统一技术公司发行了与标准普尔500医药类指数相关的本金指数化票据，发行条件与SIGNs相似。

(二) 商品价格本金指数化债券

商品价格本金指数化债券与股票指数本金指数化债券的不同之处，只在于期权合约涉及的市场不同。前者是商品市场，而后者是股权市场。

1980年，阳光采矿公司发行的总值为2 500万美元的白银指数化债券，是第一支商品指数化债券。其票面面值为1 000美元，票面利率为8.5%，每半年付息一次，于1995年到期，到期日，阳光采矿公司偿付的每张债券本金相当于50盎司白银的总价，如果该数额低于1 000美元，则最低支付金额为1 000美元。

后来还出现了贴现式债券和欧式商品期权组合而成的混合证券。例如，1986年6月，标准石油公司发行了两批金额为3 750万美元的贴现式石油价格指数化债券。

(三) 汇率本金指数化债券和利率本金指数化债券

汇率本金指数化债券和利率本金指数化债券是混合债券分别向外汇市场和货币市

场延伸的结果。汇率本金指数化债券结合了普通债券和外汇期权，这种债券被称为"ICON"，由第一波士顿公司在1985年首先发行，投资者除了定期收取固定利息外，期末时还可以执行一份标的物的执行价格相当于本金额的欧式外汇期权。

而利率本金指数化债券的持有者在债券到期时，将有权将持有的债券调换为另一种新债券。例如，有的浮动利率债券允许投资者在期末将原债券掉换为另一种固定利率债券。另外，可展期债券则授权投资者在期末将原债券掉换为期限更长的新债券。

本章小结

1. 混合证券作为一种新的融资工具，如今深受全球企业的欢迎。混合证券的兴起主要基于四个原因：一是降低融资成本，二是逃避法规管制，三是公司经营风险管理的需要，四是缓和债权人和股东之间的利益冲突。

2. 附加远期、互换或期权的混合证券是在普通的债券或普通股上附加衍生金融工具，以起到满足投资者和发行方不同需要的目的。其中，附加期权合约的混合证券是最为吸引人的，尤其是可转换债券，可称得上是混合证券中最为成功的品种。

3. 为了满足投资者同时投资于多个市场的需求，跨市场混合证券应运而生。跨市场混合证券主要有以下三类：利率－汇率混合证券、利率－权益混合证券以及货币－商品混合证券。它们共同的特点是证券的收益特征由两个市场共同决定。

4. 借助不同市场上的各类金融衍生品，普通的公司债券就可以被改造成为满足投资者不同需求的混合证券。从本质上来说，混合证券就是将原来的普通债券或普通股的现金流，进行重新构造而成。

思考与练习题

1. 混合证券兴起的原因有哪些？
2. 混合证券有哪些常见的类型？
3. 附加期权合约的混合证券有哪些常见的类型？
4. 简述基本证券与混合证券的关系及不同点。
5. 简述混合证券的分类。
6. 市场混合证券有哪些常见的类型？

参考文献

［1］郭瑜骏，黄丽清，汤振宇. 金融衍生产品：衍生金融工具理论与应用［M］. 北京：清华大学出版社，2007.

［2］米歇尔·布罗斯，帝特玛·思斯特，约亨姆·海克，等. 金融衍生工具［M］. 李颖，译. 南京：东南大学出版社，2010.

［3］汪昌云，陈雨露. 金融衍生工具［M］. 北京：中国人民大学出版社，2009.

［4］路透. 金融衍生工具导论［M］. 杨洋，向莉，译. 北京：北京大学出版社，2001.

［5］张元萍. 金融衍生工具教程［M］. 2版. 北京：首都经济贸易大学出版社，2007.

［6］麦克道尔. 互换市场［M］. 钱婵娟，译. 上海：上海财经大学出版社，2002.

［7］卡萨斐. 信用衍生工具［M］. 于研，译. 上海：上海财经大学出版社，2002.

［8］安斯拜切，迈克斯. 新型期权市场［M］. 郑磊，译. 北京：中信出版社，2002.

［9］施兵超. 金融衍生产品［M］. 上海：复旦大学出版社，2008.

［10］郑振龙. 衍生产品［M］. 武汉：武汉大学出版社，2004.

［11］约翰·赫尔. 期权、期货及其他衍生产品［M］. 王勇，等，译. 北京：机械工业出版社，2009.

［12］余乔. CFA金融衍生产品中文教材——金融衍生品：衍生金融工具理论与应用［M］. 北京：清华大学出版社，2007.

［13］伊斯雷尔·尼尔肯. 实用信用衍生产品［M］. 张云峰，译. 北京：机械工业出版社，2002.

［14］陈湛匀. 微观金融学：理论·实务·案例［M］. 上海：复旦大学出版社，2009.

［15］徐成贤，薛宏刚. 金融工程，计算技术与方法［M］. 北京：科学出版社，2007.

图书在版编目(CIP)数据

衍生金融工具/王晋忠主编.—3 版.—成都:西南财经大学出版社,2017.5

ISBN 978-7-5504-2838-6

Ⅰ.①衍… Ⅱ.①王… Ⅲ.①金融衍生产品 Ⅳ.①F830.95

中国版本图书馆 CIP 数据核字(2017)第 013188 号

衍生金融工具(第三版)
主编:王晋忠

责任编辑:李晓嵩
封面设计:穆志坚　张姗姗
责任印制:封俊川

出版发行	西南财经大学出版社(四川省成都市光华村街55号)
网　　址	http://www.bookcj.com
电子邮件	bookcj@foxmail.com
邮政编码	610074
电　　话	028-87353785　87352368
照　　排	四川胜翔数码印务设计有限公司
印　　刷	四川五洲彩印有限责任公司
成品尺寸	185mm×260mm
印　　张	16.25
字　　数	370 千字
版　　次	2017 年 5 月第 3 版
印　　次	2017 年 5 月第 1 次印刷
印　　数	1—3000 册
书　　号	ISBN 978-7-5504-2838-6
定　　价	29.80 元

1. 版权所有,翻印必究。
2. 如有印刷、装订等差错,可向本社营销部调换。
3. 本书封底无本社数码防伪标识,不得销售。